Ellen Fein, Sherrie Schneider

flirt-m@il

Die Kunst, den Mann fürs Leben im Netz zu angeln

Aus dem Amerikanischen
von Heike Schlatterer

Kabel

Die amerikanische Originalausgabe erschien 2002
unter dem Titel »The Rules for Online Dating.
Capturing the Heart of Mr. Right in Cyberspace«
bei Pocket Books in New York.

Von Ellen Fein und Sherrie Schneider liegen auf deutsch
bereits vor:
Die Kunst, den Mann fürs Leben zu finden
Die neue Kunst, den Mann fürs Leben zu finden
Die besten Regeln, den Mann fürs Leben zu finden
Die Kunst, den Mann fürs Leben zu halten

ISBN 3-8225-0641-9

Gesetzt aus der Stempel Garamond
Satz: seitenweise, Tübingen
Druck und Bindung: Clausen & Bosse, Leck
Printed in Germany

www.kabel-verlag.de

Inhalt

Vorwort Über die Frau, die als erste die *Regeln* aufs Online-Dating anwandte 9

Einleitung Was sind die *Regeln*, und wie funktionieren sie? 13

Kapitel 1 E-Mail und die *Regeln* fürs Online-Dating 19

Kapitel 2 Ein Wort an alle, die Flirts im Internet skeptisch gegenüberstehen 24

Kapitel 3 Die Erfolgsgeschichte einer Online-Beratung 28

Kapitel 4 Seien Sie etwas ganz Besonderes 40

Die Regeln *fürs Online-Dating*

Regel Nummer 1 Antworten Sie nicht zuerst auf die Annonce eines Mannes 49

Regel Nummer 2 Wählen Sie einen guten Nickname 57

Regel Nummer 3 Weniger ist mehr – auch in einer Annonce 60

Regel Nummer 4	Bitte recht freundlich oder Wie Sie das richtige Foto aussuchen 72
Regel Nummer 5	Warten Sie 24 Stunden mit der Antwort 75
Regel Nummer 6	Antworten Sie nicht am Wochenende oder an Feiertagen 79
Regel Nummer 7	Schreiben Sie leichte und lockere E-Mails 81
Regel Nummer 8	Reagieren Sie nicht auf Instant Messages 91
Regel Nummer 9	Regeln für Chatrooms 98
Regel Nummer 10	Geben Sie ihm nicht zuerst Ihre Telefonnummer 107
Regel Nummer 11	Wenn er sich nach vier E-Mails nicht mit Ihnen verabredet – löschen, der nächste bitte! 111
Regel Nummer 12	Wie Sie die Spreu vom Weizen trennen 119
Regel Nummer 13	Verschwenden Sie keine Zeit mit Typen, die Ihnen nur die Zeit stehlen 129
Regel Nummer 14	Es muß nicht immer das Telefon sein 134
Regel Nummer 15	Sicherheit hat Vorrang 144
Regel Nummer 16	Keine Verhöre bei Verabredungen! 148
Regel Nummer 17	Kein Sex beim ersten, zweiten oder dritten Date! 155

Regel Nummer 18 Tauchen Sie zwischen den Verabredungen unter 164
Regel Nummer 19 Lassen Sie Ihre Annonce im Netz, bis er Sie bittet, sie zurückzuziehen 175
Regel Nummer 20 Keine Phantasiepartnerschaften 178
Regel Nummer 21 Hände weg von verheirateten Männern, auch im Internet 183
Regel Nummer 22 Ruinieren Sie Ihre Partnerschaft nicht wegen eines Online-Flirts 193
Regel Nummer 23 Seien Sie nicht auf Frauen eifersüchtig, die sich nicht an die *Regeln* halten 205
Regel Nummer 24 Führen Sie Tagebuch über Ihre Online-Erfahrungen 210
Regel Nummer 25 Keine *Regel*verstöße im Internet 218
Regeln für Sonderfälle Die *Regeln* für Internetbeziehungen auf Distanz 228
Regeln für Sonderfälle Die *Regeln* für Internetnutzer in reiferen Jahren 233
Regeln für Sonderfälle 10 Tips für Teenager im Internet 242
Regeln für Sonderfälle Online-Dating für Prominente 247

Antworten auf häufig gestellte Fragen 254
18 Extra-Tips 269
Plan B: Bis Sie die *Regeln* hundertprozentig beherrschen 274
Zu guter Letzt: Abschließende Gedanken von einem Therapeuten 279
Glossar 281
Dank 285

Vorwort

Über die Frau, die als erste die Regeln *aufs Online-Dating anwandte*

Staci war 29 Jahre alt, eine überaus hübsche Frau mit großen blauen Augen, und hatte die ewigen Kennenlernspielchen und Verabredungen satt. Als ihre letzte Beziehung in die Brüche ging, kaufte sie sich einen Computer.

Während Stacis Freundinnen weiterhin auf der Suche nach brauchbaren Männern von einem Single-Lokal zum nächsten zogen, stellte Staci eine Annonce mit ihrem Foto ins Netz. Kontaktanzeigen im Internet waren damals noch neu, daher hatte Staci keine Anleitung. Doch sie las unsere *Regeln* und wandte die Prinzipien der realen Welt auf den Cyberspace an, verabredete sich mit den vielversprechendsten Männern und erzählte ihren Freundinnen davon.

Als erfahrene Anwenderin der *Regeln* wählte Staci einen einprägsamen und aussagekräftigen Nickname: StaciBlueEyez29. Ihre Anzeige klang locker und unbeschwert – Staci erwähnte mit keiner Silbe, daß sie den Mann fürs Leben finden wollte oder daß sie in ihrer letzten Beziehung schlechte Erfahrungen gemacht hatte. Den Fragebogen der Online-Kontaktbörse versuchte Staci so kurz wie möglich zu beantworten.

Staci dachte nicht einmal daran, auf die Annonce eines Mannes zu antworten, denn das wäre so, wie wenn sie in einer Bar auf einen Mann zugehen und ihn als erste ansprechen würde. Sie wußte instinktiv, daß es am besten war, wenn die Männer sich um sie bemühen mußten. Binnen drei Monaten erhielt sie über 200 Antworten. Staci traf eine strenge Auswahl und sortierte gleich alle verheirateten Männer aus, außerdem Männer, die »winks« schickten (mit nur einem Mausklick ganz unpersönlich auf ihre Annonce antworteten), die vorgefertigte Antworten oder nur ihr Foto ohne Kommentar sandten. Auch Männer mit schweinischen oder anzüglichen Nicknames fielen gleich durch.

Staci wartete 24 bis 48 Stunden, bis sie eine E-Mail beantwortete, auch wenn sie darauf brannte, einen netten Mann kennenzulernen. Doch sie wollte beschäftigt und geheimnisvoll wirken, und sie unterdrückte daher den Impuls, sofort zu schreiben, damit sie nicht zu bemüht erschien.

Dabei plagte sie stets die Angst, daß sich ein Mann einer anderen Frau zuwandte, wenn sie nicht früher antwortete.

An den Wochenenden ging sie aus und stürzte sich in alle möglichen Aktivitäten, um nicht am Samstag abend vor dem Computer zu sitzen und wie eine Kandidatin für den Ball der einsamen Herzen zu wirken. Wenn sie doch einmal an einem Freitag oder Samstag abend zu Hause war, blockierte sie den Empfang von Instant Messages, damit niemand wußte, daß sie gerade online war. Sie beantwortete auch keine E-Mails am Wochenende. Staci wußte, daß es völlig gegen die *Regeln* verstößt, wenn ein Mann, den man nicht kennt, herausfindet, daß man an einem Samstag abend nichts besseres zu tun hat, als daheim zu hocken und seine Mail zu beantworten.

In ihren Antworten auf die E-Mails von eventuellen Kandidaten faßte Staci sich kurz – nur zwei oder drei Sätze. Sie wartete stets, bis ein Mann sie ausdrücklich nach ihrer Telefonnummer fragte, und gab ihm dann nur ihre Handynummer. Sie verriet nie, wo sie wohnte oder arbeitete, und verabredete sich bei Date Zero (das ist die erste Verabredung, die eine Frau mit einem Mann eingeht, den sie nie zuvor getroffen hat, mit dem sie sich aber im Internet in einem Chatroom unterhalten oder mit dem sie über eine Kontakt-Website Mails ausgetauscht hat) in einem belebten Lokal auf einen Drink. Stets gab sie die E-Mail-Adresse des Mannes, seine Telefonnummer und andere wichtige Informationen über ihn an ihre Mutter oder eine Freundin weiter und teilte ihr auch mit, wohin sie wann mit wem ging. Staci verbrachte eine oder zwei Stunden mit ihrem Date und war stets charmant, selbst wenn der Mann nicht »der Richtige« war. Und sie beendete immer zuerst das Rendezvous.

Nach mehreren Monaten voller Verabredungen mit Männern, die nicht so nett wie ihre E-Mails waren und auch nicht so gut aussahen wie auf den Fotos, wollte Staci ihre Annonce eigentlich wieder zurückziehen. Doch statt dessen gründete sie eine Interessensgemeinschaft von Freundinnen im Internet, die sich an die Regeln hielten und sich gegenseitig den Rücken stärkten. Dennoch mußte Staci ihren Freundinnen eine Horrorstory nach der anderen mailen, bis eines Tages GuyForYou245 auf ihre Annonce antwortete…

GuyForYou245 bat Staci schließlich, ihre Annonce zurückzuziehen. Neun Monate später machte er ihr einen Heiratsantrag.

Staci schämt sich nicht, anderen zu erzählen, wie sie ihren Mann kennenlernte. Sie rät ihren Freundinnen und Bekannten, die keine Männer kennenlernen und nicht gern in Bars oder Kneipen gehen: »Zieh dir eine Jogginghose an, binde die Haare zusammen, such dein bestes Foto heraus, gib eine Annonce auf, und halte dich an die *Regeln*. Sie funktionieren wirklich!«

Einleitung

Was sind die Regeln, *und wie funktionieren sie?*

Falls Sie unseren Bestseller *Die Kunst, den Mann fürs Leben zu finden* noch nicht kennen, wollen wir Ihnen eine kurze Einführung geben. Unser Ratgeber war das erste Buch, das frei heraus erklärte, was Männer von einer Frau erwarten, mit der sie sich verabreden. Es ist nun einmal so, daß Männer Herausforderungen lieben, deswegen muß eine Frau sich rar machen. Im Grunde sind die *Regeln* Verhaltensvorschriften mit der Garantie, daß sich ein Mann in eine Frau verliebt, *nachdem* er Interesse gezeigt hat. Allerdings muß er zuerst Interesse signalisieren, nicht sie.

Wir gaben den Frauen folgende Ratschläge:

- Sprechen Sie einen Mann nicht zuerst an. Wie wollen Sie sonst wissen, ob er wirklich so hingerissen von Ihnen war, daß er Sie auch angesprochen hätte?
- Rufen Sie ihn nicht an. Wenn Sie anrufen, befinden Sie sich in der Position des Verfolgers. Männer sind aber von Natur aus Jäger und lieben die Pirsch.
- Nehmen Sie nach Mittwoch keine Verabredung für Samstag an. Wenn er Sie in letzter Minute anrufen und sich mit Ihnen verabreden kann, wird er Sie nicht für begehrenswert halten. Außerdem schaffen

Sie damit einen ungünstigen Präzedenzfall für die gesamte Beziehung. Er muß sich anstrengen, wenn er Sie sehen will!

- Gönnen Sie ihm bei der ersten Verabredung nicht mehr als einen flüchtigen Kuß. Wenn Sie zu schnell mit ihm ins Bett gehen, ist das das Ende für jede langfristige Beziehung. Je länger es dauert, bis Sex ins Spiel kommt, desto besser.
- Öffnen Sie sich ihm nicht zu schnell. Eine Verabredung ist keine Therapie. Lassen Sie ihn warten, bis er alles über Sie erfahren will.
- Ziehen Sie nicht mit einem Mann zusammen, solange Sie nicht verlobt sind oder einen Hochzeitstermin vereinbart haben. Welchen Anreiz sollte er sonst noch haben, Sie zu heiraten?
- Lassen Sie die Finger von einem verheirateten Mann. Das ist mit Sicherheit eine Sackgasse.

Wir stellten noch 25 weitere *Regeln* auf, anhand derer eine Frau den Mann fürs Leben finden kann.

Als wir Mitte der Neunziger an unserem ersten Buch arbeiteten, war eine Flut von Ratgebern zur Partnersuche auf dem Markt, die wir ganz und gar nicht hilfreich fanden. Darin wurde Frauen geraten, sich so zu verhalten, wie es ihnen gefiel. Sie sollten einen Mann auffordern, mit ihnen auszugehen, sollten bei der Rechnung halbe halbe machen, bei der ersten Verabredung schon Sex haben, einen Mann zur Partnerberatung schleppen und Männer zwingen, über ihre Gefühle zu sprechen. Schließlich lebe man in den neunziger Jahren, hieß es immer wieder, und Frauen – vor allem starke, berufstätige Frauen wie Ärztinnen, Rechtsanwältinnen, Börsenmaklerinnen und so weiter – müßten nicht mehr warten, bis der Mann den ersten Schritt macht. Immerhin arbeiten Frauen in den gleichen Berufen und beziehen die gleichen Gehälter wie Männer, warum sollten sie sich dann bei Verabredungen nicht auch wie Männer verhalten dürfen?

Tja, wir wünschten, es wäre so. Wir wünschten, wir könnten auf eine Party gehen und einfach den süßen Typ auf der anderen Seite des Raumes ansprechen, obwohl er kein Interesse an uns signalisiert. Wir können uns viel wünschen, aber die Realität sieht leider anders aus. Die Autoren der anderen Ratgeber hatten eines nicht kapiert: *Berufsleben und Beziehungen sind nicht ein und dasselbe.* Eine Frau kann wie ein Mann in Harvard Jura studieren und in einer Kanzlei das gleiche verdienen und diesen Mann vor Gericht nach allen Regeln der Kunst schlagen, aber wenn sie versucht, diese aggressive Haltung auf die Partnersuche zu übertragen, ist sie verloren. Immer wieder wird sie zu hören bekommen, er sei nicht interessiert oder er brauche »mehr Freiraum«, und dann wird sie erfahren, daß er sie wegen einer anderen sitzenließ – eine, die *er* zuerst angesprochen hat, eine, die sich geheimnisvoll gab und die seiner romantischen Veranlagung eine Chance gab.

Es funktioniert einfach nicht, bei einem Mann den ersten Schritt zu tun. Es kann nicht funktionieren, weil Arbeit und Beruf etwas mit dem Verstand zu tun haben, eine Beziehung aber mit Gefühlen. Sie können einen Mann nicht dazu bringen, sich in Sie zu verlieben, indem Sie ihn um ein Rendezvous bitten und sein Essen bezahlen. Er muß Feuer fangen, er muß sich um Sie bemühen und nach einer Weile alles daran setzen, daß *Sie* mit ihm ausgehen; nur auf diese Weise wird er sich an Sie binden und Sie heiraten.

Sie müssen uns nicht glauben. Probieren Sie die *Regeln* an einem Mann aus, und beobachten Sie, was passiert. Halten Sie sich dann bei einem anderen Mann nicht an die *Regeln* und sehen Sie, was passiert. Die Antwort wird für Sie so klar sein wie sie es für uns und unzählige andere Frauen auf der ganzen Welt war. Vielleicht brauchen Sie Zeit, die *Regeln* voll und ganz zu akzeptieren, doch wenn Sie erst einmal soweit sind, ist es ganz einfach. Leider tritt dieser Zustand normalerweise dann ein, wenn eine Beziehung, die nicht nach den *Regeln* ablief, gescheitert ist.

Unser erstes Buch traf gleich nach seinem Erscheinen einen Nerv, obwohl viele Frauen einfach nicht glauben wollten, daß sie einen Mann nicht anrufen oder eine Beziehung in die Wege leiten sollten – vor allem wenn die Frauen viel verdienten, ein eigenes Haus besaßen und in anderen Lebensbereichen großen Einfluß ausübten. Manche bemängelten, wir seien altmodisch und keine Feministinnen. Wir entgegneten, daß es, wenn ein Rezept funktioniert, keine Rolle spielt, wie alt dieses Rezept ist. Wir bleiben dabei, daß wir Feministinnen sind: Wir sind beide ehrgeizige und starke Frauen. Wir haben einen Bestseller geschrieben, der in 27 Sprachen übersetzt wurde. Wir haben unsere eigene Firma gegründet und bieten Seminare, weltweite Kontakte, Selbsthilfegruppen, einen Newsletter *(The Rules News)* sowie private Beratungen per Telefon oder E-Mail an. Und das alles brachten wir ohne einen Mann zuwege. Wenn das kein Feminismus ist, was dann?

Zwei Millionen Frauen auf der ganzen Welt waren

soweit mit uns einig, daß sie unser Buch kauften. Sie hatten die gutgemeinten Strategien satt, die im wahren Leben nicht funktionierten. Selbst Therapeuten stimmen mit uns überein, daß Frauen Grenzen setzen sollen und daß eine Partnersuche, die sich nach den Vorstellungen der Frau richtet, nicht funktioniert, daher änderten wir das Kapitel »Erzählen Sie keinem Therapeuten von den *Regeln*« in unserem ersten Buch in »Sie können Ihren Therapeuten bitten, Sie im Umgang mit den *Regeln* zu unterstützen« in unserem zweiten Buch. Die *Regeln* wurden nicht nur zu einem Bestseller in den USA, sondern zu einem weltweiten Phänomen. In unzähligen Zeitschriften und Fernsehsendungen wurde über uns berichtet. Zweimal traten wir in Oprah Winfreys Talkshow auf. Wir hatten einen Nerv getroffen. Frauen akzeptierten, daß die *Regeln* funktionierten, ob es ihnen nun gefiel oder nicht.

Unser Briefkasten quoll über vor Briefen, darunter viele Erfolgsstorys von Verlobungen und Einladungen zu Hochzeiten, aber auch Bitten um Rat. Daraus entstand unser zweites Buch *Die neue Kunst, den Mann fürs Leben zu finden* mit speziellen Tips für besondere Situationen wie etwa Beziehungen auf Distanz, Romanzen im Büro, den Umgang mit einem getrennt lebenden Mann und so weiter. Damit der Traumprinz nicht nur anbeißt, sondern auch bei einer Frau bleibt, schrieben wir außerdem noch einen dritten Band, *Die Kunst, den Mann fürs Leben zu halten.*

Nun lesen Sie unser Buch über die Partnersuche im Internet. Warum? Vermutlich nutzen Sie das Internet, um Männer kennenzulernen, oder Sie haben einen Mann persönlich kennengelernt und kommunizieren mit ihm häufig per E-Mail, sind aber unsicher. Sie wollen es nicht vermasseln, wissen aber, daß das passieren kann, wenn Sie keine konkreten Richtlinien haben. Nur Mut!

Wir haben in den vergangenen zwei Jahren Hunderte von Frauen befragt, um herauszufinden, was im Internet wirklich funktioniert. Und wir haben eine gute Nachricht für Sie: Die *Regeln* funktionieren auch im Netz, Sie müssen also keine unnötigen Fehler machen oder bei Ihrer Suche nach dem Richtigen Zeit verschwenden. Lesen Sie einfach weiter – und viel Glück im Cyberspace!

Kapitel 1

E-Mail und die Regeln *fürs Online-Dating*

E-Mails sind heute wesentlicher Bestandteil unserer Kommunikation. Millionen Frauen weltweit tauschen mit Männern elektronische Botschaften aus, egal, ob sie die Männer im Internet oder in einer Bar getroffen haben. In den vergangenen zwei Jahren hat sich unsere Beratertätigkeit verlagert – mittlerweile beziehen sich 50 bis 75 Prozent der Anrufe und E-Mails unserer Klientinnen auf Beziehungen im Internet. Diese Frauen haben uns gebeten, ein Buch mit *Regeln* fürs Online-Dating zu schreiben.

Viele von Ihnen wissen vermutlich, daß unser erstes Buch eine weltweite Bewegung nach sich zog. Überall gründeten Leserinnen Selbsthilfegruppen, mittlerweile auch im Internet. Pro Monat wird unsere Website (www.therulesbook.com) über 400000 Mal besucht. Als wir vor über sieben Jahren *Die Kunst, den Mann fürs Leben zu finden* verfaßten, war über die Partnersuche im Internet noch nicht viel bekannt, viele hielten sie sogar für gefährlich. Wir verzichteten daher darauf, über sie zu schreiben. Bei der Arbeit an unserem zweiten Buch *Die neue Kunst, den Mann fürs Leben zu finden* war das Interesse schon größer, und wir schrieben ein kurzes Kapitel zu dem Thema, in dem wir Frauen vor den Fallstricken dieser Form der Partnersuche warnten und ihnen sagten, wie sie die *Regeln* am besten anwandten und auf Nummer Sicher gingen.

Zu der Zeit gab es im Internet nur wenige Kontaktbörsen. 1999 waren es dagegen schon über 2 500 Websites, die sich auf die virtuelle Partnervermittlung spezialisiert hatten. Und ihre Zahl steigt weiter.

Heute ist es für berufstätige Männer und Frauen ganz normal, eine Kontaktanzeige und ein Foto ins Netz zu stellen und Dutzende E-Mails von begehrenswerten Vertretern des anderen Geschlechts zu lesen. Sie verbringen jeden Tag Stunden am Computer mit ihren Online-Beziehungen, plaudern in Chatrooms oder beantworten E-Mails. Das Problem ist nur, daß das Online-Dating etwas von einer schlechten Single-Kneipe hat. Frauen machen viele Fehler, wenn sie Männer im Netz kennenlernen und sich mit ihnen unterhalten. Daher sollten Sie wissen:

- wie Sie effektive Annoncen verfassen,
- wie Sie E-Mails beantworten,
- wie Sie sich in Chatrooms verhalten sollten,
- wie Sie Männern auch online Grenzen setzen,
- wie Sie gute Verehrer von schlechten unterscheiden.

Wir wenden uns hier nicht nur an Frauen, die Partnervermittlungen im Internet nutzen oder in Chatrooms nach Partnern suchen (ein Chatroom ist ein Online-Forum, wo man sich miteinander unterhält, indem man sich Botschaften in Echtzeit zuschickt). Heutzutage nutzt fast jeder E-Mails, sie sind beinahe so gebräuchlich wie Telefongespräche. Immer mehr

Männer schicken einer Frau einfach eine E-Mail, wenn sie sie fragen wollen, ob sie mit ihnen ausgeht oder wie ihr Tag war, anstatt sie anzurufen, egal, ob sie die Frau nun bei flirt-fever.de, www.neu.de, bei einer Party oder einem Freund kennengelernt haben. Beim Kennenlernen tauscht man oft, manchmal sogar noch vor der Telefonnummer, die E-Mail-Adresse aus. Frauen treffen im Beruf, bei Geburtstagspartys oder in Bars Männer, tauschen E-Mail-Adressen aus und finden sich unversehens in einer E-Mail-Beziehung mit einem Mann. Diese Frauen machen oft die gleichen Fehler wie Frauen, die eine Partnervermittlung im Internet nutzen oder in Chatrooms auf Männerfang gehen – *Fehler, die eine Partnerschaft ruinieren können.*

Der lockere Austausch von E-Mails bietet zahlreiche Fallstricke für die Anbahnung einer Partnerschaft. In E-Mails sind Frauen leichtsinniger, geben zuviel von sich preis, schicken einem Mann bis spät in die Nacht Instant Messages und haben Cybersex mit ihm (schwere Verstöße gegen die *Regeln!*). Unserer Meinung nach darf eine Frau auch in E-Mails nicht ohne zu überlegen und ohne die *Regeln* drauflosschreiben. Sie müssen darauf achten, was Sie sagen und wie oft Sie etwas sagen, egal, wie häufig er Ihnen E-Mails schickt, egal, was er darin schreibt. Andernfalls wird die Beziehung so locker, daß er – plopp! – einfach von der Bildfläche verschwinden kann.

Vielen Frauen ist nicht klar, daß eine E-Mail genauso zählt wie ein Telefongespräch! Frauen machen online die gleichen Fehler wie am Telefon, Fehler, die dem Mann die Beziehung zu leicht machen. Doch diese Fehler lassen sich dank der *Regeln* korrigieren. Daher schrieben wir dieses Buch. Darin werden Sie erfahren:

- warum ein Mann Ihnen zuerst eine E-Mail schicken muß, egal, wie Sie ihn kennengelernt haben,
- warum Sie nicht auf die Annoncen von Männern antworten sollten,
- wie Sie einen guten Nickname oder ein gutes Kürzel für die Kontaktanzeige finden,
- wie Sie eine Online-Anzeige verfassen, und was Sie dabei richtig und falsch machen können,
- wann und wie Sie auf die E-Mails und Instant Messages eines Mannes antworten,
- wie Sie sich in jeder Beziehung, in der Sie E-Mails verwenden, an die *Regeln* halten, egal, ob Sie den Mann im Netz oder persönlich kennengelernt haben,
- wie Sie verhindern, daß die Beziehung zu selbstverständlich wird,
- wie Sie vermeiden, daß Sie mit Online-Bekanntschaften nur Ihre Zeit vergeuden,
- wie Sie die erste persönliche Begegnung mit Ihrem E-Mail-Bekannten (das sogenannte »Date Zero«) gestalten,
- wie Sie die Qualität einer Online-Beziehung beurteilen.

Außerdem geben wir Ihnen Tips, die möglicherweise Ihr Leben retten.

Sie fragen sich an dieser Stelle vielleicht, wie die *Regeln* auf einer Website für Kontaktanzeigen funktionieren sollen, auf der ein Foto von Ihnen steht und auf der Sie sich selbst beschreiben, so daß die ganze Welt davon erfährt? Besagen die *Regeln* denn nicht, daß ein Mann sich um eine Frau bemühen muß, daß sie mysteriös sein und ihn zappeln lassen soll? Keine Sorge, auch auf Kontakt-Websites und sogar in Chatrooms können Sie sich geheimnisvoll geben und vermeiden, so zu wirken, als seien Sie allzu leicht zu haben. Wenn Sie weiterlesen, werden wir Ihnen verraten, wie Sie die *Regeln* auf die Partnersuche im Internet und per E-Mail anwenden und die bestmöglichen Ergebnisse erreichen.

Kapitel 2

Ein Wort an alle, die Flirts im Internet skeptisch gegenüberstehen

Wir gehen davon aus, daß einige dieses Buch nur aus Neugierde lesen und die Partnersuche im Internet nicht an sich selbst ausprobieren wollen. Gut, Sie glauben vielleicht an die *Regeln,* aber nicht an das Online-Dating. Vielleicht kennen Sie niemanden, der es schon versucht hat, oder eine Freundin von Ihnen hat es zwar schon probiert, aber noch nicht den Richtigen kennengelernt. Obwohl Sie weder in Kneipen noch auf Partys jemanden kennengelernt haben und auch die Verkupplungsversuche Ihrer Freundinnen nichts genutzt haben, wollen Sie es nicht mit der Partnersuche im Netz probieren.

Vielleicht glauben Sie auch, das sei nur etwas für Versager und Eigenbrötler, verzweifelte Singles, die im Internet ihre letzte Chance sehen. Keinesfalls, so denken Sie, kann man sich bei Online-Anzeigen verlieben, bei denen wahrscheinlich auch noch der Text vorgefertigt ist und das Foto kaum der Person ähnelt. Sie haben es noch nicht probiert, sind sich aber *sicher,* daß es bei Ihnen nicht funktionieren würde. Lieber bleiben Sie Single, als daß Ihre Beschreibung und Ihr Foto von Freunden, Kommilitonen, Kollegen und Nachbarn gesehen werden. Schon beim bloßen Gedanken daran wird Ihnen schlecht – auch wenn vielleicht einige Ihrer Bekannten selbst im Internet auf Partnersuche sind!

Wir wissen, was Sie empfinden.

Noch vor wenigen Jahren, als wir *Die neue Kunst, den Mann fürs Leben zu finden* schrieben, ließen wir selbst kein gutes Haar an der Partnersuche im Internet. Wir hielten es sogar für gefährlich, sich mit einem Fremden zu verabreden. Außerdem dachten wir, daß es schwierig für einen Mann sei, im Internet den Funken zu spüren, der bei der persönlichen Begegnung mit einer Frau überspringt, vor allem, wenn die Frau kein Foto ins Netz stellt. Wir glaubten, der Austausch von E-Mails über Wochen und Monate würde das Geheimnisvolle in einer Beziehung zerstören. Eine Frau wäre dann keine Herausforderung mehr für einen Mann.

Doch die Tatsachen sprechen für sich. In den letzten Jahren haben Millionen Menschen die Dienste von Partnervermittlungen im Internet in Anspruch genommen. Viele Frauen, vor allem die über Dreißigjährigen, nutzen Kontaktanzeigen im Netz mit als die wichtigste Möglichkeit Männer kennenzulernen. Bei der Arbeit haben sie wenig Gelegenheit dazu, weil die meisten Kollegen und Kunden verheiratet sind. Nach einem langen Arbeitstag sind sie zu müde, um noch tanzen oder zu einer Party zu gehen. Sie haben nicht die Zeit, eine Woche im Club Med Ferien zu machen oder einen speziellen Single-Urlaub zu buchen. Oder sie haben nicht das nötige Geld für eine professionelle Partnerschaftsvermittlung mit Videoaufnahmen, die meist Unsummen kostet.

Was sollen alleinstehende Männer und Frauen tun?

Mittlerweile halten wir die Partnersuche im Internet für die Lösung. Sie ist effektiv, einfach und günstig und steht Ihnen 24 Stunden am Tag zur Verfügung.

Das läßt sich beweisen. Jeden Tag bekommen wir E-Mails von Frauen, die schreiben, daß sie Dutzende Männer treffen, die sie bei der Arbeit oder in ihrem Bekanntenkreis normalerweise nie kennengelernt hätten. Wir haben auch von zahlreichen Männern erfahren, daß sie die Partnersuche im Internet nutzen, weil sie aufgrund ihrer beruflichen Belastung oder auch wegen ihrer Kinder keine Zeit haben, Frauen auf die übliche Art kennenzulernen. Online-Dating ist nicht nur bequem, sondern auch effektiv.

»Mein Leben ist komplett ausgefüllt«, erklärte uns etwa David, ein 42 Jahre alter Architekt und Vater von drei kleinen Jungen. »Ich habe einen anspruchsvollen Beruf und Söhne aus einer Ehe, die vor kurzem in die Brüche ging. Ich habe keine Zeit, Frauen auf andere Weise kennenzulernen. Ein Freund von mir hat seine Frau im Internet kennengelernt und meinte, ich solle es auch probieren. Auf der Suche nach der Richtigen habe ich viele interessante Frauen getroffen. Online-Dating ist genau das Richtige für mich.«

Eine mit uns befreundete Ärztin, die Mitte Dreißig ist und an einer renommierten Universität studierte, verbrachte ihre Samstagabende und Sonntagnachmittage immer mit Chips vor dem Fernseher. Vor kurzem schickte uns Kim eine E-Mail und berichtete, sie habe am Wochenende drei Verabredungen mit Männern, die sie im Internet kennenlernte. Eine Schauspielerin Anfang Fünfzig aus unserem Bekanntenkreis ist das ganze Wochenende über mit Date Zeros ausgebucht. Sheila (Name geändert) ist darüber so aufgeregt wie ein Teenager. Bevor sie die Kontaktanzeige ins Netz stellte, verbrachte sie ihre Wochenenden allein in ihrem Landhaus und las Romane von Danielle Steel.

Viele andere Frauen haben uns gemailt und berichtet, daß sie seit mehreren Monaten in einer Beziehung mit einem Mann leben, den sie im Internet kennenlernten. Einige schrieben sogar, daß sie mit Männern verlobt sind, die im Ausland oder auf der anderen Seite des Kontinents leben!

Suchen Sie nach Abwechslung und einem neuen Partner? Wenn ja, springen Sie über Ihren Schatten, und werfen Sie Ihre Vorurteile über Bord. Probieren Sie ein paar Monate oder sogar ein Jahr lang die Partnersuche im Internet aus. Sie haben nichts zu verlieren und brauchen nur einen Computer und ein digitales Foto, schon können Sie loslegen!

Vielleicht sind Sie nicht gerade ein Computergenie. Vielleicht haben Sie nicht einmal einen Computer oder können sich gerade keinen leisten. Freundinnen von uns waren in der gleichen Lage. Lassen Sie sich dadurch nicht entmutigen. Wir haben die Annoncen und Fotos gern für unsere Freundinnen ins Netz gestellt und deren Mails beantwortet, bis sie sich selbst einen Computer anschafften – eine von ihnen hat sich erst kürzlich mit einem Mann verlobt, der auf ihre Anzeige antwortete. Also bitten Sie eine Freundin oder Kollegin, Ihnen diesen Gefallen zu tun. Sicher haben Sie Freundinnen, die Ihnen gerne helfen. Machen Sie einfach einen Anfang, einen ersten Schritt, und stellen Sie Ihre Annonce und Ihr Foto auf die Website einer Partnervermittlung. Viel Glück!

Kapitel 3

Die Erfolgsgeschichte einer Online-Beratung

Courtney bat uns um Rat. Die attraktive 32jährige Redakteurin bei einem Modemagazin war mit ihrer Weisheit am Ende. Der Grund war ihre seit zwei Jahren bestehende Beziehung zu Glen, einem 44 Jahre alten gutaussehenden Fotografen, den sie bei der Geburtstagsparty einer Freundin kennengelernt hatte. Glen war auf sie zugekommen, hatte sie zuerst angesprochen und sie um ihre Telefonnummer gebeten, als sie gerade aufbrechen wollte. Er rief am nächsten Tag an und verabredete sich mit Courtney für das folgende Wochenende. So weit, so gut. Doch in der Folgezeit brach Courtney, die nur einmal in einer Buchhandlung flüchtig in unserem Buch geblättert hatte, jede einzelne *Regel.* Sie traf sich ständig mit Glen und reagierte auf jeden Anruf und jede E-Mail von ihm. Sie schlief nach der zweiten Verabredung mit ihm, lud ihn zur Weihnachtsfeier im Büro ein und nahm ihn zur Hochzeit ihrer Cousine als Begleitung mit, bevor er sie zu vergleichbaren Veranstaltungen eingeladen hatte.

Innerhalb von zwei Jahren hatte Glen nur einmal »Ich liebe dich« zu ihr gesagt, und da war er auch noch betrunken gewesen. Von einer gemeinsamen Zukunft war nie die Rede. Beide waren zuvor schon einmal verlobt gewesen, hatten aber nie geheiratet. Glen erklärte, die Scheidung seiner Eltern habe ihm schwer zugesetzt, er sei einfach noch nicht reif für die Ehe. Zum zweijährigen Jubiläum zauberte Courtney ein romantisches Abendessen, doch der Abend endete katastrophal. Courtney warf Glen vor, er »mache in ihrer Beziehung keine Fortschritte«, ja, er ziehe sich sogar zurück.

Nach dieser Auseinandersetzung schickte Glen seltener E-Mails, in denen es außerdem vor Formulierungen wie »bin verwirrt« und »brauche mehr Freiraum« wimmelte. Er verabredete sich zwei Wochen lang nicht mit Courtney. Von einer gemeinsamen Freundin erfuhr sie, daß Glen samstagabends mit seiner Exfreundin Fiona aus gewesen war, einem langbeinigen 29 Jahre alten Model. Wütend rief Courtney ihn bei der Arbeit an und stellte ihn zur Rede. Glen erklärte ihr: »Das war's, du bedrängst mich, wir sollten Schluß machen.« Am nächsten Tag rief Courtney uns an, in Tränen aufgelöst und mit gebrochenem Herzen.

Wir erklärten ihr, daß Glen zwar am Anfang auf sie zugekommen war – ein vielversprechender Auftakt ganz nach den *Regeln* –, doch daß sie dann viele *Regeln* gebrochen und Glen daher das Interesse an ihr verloren habe. Der einzige Ausweg sei nun, ihn in Ruhe zu lassen und ihn erst dann wiederzusehen, wenn er mit Ring und Hochzeitstermin reumütig zu ihr zurückkäme.

»Überhaupt kein Kontakt?« fragte Courtney ungläubig.

»Kein Kontakt«, antworteten wir. »Außerdem glauben wir nicht, daß er Sie bald anrufen wird. Wenn er Sie wirklich lieben würde und mit Ihnen zusammen sein möchte, hätte er gesagt, daß seine Ex ihm nichts bedeute, und er hätte versucht, sich mit Ihnen zu versöhnen. Statt dessen hat er mit Ihnen Schluß gemacht. Das klingt, als ob er Sie überhaupt nicht lieben würde. Wenn Sie klug sind, warten Sie nicht auf seinen Anruf. Warum gehen Sie nicht unter die Leute? Wie wäre es, wenn Sie eine Kontaktanzeige mit Ihrem Foto ins Netz stellen und so neue Männer kennenlernen würden? Es wird einfacher sein, Glen nicht anzurufen, wenn Sie damit beschäftigt sind, bewundernde E-Mails von Männern zu lesen, denen Ihr Foto gefallen hat. Halten Sie sich einfach an die *Regeln* fürs Online-Dating. Vielleicht lernen Sie auf diese Weise Ihren Zukünftigen kennen.«

Courtney antwortete: »Ich will keine Kontaktanzeige ins Netz stellen. Da kennt mich jeder; ich bin Redakteurin bei einer Modezeitschrift, ich trage als erste die ganzen Designerkleider. Es wäre mir so peinlich, wenn jemand mein Bild im Internet sehen würde. Außerdem will ich niemanden kennenlernen; ich will nur Glen.«

Wir rieten ihr: »Probieren Sie es trotzdem.«

Einen Monat später rief Courtney uns erneut an und berichtete, Glen habe eine Nachricht auf ihrem Anrufbeantworter hinterlassen, er wolle nur hallo sagen. Sie wollte wissen, ob sie ihn zurückrufen könne. Wir erklärten ihr, das dürfe sie auf keinen Fall. Eine Woche später leitete sie eine E-Mail von Glen an uns weiter, in der er schrieb: »Daß Du nicht zurückgerufen hast, sagt mir, daß Du Dich unserer Beziehung oder mir nicht verpflichtet fühlst, vor allem deswegen mußte ich fremdgehen. Du bist diejenige, die unklare Botschaften sendet. Du willst in unserer Beziehung vorwärtskommen, hast mich aber nicht zurückgerufen!«

Wieder rieten wir Courtney, nicht zu reagieren. Wir sagten ihr, daß Glen seine Spielchen mit ihr treibe und versuche, ihr die Schuld für den Bruch zuzuschieben. Er sei unaufrichtig und habe ohnehin nicht vor, sie zu heiraten.

Einen Monat später rief Courtney wieder an. Glen hatte ihr eine E-Mail geschickt: »Mach Dir nicht die Mühe, zurückzuschreiben. Ich lebe jetzt mit Fiona zusammen, und wir schmieden bereits Hochzeitspläne. Wahrscheinlich sollte ich Dir dankbar sein. Mach's gut. Glen.« Das Ende einer Achterbahnbeziehung, die Courtney besser erspart geblieben wäre!

Courtney rief uns weiterhin an und redete über Glen. Sie fragte uns, ob sie irgend etwas tun könne, um ihn zurückzugewinnen. »Er muß mich doch lieben, wenn er mir diese E-Mail geschrieben hat. Vielleicht versucht er nur, mich eifersüchtig zu machen!«

So wirke das nicht, erklärten wir ihr, außerdem sagten wir ihr, wenn sie uns das nächste Mal anrufe, dürfe es nicht um Glen gehen, sondern um ihre Kontaktanzeige und ihr Foto im Internet und um die *Regeln,* an die sie sich auch im Netz halte. Zögernd willigte sie ein, noch am gleichen Tag eine Anzeige aufzusetzen, obwohl sie immer noch 24 Stunden am Tag an Glen dachte und glaubte, sie würde »diese Internet-Geschichte« nur machen, um sich abzulenken, bis er wieder zur Vernunft kommen und sie anflehen würde, zu ihm zurückzukehren.

Mit der Zeit fand Courtney Gefallen am Online-Dating. Sie fand es angenehm, daß sie Männer bequem daheim am Computer kennenlernen konnte, in Jogginghosen, ungeschminkt und mit Pferdeschwanz. Da Glen sie verletzt hatte, war sie nicht daran interessiert, auf Partys zu gehen oder durch Bars und Kneipen zu ziehen, zumindest vorerst nicht.

Wir halfen Courtney, sich den Nickname FashionableNFun32 auszudenken und ein attraktives Foto auszuwählen, auf dem sie lächelte. Beides stellte sie dann zusammen ins Netz. Im ersten Monat erhielt sie über 100 Antworten. Gemäß den *Regeln* siebte sie alle Kandidaten aus, die ungeeignet klangen, deren E-Mails sich nur um Sex drehten oder den Anschein erweckten, als ob sie von verheirateten Männern oder anderen stammten, mit denen sie nur ihre Zeit verplempert hätte. Auch Fünfundzwanzigjährige, die nach einer älteren Frau Ausschau hielten, wurden aussortiert. Courtney erklärte sich einverstanden, nach dem Empfang einer E-Mail immer 24 Stunden zu warten und dann nur die zu beantworten, die nach dem strengen Auswahlverfahren übrigblieben – Mails von netten, attraktiven Männern. Für Courtney sollte es keinen Verstoß gegen die *Regeln* mehr geben! Nachdem die ersten Verabredungen eine Enttäuschung gewesen waren – die Männer wirkten am Computer wunderbar, waren aber im wirklichen Leben langweilig oder unattraktiv –, rief Courtney uns an und meinte, sie sei entmutigt. »Sind Sie sicher, daß diese Internet-Geschichte funktioniert?« fragte sie. »Was ist, wenn jeder Mann im wahren Leben anders ist als in seinen Mails?«

Wir erwiderten, sie solle es weiter versuchen, eine Anzeige bei einer anderen Partnerbörse im Netz schalten und auf Single-Partys gehen oder andere Aktivitäten wie Skifahren probieren, um auch Männer direkt kennenzulernen.

Drei Monate später schickte Courtney uns eine E-Mail und berichtete, sie habe vielleicht einen verheißungsvollen Kandidaten an der Angel. Sie bat uns, die E-Mail-Korrespondenz zwischen ihm und ihr durchzugehen, ihre Verabredungen zu beobachten und darauf zu achten, daß sie es nicht vermasselte. »Gerade bei Männern, die mir sympathisch sind, habe ich immer Schwierigkeiten«, erklärte sie.

DannyDJ41 war Discjockey bei einem beliebten Radiosender in der gleichen Stadt wie Courtney und schickte ihr eine E-Mail, nachdem er ihr Foto und ihre Annonce auf einer Kontakt-Website gesehen hatte. »Wow, Du bist aber hübsch. Genau mein Typ. Können wir irgendwann online chatten?« Damit meinte Danny Instant Messages, die er mit Courtney austauschen wollte.

Eine Instant Message taucht in Echtzeit auf Ihrem Bildschirm auf, wenn Sie online sind. Auch Sie können in Echtzeit antworten, und aus dem Hin und Her entsteht ein Dialog. Bei einer Instant Message weiß ein Mann, ob und wann Sie am Computer sitzen, und kann Sie mir nichts, dir nichts in ein Gespräch verwickeln. Courtney wußte aus unseren Beratungsgesprächen, daß ein Online-Chat zu locker ist, ja schlimmer noch, eine Frau zu wahren Marathondialogen verleiten kann, die stundenlang dauern. Wir raten Frauen, nicht auf Instant Messages zu reagieren, um den Anschein zu vermeiden, sie seien eine leichte Beute. (Sie können den Empfang auch blockieren, wenn sie online sind, dann wissen andere nicht, ob und wann Sie im Netz sind.)

Courtney las die Personenbeschreibung von DannyDJ41 durch und fand ihn wirklich süß, wollte aber seiner Aufforderung, »irgendwann online zu chatten«, nicht nachkommen. Also wartete sie 24 Stunden und antwortete ihm dann per E-Mail: »Vielen Dank, aber ich habe zur Zeit einen völlig verrückten Terminkalender, der sich jeden Tag ändert ...« Courtney hoffte, diese Antwort würde ihn dazu verleiten, ihr anstelle einer Instant Message eine E-Mail zu schicken. Danny versuchte erneut, sie für einen Chat vor den Computer zu locken, und schickte ihr folgende Mail: »Na gut, ich versuche es heute abend etwas später.« Daraufhin blockierte Courtney den Empfang von Instant Messages.

Zwei Tage lang hörte Courtney kein Wort mehr von Danny. Sie befürchtete schon, er habe sich nach den ersten zwei E-Mails einfach in Luft aufgelöst, und war versucht, den Empfang von Instant Messages nicht mehr zu blockieren.

Doch am dritten Tag bekam sie eine E-Mail von ihm: »Habe versucht, Dich die letzten Abende zu erreichen. Bist Du jemals im Netz?«

Offensichtlich hatte Danny versucht, Courtney an den beiden vorangegangenen Abenden per Instant Message zu erreichen, sie aber nicht online erwischt. FashionableNFun32 schickte ihm 24 Stunden später eine E-Mail zurück: »Sorry, kam die letzten beiden Abende spät heim – Partys im Büro.«

DannyDJ41 schickte ihr fünf Sekunden später eine E-Mail (keine Instant Message!): »Klingt nach einem tollen Job, was machst Du? Vielleicht können wir ja mal zusammen ausgehen und uns unterhalten. Hast Du am Wochenende schon was vor?«

24 Stunden später schrieb FashionableNFun32: »Hi Danny. Ja, ich bin mit meinem Job sehr zufrieden. Ich bin Moderedakteurin bei einer Zeitschrift. Ja, am Wochenende habe ich etwas Luft.«

DannyDJ41 schrieb eine Stunde später, nach seiner Radiosendung: »Super, hier ist meine Telefonnummer. Kann ich Deine Nummer haben?«

FashionableNFun32 rief ihn nicht an, sondern schickte ihm 24 Stunden später eine E-Mail mit ihrer Telefonnummer: »Meine Handynummer: 555-6219«. Sie wußte, daß nicht sie, sondern er anrufen mußte.

Danny rief tatsächlich am nächsten Tag an und fragte, ob sie Lust habe, mit ihm etwas zu trinken oder sich mit ihm zum Mittag- oder Abendessen zu treffen. »Gehen wir doch etwas trinken«, schlug sie vor (denn weniger ist mehr!).

Sie verabredeten sich für Freitag abend um sechs. Danny war noch besser, als er in der Annonce gewirkt hatte. Er war süß, klug, witzig und lachte viel. Wenn es nach Courtney gegangen wäre, hätte der Abend niemals enden dürfen. Doch sie wußte, daß sie sich an die *Regeln* halten mußte und sich nach eineinhalb Stunden verabschieden würde. Immer wieder sah sie auf die Uhr, damit sie nicht die Zeit vergaß. Die beiden unterhielten sich über die Arbeit, über Filme, Musik und andere allgemeine Themen, bis Danny die Frage stellte, die Courtney am meisten fürchtete: »Warum war ein so hübsches Mädchen wie du nie verheiratet?«

Courtney atmete tief ein, zählte bis fünf und antwortete mit fröhlichem Lächeln: »Ich habe noch nie richtig darüber nachgedacht.«

Wir hatten Courtney beigebracht, daß es hilfreich

ist, ein paar Sekunden innezuhalten, denn dadurch schafft man Abstand zwischen den eigenen Gedanken und dem, was man sagen will, und wirkt nicht übereifrig. Außerdem, so sagten wir ihr, mußte sie keine Fragen beantworten, wenn sie nicht wollte oder wenn ihr eine Frage unangenehm war.

Bevor Courtney die *Regeln* kannte, hätte sie bei dieser Frage sofort losgelegt und Danny ohne Punkt und Komma von ihrer früheren Verlobung erzählt. Daß sie gedacht hätte, sie würde einmal Glen heiraten, doch daß Glen zu seiner Exfreundin Fiona zurückgekehrt sei und so weiter. Dann hätte sie Danny die gleiche Frage gestellt, und daraus hätte sich ein stundenlanges Gespräch über frühere Beziehungen und verletzte Gefühle entsponnen, begleitet von vielen Drinks – viel zuviel für die erste Verabredung. Aber nun lächelte Courtney nur und nippte an ihrem Glas. Nach eineinhalb Stunden sah sie auf die Uhr und sagte: »Das war sehr nett, aber jetzt muß ich leider gehen …«

Danny wirkte bestürzt, so als ob noch nie zuvor eine Frau eine Verabredung mit ihm so schnell beendet hätte.

»Bist du sicher, daß du schon gehen mußt? Ich dachte, wir könnten noch irgendwo einen Happen essen …«

»Danke, aber ich habe morgen in aller Frühe eine Telefonkonferenz und muß mich noch vorbereiten.«

»Kann ich dich wiedersehen?« fragte er.

Courtney wartete, zählte bis fünf und antwortete: »Sicher.«

Sie rief uns noch am selben Abend an und berichtete, die *Regeln* würden wie am Schnürchen funktionieren, außerdem habe sie an diesem Abend kein einziges Mal an Glen gedacht, was an sich schon ein Wunder sei. Courtney fragte, ob es in Ordnung sei, wenn sie Danny eine E-Mail schicke: »Danke für den Drink, ich kann es kaum erwarten, Deine Sendung zu hören.« Wir lehnten ab, damit würde sie zu großes Interesse bekunden. Es sei eine Freude für ihn gewesen, sie auszuführen. Außerdem sei er ein bekannter DJ, wahrscheinlich hätten schon viele Frauen mit ihm geschlafen. Courtney hörte auf uns und schickte Danny keine E-Mail.

Als sie am nächsten Morgen den Computer anschaltete, war sie froh darüber.

Danny schrieb ihr: »Habe mich gestern sehr gut unterhalten. In natura siehst Du noch viel hübscher aus als auf dem Foto, und es macht großen Spaß, sich mit Dir zu unterhalten. Hast Du diesen Samstag abend Zeit? Möchtest Du mit mir abendessen und ins Kino gehen?« Courtney wartete 24 Stunden und antwortete: »Ich habe mich auch sehr gut unterhalten. Samstag klingt prima.«

Danny begann, Courtney am Ende von Verabredungen nach dem nächsten Treffen zu fragen, oder er rief sie an oder schickte ihr eine Mail. Bei den Verabredungen war sie locker und heiter und beendete sie immer zuerst. Sie sprach nicht direkt über Glen, erwähnte aber, sie habe eine Beziehung gehabt, »die nicht funktionierte«. Obwohl sie bei jeder Verabredung etwas mehr von sich preisgab, stürzte sie sich nicht in tiefschürfende Beziehungsgespräche. Sie fühlte sich bei Danny wohl.

Als sie sich sicher war, daß sie wieder von ihm hören würde, schlief sie mit ihm, ohne zuvor darüber zu reden, wohin die Beziehung führen würde. Selbstverständlich schnitt er dann das Thema an. Er rief sie am nächsten Tag an und bat sie, ihre Kontaktanzeige zurückzuziehen, er hoffe, sie wären jetzt ein Paar. Courtney war einverstanden. Zum Geburtstag schenkte er ihr Ohrringe und zum Valentinstag Rosen.

Courtney schwebte im siebten Himmel. Nur etwas störte sie. Sie erzählte uns, Danny schreibe ihr mindestens drei E-Mails in der Woche, etwa »Hi, ich denke gerade an Dich«, oder er schicke ihr einen Witz. Doch er rufe sie nur ein- oder zweimal die Woche an, zum Beispiel, um eine Verabredung zu bestätigen. »Ich schicke ihm einmal die Woche eine E-Mail als Antwort. Mache ich etwas falsch? Glen rief immer jeden Tag an, manchmal sogar zweimal am Tag. Soll ich Danny sagen, daß ich lieber mit ihm telefoniere?«

»Nein«, antworteten wir. »E-Mail und Telefon sind das gleiche. Solange er sich jede Woche mit Ihnen verabredet, sollten Sie es dabei belassen.« Wir erinnerten sie daran, daß Glen sie schließlich nicht geheiratet habe. Außerdem seien Anrufe nicht unbedingt Ausdruck für die Gefühle eines Mannes.

Danach hörten wir sechs Monate lang nichts mehr von Courtney und hofften, daß sie sich an die *Regeln* hielt und daß Danny sich nicht abgesetzt hatte. Kurz vor Silvester rief sie dann an und erzählte, daß Danny ihr einen Antrag gemacht habe. Er hatte ihr eine E-Mail mit Blumen, einem Ring und dem Versprechen geschickt: »Habe heute abend eine Überraschung für Dich.«

An jenem Abend stellte er ihr bei einem Candlelight-Dinner die alles entscheidende Frage, und Courtney sagte ja.

Am nächsten Tag rief uns Courtney an: »Vielen Dank, daß Sie mich dazu gebracht haben, im Internet nach einem Partner zu suchen! Allein wäre ich nie darauf gekommen. Jetzt probieren es all meine Freundinnen! Ich bin gerne eine Erfolgsgeschichte.«

Kapitel 4

Seien Sie etwas ganz Besonderes

In unserem ersten Buch beschrieben wir ein Mädchen, das sich an die *Regeln* hält, als anders als alle anderen. Es ist eine Geisteshaltung, eine bestimmte Einstellung. Sie müssen mit dieser Haltung nicht geboren sein – sie kann erlernt und eingeübt werden.

Um anders als alle anderen zu sein, müssen Sie nicht die Schönste oder die Klügste sein (Puh!), Sie fühlen sich einfach gut, so wie Sie sind. Es spielt keine Rolle, ob Sie 15 Kilo abnehmen sollten oder keinen Studienabschluß haben, Sie sind sich einfach selbst genug. Sie strahlen Selbstvertrauen aus und machen sich keine Gedanken um die Konkurrenz. Mehr noch, Sie erkennen, daß es keine Konkurrenz gibt, weil Sie einzigartig sind – eben etwas ganz Besonderes. Sie belasten sich nicht damit, was andere Frauen tun oder nicht tun – vor allem Frauen, die gegen die *Regeln* verstoßen. Sie haben das Gefühl, daß sich der Mann, der Sie kriegt, glücklich schätzen kann. Sie sind nicht eingebildet, Sie mögen sich einfach so, wie Sie sind. Und wenn Sie gerade eine Phase durchmachen, in der Sie sich nicht leiden können, tun Sie einfach so als ob!

Sie betreten einen Raum mit selbstsicherem Schritt, als wären Sie gerade einer Limousine entstiegen. Sie lächeln häufig und reden nicht viel – ununterbrochenes Geplapper verrät Nervosität und Verzweiflung und wirkt egoistisch, weil Sie Ihren Gesprächspartner nicht zu Wort kommen lassen. Ihre Gesten sind weiblich, Sie würden einen Mann nie auffordern, mit Ihnen auszugehen, würden nie halbe halbe bei der Rechnung machen oder in den ersten sechs Monaten fragen, wohin sich die Beziehung entwickelt. Sie schicken ihm nach einer Verabredung keine Nachricht, in der Sie sich bedanken, Sie bedanken sich bei ihm einfach am Ende der Verabredung. Schließlich ist es eine Freude für ihn, Sie auszuführen. Sie beenden eine Verabredung immer zuerst.

Wir wissen, was Sie jetzt wahrscheinlich denken: Wie kann ich etwas ganz Besonderes sein, wenn ich (schluck!) mein Foto und eine Kontaktanzeige ins Internet stelle? Jeder wird mein Bild erkennen und wissen, daß ich einen Partner suche. Wie soll ich dann wie eine Frau wirken, die schwer zu kriegen ist?

Wir verstehen Sie. Die ganze Sache ist Ihnen peinlich, aber Sie sind allein und wollen einen Partner finden. Und es genügt einfach nicht, nur eine Annonce ins Netz zu stellen, Sie müssen auch ein Foto dazu setzen, weil die körperliche Anziehung so wichtig ist.

Sie stecken also fest. Sie müssen es machen, wenn Sie etwas erreichen wollen. Ob es Ihnen nun gefällt oder nicht, Kontaktbörsen im Internet sind heutzutage eine vielgenutzte Möglichkeit, Männer kennenzulernen. Aber wie können Sie sich an eine Partnervermittlung wenden, ohne das Gefühl zu haben, Sie sagen damit: »Hallo, ich bin verzweifelt und habe noch niemanden kennengelernt, deswegen nutze ich das Internet, um endlich einen Mann zu finden«?

Entspannen Sie sich! Eine Kontaktanzeige aufzugeben ist an sich noch keine Verzweiflungstat. Es ist genauso, wie wenn Sie zu einer Single-Party oder in eine Kneipe für Singles gehen. Alle sind aus dem gleichen Grund dort, eben um jemanden kennenzulernen. Das ist keine Schande. Wer weiß, vielleicht sucht auch Ihr Nachbar oder Ihre Kollegin im Internet nach einem Partner.

Der Trick besteht darin, die Annonce so abzufassen, daß sie nicht verzweifelt klingt. Sie sollten einen nonchalanten Ton anschlagen, so als hätten Sie den Text nebenbei in Ihrer Mittagspause geschrieben, weil Ihre Freundin Sie dazu überredet hat, oder als ob Sie gerade gehört hätten, daß man so gut Männer kennenlernen kann. Die Anzeige sollte locker und leicht klingen – als ob es gerade der neueste Trend wäre, im Internet zu flirten. Tragen wir nicht alle manchmal verrückte Kleider, nur weil das gerade der letzte Schrei ist? Machen wir nicht alle bizarre Diäten, um abzunehmen?

Damit die Partnersuche im Internet nur wie eine weitere interessante Möglichkeit wirkt, Männer zu treffen – im Gegensatz zu einer drastischen Verzweiflungstat –, sollten Sie Ihre Anzeige so formulieren, daß sie schnell und leicht zu lesen ist, flott und interessant, ohne zu viele Informationen preiszugeben. Dennoch sollte der Text so wirken, als hätten Sie damit alles gesagt.

Nehmen Sie daher die Fragebögen einer Partneragentur im Internet nicht zu ernst; beantworten Sie erst gar nicht jede Frage, vor allem keine tiefschürfenden Fragen über Ihre Pläne in fünf Jahren oder Ihren Traummann (siehe *Regel Nummer 3:* »Weniger ist mehr«). Egal, wie tief die Fragen der Partnerbörse bohren, Sie sollten immer nur knapp mit einem Satz oder höchstens zwei Sätzen antworten. Denken Sie daran: Sie sind anders als alle anderen, Sie führen ein erfülltes und aufregendes Leben, Sie haben nicht viel Zeit für solche Fragebögen. Wenn also zum Beispiel die Frage auftaucht, was Sie sich erhoffen (»Bekanntschaften machen«, »flirten«, »eine langfristige Beziehung«, »Heirat«), sollten Sie die Antwort wählen, die die geringste Beteiligung ausdrückt (»Bekanntschaften machen«), schließlich sind Sie so beschäftigt, daß Sie kaum wissen, was Sie heute abend essen werden, geschweige denn, was für eine Beziehung Sie wollen – selbst wenn Sie dreimal die Woche zur Therapie gehen, um genau damit fertigzuwerden!

Als eine ganz besondere Frau stellen Sie eine kurze Annonce mit einem hübschen Bild ins Netz und warten, daß die Männer Ihnen E-Mails schicken. Sie antworten nie auf die Annonce eines Mannes, denn das hieße, auf Männerjagd zu gehen; Sie lassen die Männer zuerst reagieren. Auch außerhalb des Internets gilt diese Regel: Wenn Sie auf einer Party einen Mann treffen und Adressen austauschen, schicken Sie ihm weder eine E-Mail noch rufen ihn an. Sie warten, bis er Kontakt zu Ihnen aufnimmt, ansonsten vergessen Sie die Sache.

Wenn ein Mann Ihnen eine E-Mail geschickt hat, warten Sie 24 Stunden, bevor Sie antworten. Jede frühere Reaktion riecht nach Verzweiflung. Ihre E-Mails sind kurz und freundlich. Sie streiten nicht mit Männern, sagen nichts Negatives (»Verabredungen sind doof!«, »Männer sind Schweine!«) oder schwafeln endlos über Ihre Probleme. Am Computer sind Sie für Männer nur zu normalen »Bürozeiten« erreichbar, nicht nach Mitternacht und *nie* am Wochenende. Als jemand Besonderes sind Sie am Wochenende völlig ausgebucht oder tun zumindest so. Selbst wenn Sie an einem Samstag abend zu Hause sind, blockieren Sie den Empfang von Instant Messages, damit ein Mann Sie nicht an einem Tag, an dem sich alle verabreden, daheim erwischt.

Sie fahren keine weiten Strecken, um Männer zu treffen. Die Männer müssen zu Ihnen kommen. Sie verschwenden keine Zeit auf Männer, die Sie nachlässig behandeln. Ihre Zeit ist kostbar, daher gibt es Ihrerseits weder lange E-Mails noch aufwendige Brieffreundschaften.

Sie lassen sich nicht davon entmutigen, daß es keine guten Männer gibt, oder neigen gar dazu, deswegen die *Regeln* zu brechen, um überhaupt einen abzubekommen. Sie vertrauen darauf, daß es den Mann Ihrer Träume wirklich gibt, ob im Internet oder im wirklichen Leben, und daß Sie sich nur an die *Regeln* halten und Geduld haben müssen.

Auch wenn Sie vielleicht in Jogginghosen am Computer sitzen, sind Sie immer noch anders als alle anderen. Wenn Sie sich selbst in Schuhen mit hohen Absätzen und einem eleganten Kleid, perfekt geschminkt und das Haar zurechtgefönt wie bei einem Fotomodell sehen, spiegelt sich das in Ihren E-Mails. Als Anhängerin der *Regeln* sind Sie nie verzweifelt. Tief in Ihrem Herzen wissen Sie, daß jeder Mann sich glücklich schätzen kann, Ihre Annonce zu lesen, und noch glücklicher, Ihre E-Mail-Adresse zu bekommen. Beantworten Sie den Fragebogen der Partnervermittlung, als ob vor der Tür eine Limousine warten würde, um Sie zur Oscar-Verleihung abzuholen. Sie haben nicht viel Zeit. Wenn im Formular die Frage nach Ihren Hobbys auftaucht, können Sie gerade noch »Lesen, Tanzen und Skifahren« tippen. Der Chauffeur wartet!

Die Regeln *fürs Online-Dating*

Regel Nummer 1

Antworten Sie nicht zuerst auf die Annonce eines Mannes

Die drei Prinzipien dieses Buchs und unserer anderen Bücher lauten: Ein Mann muß am Anfang bei einer Frau Feuer fangen; der Mann muß sich um die Frau bemühen, und alle Männer lieben Herausforderungen. Wenn Sie auf die Annonce eines Mannes antworten, verstoßen Sie gegen alle drei Grundregeln. Wenn Sie die Anzeige zuerst beantworten, zeigen Sie *ihm,* daß Sie Feuer gefangen haben, daß Sie ihn unter unzähligen Männern ausgewählt haben, daß er absolut Ihr Typ ist, daß Ihnen seine tollen Bauchmuskeln, sein berückendes Lächeln oder seine Lebensphilosophie gefallen. Auf die Annonce eines Mannes zu antworten heißt, sich um ihn zu bemühen. Es ist nichts anderes, als einen Mann bei einer Party oder in einer Bar anzusprechen, ihn anzurufen und ihn um eine Verabredung zu bitten. Er weiß, daß Sie ihn mögen, und damit ist die Herausforderung dahin. Schlimmer noch – weil er sich Ihnen nicht zuerst genähert hat, ist er womöglich auch gar nicht so angetan von Ihnen.

Auf die Kontaktanzeige eines Mannes zuerst zu antworten, ihm eine E-Mail oder Instant Message zu schicken oder auch nur einem Mann, den Sie beim Betriebsausflug kennengelernt haben, zuerst eine Mail zu schicken, funktioniert nicht, weil die Initiative von Ihnen ausging. Sie setzen das ganze Szenario in Gang. Wenn Ihre Aktion dazu führt, daß Sie zusammen ausgehen, werden Sie nie wissen, ob er sich mit Ihnen verabredet, weil es einfach und bequem für ihn ist, oder weil er wirklich nach Ihnen verrückt ist. Schließlich hat er nicht Dutzende Personenbeschreibungen durchforstet, sich in Ihr Lächeln verliebt und auf Ihre Annonce geantwortet oder Ihnen als erster eine E-Mail geschickt, nachdem Sie bei einer Party oder einem Seminar die Visitenkarten ausgetauscht haben.

Wir haben festgestellt, daß Frauen, die zuerst auf die Kontaktanzeige eines Mannes antworten oder ihm zuerst eine E-Mail schicken, mehr Probleme haben als Frauen, die sich an die *Regeln* halten – selbst wenn die Initiative der Frauen zu einer Verabredung führte. Manchmal lassen diese Männer wochenlang nichts von sich hören, bis sie sich wieder mit ihnen verabreden, vergessen so wichtige Termine wie den Valentinstag, sagen Verabredungen ab oder wollen sich einfach nicht binden.

Wenn wir E-Mails von Frauen bekommen, die berichten, daß sie ihm zuerst eine Mail geschickt oder auf seine Annonce geantwortet haben, denken wir »o je«, denn dann gibt es unweigerlich Probleme: Er braucht Monate, bis er endlich nach ihrer Telefonnummer fragt oder sich mit ihr trifft. Er erwartet, daß sie zu ihm fährt (»Ich kann hier nicht weg, Boston wird Dir gefallen«). Er läßt seine Kontaktanzeige weiter im Netz. Er will sich nicht binden. Er vergißt ihren Geburtstag. Er hat Exfreundinnen oder eine Exfrau, die er immer noch trifft. Er sagt ihr, er fühle sich gedrängt und brauche Zeit.

Wir wissen, was Sie jetzt denken! Niemand, der Ihnen gefällt, reagiert auf Ihre Kontaktanzeige, und Sie haben gerade die Beschreibung eines Mannes entdeckt, die einfach zu schön ist, um wahr zu sein. Er ist genau Ihr Typ, Sie mögen die gleichen Sachen, und außerdem sieht er umwerfend aus. Sie müssen nur auf seine Annonce antworten!

Oder Sie haben auf einer Party einen Mann getroffen, sich in der Gruppe gut mit ihm unterhalten und die E-Mail-Adressen ausgetauscht. Was kann es schaden, wenn Sie ihm zuerst eine Mail schicken? Schließlich ist eine E-Mail ja kein Anruf und völlig harmlos.

Vor kurzem berieten wir Lauren, eine attraktive 35jährige Rechtsanwältin, die bei einem Fernsehsender in Los Angeles arbeitet. Sie erzählte uns, daß sie von New York nach Kalifornien gezogen sei, weil sie schon immer davon geträumt hatte, fürs Fernsehen zu arbeiten. Außerdem brauchte sie »einen Tapetenwechsel«, weil ihre Beziehung zu einem Mann, mit dem sie zusammengelebt hatte, nach zwei Jahren in die Brüche gegangen war. Er hatte sie nicht heiraten wollen. Sie war in Los Angeles monatelang einsam, arbeitete zwölf Stunden am Tag und lernte niemanden kennen. Die meisten anderen Rechtsanwälte beim Sender waren verheiratet und hatten Kinder.

Dann erzählte ihr eine Kollegin vom Online-Dating, und Lauren dachte, das sei die Lösung. Sie stellte bei verschiedenen Partnerbörsen eine Annonce mit Foto ins Netz, mußte aber feststellen, daß die meisten Männer nicht ihr berufliches Niveau hatten, die meisten waren »Schauspieler, Kellner oder Surfertypen«. Daher beschloß sie, »die Sache selbst in die Hand zu nehmen«, und auf die eine oder andere Anzeige zu antworten und so ihre Chancen zu erhöhen, den Richtigen zu treffen.

Nach einer kurzen Suche in der Rubrik 35 bis 45 Jahre stieß sie auf TVExec38, der nicht nur süß aussah und in ihrer Branche arbeitete, sondern auch noch von der Ostküste kam wie sie selbst! Lauren schickte ihm eine E-Mail: »Hi, Deine Anzeige gefällt mir ... wir haben viel gemeinsam. Ich arbeite auch fürs Fernsehen und bin gerade von New York hierher gezogen.«

TVExec38 schien ein netter Typ zu sein, er antwortete sogar noch am gleichen Tag: »Hallo, willkommen in LA. Ich heiße Steve und schreibe Drehbücher für eine Sitcom ...«

Die beiden mailten sich etwa zehnmal und plauderten über alles mögliche, von ihren Lieblingssendungen über die Unterschiede zwischen den Restaurants in Los Angeles und New York bis zum Wetter. Schließlich verabredete sich Steve mit Lauren auf einen Drink. Lauren war im siebten Himmel, als sie Steve traf, denn er sah nicht nur gut aus, sondern war auch klug, sympathisch und sportlich. Steve fand Lauren, eine kleine Brünette, niedlich, aber nicht ganz sein Typ, weil er eigentlich auf große blonde Frauen stand. Dennoch war er gern mit ihr zusammen und ging weiterhin jede Woche mit ihr aus, allerdings fragte er sie oft erst in letzter Minute. Bei ihrer fünften Verabredung hatten sie Sex, doch danach sagte Steve nur: »Tja, wir sollten uns wieder treffen. Ich rufe dich an, oder du rufst mich an ...«

Als Steve auch nach einigen Tagen noch nicht angerufen hatte, meldete sich Lauren bei ihm und fragte ihn, ob alles in Ordnung sei oder ob er sich etwa zurückziehen würde, weil sie miteinander geschlafen hatten. »Nein, ich habe nur viel um die Ohren. Ich weiß nicht, ob ich dir erzählt habe, daß ich meine Wohnung verkaufe und ein Haus kaufen will. Das ist alles sehr kompliziert. Ich rufe dich an, wenn ich etwas mehr Zeit habe.«

»Kein Problem«, antwortete Lauren und versuchte, ganz locker zu klingen, obwohl sie sehr verletzt war. Tief in ihrem Innern wußte sie, daß ein Mann, wenn er eine Frau wirklich mag, nach der ersten gemeinsamen Nacht anruft. Aber sie sagte sich, ein Hauskauf sei schließlich eine ziemliche Investition, jeder sei dann sehr beschäftigt. Sie versuchte auch darüber hinwegzusehen, daß er ein Haus kaufen wollte und sie nicht einmal nach ihrer Meinung fragte.

Danach übersprang Steve immer mal wieder eine Woche und rief Lauren meist am Samstag nachmittag an, wenn er abends mit ihr ausgehen wollte. Für seine Anrufe in letzter Minute hatte er immer einen guten Grund: Er arbeite wie verrückt, er wisse nicht, ob er nicht noch wegen kurzfristiger Drehbuchänderungen angerufen werde und so weiter. Lauren war stets in Habachtstellung, sagte sich aber, das sei in Ordnung, und willigte immer in die Verabredung ein. Einmal sagte Steve sogar eine Verabredung in letzter Minute wieder ab und erklärte, er habe sich im Fitneßstudio am Bein verletzt. Er werde daheim bleiben, ein Schmerzmittel nehmen und fernsehen. Er fragte nicht, ob sie vorbeikommen wolle. Lauren bot in der Hoffnung, daß er den Wink verstehen würde, an, ob sie ihm etwas bringen könne. Er ging nicht darauf ein. »Das ist lieb von dir, aber nein danke. Wir telefonieren nächste Woche. Ich rufe dich an, oder du mich …«

Als Lauren am Mittwoch noch nichts von ihm gehört hatte, rief sie ihn unter dem Vorwand an, sich nach seinem Bein erkundigen zu wollen. In Wirklichkeit wollte sie jedoch herausfinden, wie es mit ihrer Beziehung aussah. »Ich habe dich seit zwei Wochen nicht gesehen. Stimmt was nicht?«

»Nein, ganz ehrlich, ich bin nur gerade nicht an einer festen Beziehung interessiert. Ich weiß, daß ich eine Kontaktanzeige aufgegeben habe, aber ich habe nicht ernsthaft nach einer Freundin gesucht. Ich finde dich toll, und wir können uns natürlich trotzdem gelegentlich treffen. Ich rufe dich an, oder du mich...«

Statt dessen rief Lauren uns an. Wir sagten ihr, sie solle sich nicht um Steve bemühen. Sie rief ihn nicht an, und er meldete sich nicht mehr, und das war das Ende der Beziehung. Lauren brauchte zwei Monate, um über Steve hinwegzukommen, aber sie lernte ihre Lektion und antwortete nie wieder auf die Annonce eines Mannes. (Steves Annonce steht immer noch im Netz!)

Leider ist Laurens Erfahrung typisch. Wenn eine Frau auf die Annonce eines Mannes antwortet, führt das fast immer zu Kummer.

Das gleiche gilt für einen Verstoß gegen die *Regeln* bei E-Mails. Die 25jährige Allison lernte mit ihren Freundinnen am Strand eine Gruppe Männer kennen. Sie unterhielten sich miteinander, aßen Eis, spielten Frisbee und tauschten beim Abschied ihre E-Mail-Adressen aus. Alle sagten: »Das sollten wir mal wieder machen!«

Allison fand, daß einer aus der Gruppe, der 27jährige Steven, genau ihr Typ war. Sie schickte ihm gleich am Montag morgen eine E-Mail: »Hi, ich glaube, Du brauchst Frisbee-Unterricht! LOL.« Natürlich freute er sich über die Mail und schrieb zwei Stunden später zurück: »Hängt von der Lehrerin ab, sollen wir uns treffen?« Daraus entwickelte sich eine stürmische Beziehung, die zwei Monate lang dauerte. Allison verstieß gegen jede *Regel.* Nach acht Wochen rief Steven seltener an und schickte weniger E-Mails und beendete die Sache schließlich mit den Worten: »Sorry, muß gerade furchtbar viel arbeiten und kann jetzt gerade keine Beziehung gebrauchen.«

Eine Frau, die sich seit Jahren mit der Partnersuche im Internet beschäftigt, bestätigt unsere Theorie: »Ich habe die Erfahrung gemacht, daß es bei den Männern, die ich zuerst kontaktierte, nicht so gut funktionierte wie bei den Männern, die mir zuerst schrieben. Tatsächlich würde ich sagen, daß die Männer, die meine Partner wurden, zu hundert Prozent mir zuerst schrieben. Wenn ich mich zuerst bei ihnen meldete, ging es nie so weit. Warum müssen die *Regeln* nur immer zutreffen?«

Sie fragen sich vielleicht, ob es keine Ausnahme gibt, die die Regel bestätigt. Ja, in seltenen Fällen haben wir von Frauen gehört, die auf die Annonce eines Mannes antworteten, sich dann an die ganzen anderen *Regeln* für die Partnersuche im Internet hielten und jetzt glücklich verheiratet sind. Wie läßt sich das erklären?

Laut diesen Frauen sagten die Männer, mit denen sie sich verabredet hatten, daß sie zufällig auch die Annoncen der Frauen gesehen hatten und gleich nach dem Examen oder dem Superbowl darauf antworten wollten, die Frauen aber einfach schneller waren.

Sie haben vielleicht weniger Glück, daher raten wir Ihnen davon ab, Ihr Schicksal selbst in die Hand zu nehmen und auf die Annonce eines Mannes zu antworten. Sie riskieren damit nur, verletzt zu werden. Wenn Sie schon ein Risiko eingehen wollen, schlagen wir vor, lieber 100 Dollar beim Kartenspiel zu setzen, als auf die Kontaktanzeige eines Mannes zu reagieren.

Regel Nummer 2

Wählen Sie einen guten Nickname

Ein guter Nickname ist wichtig, denn außer Ihrem Foto hat ein Mann nur den Namen, wenn er Kontaktanzeigen im Web überfliegt oder einen Chatroom betritt und nach einer Frau sucht, die seinem Typ entspricht. Der Name sollte nicht langweilig, aber auch nicht zu sexy klingen. Ein Mann soll Ihre Annonce nicht überspringen, weil sie zu dröge oder zu sehr nach Heiratswunsch klingt, Sie wollen aber auch nicht das andere Extrem und Männer anlocken, die nur an Sex interessiert sind, oder verheiratete Männer, die Cybersex suchen. Wählen Sie den goldenen Mittelweg.

Ein guter Nickname ist ein Blickfänger und hilft einem Mann, das zu finden, was er sucht, das heißt, der Name beschreibt Eigenschaften und birgt Fakten, indem er etwa Haarfarbe, Größe oder Gewicht nennt. Beispiele für gute Nicknames oder Annoncenkürzel sind: BlondBeauty50 (nennt Aussehen und Alter), Wuschelkopf34, TrulyCute22, MeergrüneAugen44 (beschreibend, niedlich und nicht übertrieben).

Beispiele für schlechte Nicknames sind: Berükkend35 (zu sexbezogen), YouWon'tBeDisappointed (sagt nichts über das Aussehen aus, ist außerdem ziemlich wichtigtuerisch), LachenLiebeHeiterkeit (zu allgemein und süßlich, heben Sie sich das für einen Autoaufkleber auf), Nanci42 (sagt nichts über das Aussehen aus), LookinForLuv, LiebundTreu2003, HeiratNichtAusgeschlossen, SüßeSuchtTraummann (alle sind zu intensiv, zu sehr aufs Heiraten ausgerichtet und schlagen daher Männer in die Flucht).

Benutzen Sie für die Partnersuche im Netz möglichst einen Extra-Nickname. Nehmen Sie nicht Ihren Webnamen von der Arbeit wie etwa susanjones@adwear. com, weil damit Ihr richtiger Name und Ihr Arbeitsplatz preisgegeben werden. Wenn Sie nicht mehr antworten wollen oder mit einem »tollen Mann« zu vertraulich geworden sind und ihm zuviel Persönliches von sich erzählt haben, wollen Sie sicher nicht leicht identifizierbar sein, falls er sich als Fiesling erweist und Ihre E-Mails überall herumschickt.

Schreiben Sie auch nichts Rätselhaftes oder etwas, das schwer zu entschlüsseln ist. Damit locken Sie niemanden an. Eine Literaturagentin, die Englisch studiert hatte, wählte zum Beispiel den Namen MaggieNadia. Die wenigen Männer, die die Annonce lasen, erfuhren: »So beschrieb Jack Nicholson einmal Jessica Lange, und ich denke, diese Metapher beschreibt mich treffend: klassisch und robust, kombiniert mit einer zarten, großäugigen Verletzlichkeit. Ich wünschte, ich hätte diese Zeile selbst verfaßt...«

Sehr interessant, aber wer will das alles wissen?

Männer suchen nicht nach Shakespeare oder Hemingway, wenn sie bei match.com stöbern. Sie suchen nach einem attraktiven Foto und einer unterhaltsamen Beschreibung. Sie wollen sich nicht anstrengen. Und wenn sie glauben, Sie hätten sich mit einer Anzeige viel Mühe gemacht, denken sie: »Was stimmt mit ihr nicht, warum bemüht sie sich so?« So ernüchternd es ist, es bringt leider nichts, originell oder poetisch zu klingen. Seien Sie daher so leicht und locker wie möglich.

Ein Beispiel für einen schlechten Nickname ist CuriousGirl2002. Sie schreibt in ihrer Anzeige: »Glaubst Du an ein Leben nach dem Tod? Oder glaubst Du, daß nur das Heute zählt, und fragst Dich, warum Du für ein zweifelhaftes Morgen leben sollst?« Davon bekommen Männer Kopfweh.

Es ist ganz einfach: Ein Mann sucht nach einer attraktiven, unkomplizierten Frau. Bereiten Sie ihm nicht unnötig Kopfzerbrechen.

Sie kennen doch die Schlagzeilen von Zeitschriften wie *Cosmopolitan* oder *Freundin,* etwa »Ein straffer Bauch in 7 Tagen« oder »Das Anti-Zellulitis-Wunder – mit nur 10 Minuten am Tag«? Genau so sollten Ihr Nickname und Ihre Beschreibung klingen. Leicht und eingängig.

Regel Nummer 3

Weniger ist mehr – auch in einer Annonce

Wenn Sie Mitglied bei einer Partnerbörse im Internet werden, egal, ob es nun datingcafe.de, myflirt.de oder singletreffen.de ist, müssen Sie einen Fragebogen ausfüllen, der bis zu 50 Fragen umfassen kann. Die Fragen bilden die Grundlage für Ihre Annonce oder Personenbeschreibung. Dazu gehören Angaben wie Körpergröße, Gewicht, Beruf, Lieblingssendungen im Fernsehen, Ziele im Leben, Ideale und eine Selbstbeschreibung.

Plagen Sie sich nicht allzusehr beim Ausfüllen des Fragebogens, denn die meisten Männer werden Ihr Foto ansehen und die Angaben nur überfliegen, egal, was Sie schreiben. Sie müssen auch nicht jede Frage beantworten, vor allem nicht, wenn sie gegen die *Regeln* verstößt.

Es ist ein seltsames Phänomen beim Online-Dating, daß Frauen intime Fragen beantworten, auf die sie bei einer Verabredung oder in einer Kneipe nie eingehen würden. Doch im Internet schreiben sie auf sehr persönliche Fragen wie »Ziele in fünf Jahren« oder »Jahreseinkommen« ehrliche, wohlformulierte Aufsätze, obwohl die Antworten niemanden etwas angehen. Unserer Ansicht nach muß ein Mann mit Ihnen mehrere *Monate* ausgehen, bevor er Ihre Ziele erfährt! Bei diesen Fragebögen ist daher weniger mehr.

Der Trick, wie man eine gute Annonce verfaßt, besteht darin, den Eindruck zu vermitteln, daß Sie zu Ihrem entzückenden Bild ein paar Antworten mit leichter Hand getippt haben, bevor Sie zu einem geschäftlichen Treffen oder ins Fitneßstudio aufgebrochen sind, denn schließlich führen Sie ein erfülltes Leben. Schreiben Sie so, als ob in Ihrem Leben viel los sei. Das Online-Dating war nur so eine Idee, die vielleicht Spaß machen könnte. Sie müssen keine Doktorarbeit schreiben. Sie sollten sehr wenig von sich preisgeben, damit die Männer sich mit Ihnen verabreden müssen, wenn sie mehr erfahren wollen.

Die folgende Anzeige ist ein gutes Beispiel und hält sich obendrein an die *Regeln:*

BlueEyedBlondBeauty32:
Ich wohne in Boston. Ich bin 32 Jahre alt, 1,68 m groß und wiege 57 Kilo. Ich bin Single. Meine Hobbys sind Wandern, Skifahren und Tanzen. Ich habe Marketing studiert und arbeite in der Werbebranche. Mit mir kann man Spaß haben, ich bin niveauvoll, aber unkompliziert. Ich mag chinesisches und italienisches Essen. Ich möchte jemanden kennenlernen, der zwischen 32 und 40 Jahren alt ist.

Erzählen Sie von sich: *Hm, ich gehe oft ins Kino, fahre Ski oder unterhalte mich einfach gern mit Freunden.*

Wie muß der perfekte Partner für Sie sein: *nett, ehrlich, klug, mit Sinn für Humor.*

Wie sollte eine erste Verabredung Ihrer Meinung

nach aussehen: *ein angenehmes Treffen. Man paßt zueinander. Es ist nicht mühsam. Man schaut nicht auf die Uhr in der Hoffnung, daß alles bald vorbei ist. Man geht mit einem guten Gefühl auseinander.*

Nach was für einer Beziehung suchen Sie? *Eine Beziehung, bei der es »läuft«, bei der man wirklich gerne mit dem Partner zusammen ist, man muß einfach ein gutes Gefühl haben!*

Die Personenbeschreibung ist gut, weil sie Fakten anbietet (Größe, Gewicht und andere körperliche Eigenschaften) und leicht zu lesen ist, sie ist weder poetisch noch schwerfällig oder fordernd. Keine intensiven Gefühle, Sehnsüchte, Hoffnungen und Träume, die den Durchschnittsmann nur verschrecken. Sie schreibt nicht, daß sie heiraten oder Kinder haben will. Sie will einfach einen netten Mann kennenlernen, mit dem sie ins Kino oder essen gehen kann. Sie läßt sich nicht in die Karten blicken.

Wir haben uns bei verschiedenen Kontaktbörsen unzählige Anzeigen angesehen. Viele waren zu lang, zu tiefschürfend oder zu fordernd. Zu den typischen Fehlern zählten:

1. Frauen, die erklären, sie sehnten sich nach Liebe, Heirat und Kindern, oder die eine feste Bindung suchen. Zwar sind genau deswegen die meisten Menschen auf Partnersuche, doch wenn Sie das zugeben, legen Sie gleich die Karten auf den Tisch. Was für ein Geheimnis oder was für eine Herausforderung bleibt noch, wenn Sie einem Mann, den Sie noch nicht einmal getroffen haben, Ihre ganzen Pläne offenlegen? Er wird sich in die Enge getrieben fühlen, noch bevor

die Beziehung überhaupt begonnen hat. Sagen Sie einfach, Sie wollen sich verabreden oder neue Leute kennenlernen, dann kann er sich entspannen und Luft holen.

2. Frauen, die sagen, sie seien »flexibel oder bereit, den Wohnort zu wechseln«. Sie haben den Mann noch nicht einmal kennengelernt und packen bereits die Koffer, nehmen die Kinder aus der Grundschule und verkaufen Ihr Haus. Damit klingen Sie viel zu eifrig, wie ein Gebrauchtwagenhändler, der mit dem Preis schon runtergeht, bevor er überhaupt ein Angebot bekommen hat. Wenn er Ihnen einen Ring schenkt, einen Antrag macht und wenn der Hochzeitstermin steht, können Sie über einen Umzug sprechen, aber nicht schon in Ihrer Kontaktanzeige.

3. Frauen, die mehr als eine Annonce bei der gleichen Kontaktbörse aufgeben. Das wirkt verzweifelt und funktioniert nicht. Vertrauen Sie uns, wenn er Ihre erste Annonce übersehen hat, wird er sich auch nicht für eine andere Version von Ihnen interessieren. Entweder mag ein Mann Ihren Typ oder nicht. Wenn Sie Ihren Nickname und Ihre Präsentation verändern, klappt es trotzdem nicht. Wir spielen hier nicht Bingo, wo Sie Ihre Gewinnchancen erhöhen, wenn Sie mit zwei Karten spielen. Entweder fühlt er sich zu Ihnen hingezogen oder nicht. Daher lautet die Regel: Schalten Sie verschiedene Anzeigen bei *verschiedenen* Kontaktbörsen, aber nie mehr als eine Annonce bei einem Anbieter.

4. Frauen, die einer Anzeige drei oder mehr Fotos beilegen. Ein Bild genügt. Wenn Sie ein Foto von Ihrem Gesicht, eine Aufnahme von sich am Strand und ein Bild von sich beim Essen mit Freunden in der glei-

chen Annonce zeigen, wirkt das verzweifelt. Ein Mann braucht nur *ein* gutes Foto, um zu erkennen, ob er mit Ihnen ausgehen will.

5. Frauen, die lange, gefühlsduselige Antworten schreiben, als ob sie gerade von einer Therapiesitzung zurück wären oder als ob sie sie aus einem Gedichtband abgeschrieben hätten.

Zu intensive Gefühle schrecken Männer ab. Eine attraktive Frau Mitte Vierzig wurde gebeten, die ideale Beziehung zu beschreiben. Sie antwortete:

Ich will eine Beziehung wie Susan Sarandon und Tim Robbins, ein Band, das stärker ist als ein Stück Papier. Seit meiner Scheidung weiß ich, daß ein Trauschein nicht so wichtig ist wie eine lebenslange Verpflichtung.

Das ist zuviel. Sie sind schließlich auf dem Sprung zur nächsten Party. Sie analysieren nicht die Beziehung von Prominenten und verlangen auch nicht von einem Mann, ein Filmstar zu sein. Sie erwähnen eine Heirat mit keiner Silbe. Sie sind nicht zynisch. Sie sind fröhlich und optimistisch.

Eine erfolgreiche Frau Mitte Dreißig, die den idealen Partner beschreiben sollte, erklärte:

Der Mann, den ich mir vorstelle, hat Erfolg im Beruf, ist kultiviert, aber unkompliziert, mitfühlend und leidenschaftlich, ein Naturfreund, der aber auch gerne mal daheim bleibt, der mich in teure Restaurants ausführt und wunderbare Ferien mit mir verbringt und der vor allem mein bester Freund ist.

Hat sie irgend etwas ausgelassen? Im Grunde sagt sie, daß sie alles will, vor allem einen reichen Mann. Sie wirkt wie jemand, der den Hals nicht voll genug kriegen kann.

Noch ein abschreckendes Beispiel gefällig? Eine gutaussehende Frau Mitte Fünfzig, die nach ihren Zielen im Leben gefragt wurde, antwortete:

Ich suche nach jemandem, mit dem ich meine Liebe und mein Leben teilen kann. Der Weg ist das Ziel… einander zu entdecken und das Leben zu umarmen. Beruflich bin ich sehr viel unterwegs, deswegen möchte ich jemanden, der auf mich wartet, wenn ich nach Hause komme… einen liebevollen, ehrlichen, intelligenten Partner, der gut zuhören kann. Ich möchte einen Mann, der so weit mit sich im reinen ist, daß er mir auch das Kind im Manne zeigen kann, einen Mann, der sich nicht fürchtet, Gefühle zu zeigen. Ich bin bereit, mich ein Leben lang an den Richtigen zu binden…

Das ist keine Antwort auf eine Frage, sondern Poesie und Therapie zugleich. Würden Sie sich in einer Bar ein Mikrofon schnappen und das laut vorlesen? Hoffentlich nicht.

Bedenken Sie, daß Sie mit Fremden reden! Alles Geheimnisvolle und Aufregende ist dahin, wenn eine Frau sagt, was ihr gerade durch den Kopf geht. Außerdem verlangt man von einem durchschnittlichen Mann zuviel, wenn man von ihm erwartet, eine Mischung aus Dalai Lama und Richard Gere zu sein. Und nennen Sie uns eine Frau, die *keinen* netten, liebevollen, empfindsamen und perfekten Mann will!

Wenn Sie die Kontaktanzeigen von Frauen im Internet durchgehen, werden Sie feststellen, daß alle Frauen das gleiche wollen!

Eine attraktive Frau Mitte Dreißig beschrieb ihre körperlichen Eigenschaften folgendermaßen: »Ich habe ein berückendes Lächeln.« Das ist unserer Ansicht nach zuviel. Seien Sie bescheiden. Biedern Sie sich nicht an. Überlassen Sie den Männern das Urteil, wenn sie Ihr Bild betrachten. Ein Mann soll sagen, Ihr Lächeln sei ansteckend oder bezaubernd. Nichts ist abschreckender als ein überzogenes Ego.

Umgekehrt sind wir auch auf Kontaktanzeigen gestoßen, die einer Frau nicht gerecht werden. Eine Zweiunddreißigjährige wandte sich an uns und wollte eine Anzeige aufgeben, in der es hieß, sie habe ein Lächeln »wie Mutter Beimer« und bewundere »selbstlose Seelen wie Mutter Teresa«. Nach so einer Beschreibung stürmt ein Mann nicht unbedingt an den Computer! Nach unserer Beratung ließ die Frau ein neues Foto von sich machen, auf dem sie jugendlicher aussah, und änderte ihre Annonce wahrheitsgetreu, indem sie schrieb, sie sehe aus wie »die *Titanic*-Schauspielerin Kate Winslet«, außerdem bewundere sie »selbstlose Menschen wie Princess Di, die sich aktiv für die Wohltätigkeit einsetzte«.

Eine andere attraktive Frau Mitte Vierzig wurde aufgefordert, die perfekte Verabredung zu beschreiben:

Wenn uns nicht bewußt ist, wie die Zeit verfliegt…
wenn keiner von uns beiden sich verabschieden will,
wenn keiner von uns gute Nacht sagen muß.

Diese Frau gibt zu verstehen, daß sie von Gefühlen geleitet wird. Sie deutet an, daß sie bei der ersten Verabredung die Nacht mit dem Mann verbringen und möglicherweise sogar Sex mit ihm haben will. Eine Frau, die sich an die *Regeln* hält, beendet immer zuerst Date Zero, normalerweise nach einer, höchstens zwei Stunden, auch wenn sie sich großartig amüsiert – vor allem, wenn sie sich großartig amüsiert! –, damit er sie wieder um ein Rendezvous bittet.

Wenn Sie Kontaktanzeigen von Männern lesen, werden Sie feststellen, daß sie ähnlich wie Frauen schreiben, allerdings tun sie das, weil sie glauben, daß Frauen so etwas gerne lesen. Sie wissen, daß sie eine Frau mit Äußerungen wie »Kommunikation ist der Schlüssel einer erfolgreichen Beziehung« für sich interessieren können, obwohl sie nur ungern über ihre Beziehung sprechen und lieber mit einer Tüte Chips vor dem Fernseher sitzen und Fußball schauen. Glauben Sie also nicht alles, was Sie lesen. Die ideale Beziehung besteht für einen Mann aus viel Sex und Spaß, daher nimmt er die Fragen der Kontaktbörsen auch nicht so ernst wie eine Frau. Ein Mann schrieb einmal auf die Frage »Was haben Sie aus vergangenen Beziehungen gelernt?« ganz offen und treuherzig: »Ich habe gelernt, daß Rotwein zu rotem Fleisch und Weißwein zu Geflügel paßt.«

Auf die Frage, was Sie aus vergangenen Beziehungen gelernt haben, können Sie eine ganz neutrale oder vage Antwort geben, etwa »Ich denke, man wird mit jeder Beziehung reifer…«, aber auf keinen Fall eine ernste Antwort wie »Ich habe gelernt, daß man kommunizieren und an seinen Problemen arbeiten muß und nie wütend ins Bett gehen darf«. Wenn

Sie in dem Fragebogen Ihre Pläne für die nächsten fünf Jahre beschreiben sollen, dürfen Sie auf keinen Fall schreiben »meinen Traummann kennenlernen, heiraten und Kinder bekommen«. Das ist zuviel, selbst wenn es stimmt. Schreiben Sie einfach »Lebe jetzt« oder sogar »Darüber habe ich noch nicht nachgedacht«. Er soll Sie fragen, wenn er mehr wissen will.

Weitere Fallstricke, die Sie in Kontaktanzeigen im Internet vermeiden sollten:

1. Es ist vollkommen in Ordnung, auch einmal eine Frage nicht zu beantworten, vor allem, wenn es peinliche oder negative Fragen sind wie »Warum scheiterte Ihre letzte Beziehung?« oder »Welche Angewohnheiten stören Sie an anderen?«

2. Benutzen Sie den Fragebogen nicht als Aufforderung oder Einladung. Wenn zum Beispiel nach Ihren Lieblingsfilmen oder Ihrer politischen Einstellung gefragt wird, sollten Sie nicht schreiben: »Darüber würde ich mich gerne bei einem Glas Wein unterhalten« oder »Das müssen Sie mich bei einer persönlichen Verabredung unter vier Augen fragen«. Beantworten Sie einfach die Frage. Wenn Sie sich an die *Regeln* halten, werden Sie bei Ihren Verabredungen ohnehin über Ihre Arbeit, Hobbys, aktuelle Ereignisse und Filme plaudern.

3. Wenn nach Ihrem Einkommen gefragt wird, sollten Sie »keine Angabe« schreiben. Ihre Finanzen gehen ihn nichts an. Wenn Sie viel Geld verdienen und das auch sagen, wie können Sie dann wissen, ob die Männer Ihnen nicht nur schreiben, weil sie eine reiche Freundin wollen? Sie wollen um Ihrer selbst willen geliebt werden, nicht wegen Ihres Geldes.

4. Wenn Sie aufgefordert werden, sich selbst zu beschreiben, und Sie Antworten ankreuzen können, sollten Sie nicht »romantisch« nehmen, sondern »fröhlich«. Romantisch ist zu intensiv. Er kann romantisch oder irgend etwas anderes ankreuzen, aber sie als Frau, die sich an die *Regeln* hält, sollten es nicht. Auf die Frage, warum Sie bei einer Online-Kontaktbörse mitmachen, geben Sie »meine Freundin hat mich darauf gebracht« oder »Neugierde« an, aber nicht »in der Hoffnung, jemanden kennenzulernen«. (Die Antwort »um jemanden kennenzulernen« ist noch kein Weltuntergang, aber daß Sie jemanden kennenlernen wollen, ist ohnehin klar, warum es also sagen?)

5. Wenn Sie im Fragebogen aufgefordert werden, Männern eine Frage zu stellen, schreiben Sie nicht »Suchst Du eine ernste Beziehung?« oder »Magst Du Kinder?« Fragen Sie etwas Neutrales, etwa »Was hast Du für Hobbys?«

6. In der Kürze liegt die Würze. Männer lesen nicht gerne endlos lange Annoncen. Bitte keine ganze Homepage oder Ihre gesamte Biographie. Auch keine Dissertation in Philosophie. Erzählen Sie nicht endlos, daß Sie ein romantischer Mensch sind, der hofft, mit dem richtigen Partner die Liebe zu entdecken und Freude am Leben zu finden. Schreiben Sie nicht: »Ich glaube an die Liebe, denn sie ist das wichtigste im Leben. Ich bin zwar geschieden, aber nicht verbittert, und glaube immer noch an das Glück in einer Partnerschaft mit dem richtigen Mann, vielleicht bist Du das? Geben wir der Liebe eine zweite Chance!« Mit so intensiven Gefühlen schlagen Sie einen Mann in die Flucht.

7. Seien Sie nicht zu anspruchsvoll, indem Sie zu hohe Forderungen stellen. Manche Frauen fügen ihren Beschreibungen Wunschlisten wie die folgende bei:

»Ich möchte Männer mit Universitätsabschluß kennenlernen, etwa Ärzte, Rechtsanwälte oder Manager.«

»Bitte nur Männer mit einem Einkommen von über 100 000 Dollar.«

»Nur ernstgemeinte Zuschriften.«

»Ich reagiere nicht auf Instant Messages, wenn Du mir nicht zuvor eine E-Mail schickst.«

»E-Mails bitte nur mit Bild.«

»Keine getrennt lebenden Männer, Sie müssen geschieden sein.«

»Keine Männer, die fünf Jahre jünger sind als ich.«

»Nur Männer, die Angaben zu ihrem Beruf und ihrem Einkommen machen.«

»Meine Bedingungen sind ...«

»Ich suche nach einem Mann, der sich auch wie ein Mann benimmt ...«

»Keine Spielchen ...«

»Keine Playboytypen bitte ...«

»Leidenschaft spielt bei mir eine große Rolle ...«

und so weiter.

Wenn Sie in Ihrer Annonce solche Forderungen stellen, entspricht das weder den *Regeln*, noch ist es besonders klug. Wunschlisten funktionieren ohnehin nicht, weil die meisten Männer auf die Annonce antworten, die ihnen gefällt. Die gesuchten Männer werden von Ihren Forderungen eher abgeschreckt. Natürlich können Sie schreiben, Sie suchen jemanden, der Ihre Begeisterung fürs Wandern teilt, oder etwas in der Art, aber wenn Sie angeben, Sie wollen nur bestimmte Berufsgruppen (Manager, Ärzte, Rechtsanwälte oder Männer mit einem Jahreseinkommen von über 100 000 Dollar) kennenlernen, wirken Sie zu sehr wie eine Frau auf Männerfang. Das wäre, wie wenn Sie in eine Bar spazieren und fragen würden: »Wer kauft mir einen Dreikaräter von Tiffany's?« Das ist zuviel, wirkt berechnend und gierig und hat kaum noch etwas mit Liebe zu tun.

Es wäre schön, wenn die Partnersuche so verlaufen würde wie eine Bestellung aus dem Quelle-Katalog, aber leider sieht die Realität anders aus. Wir schlagen daher vor, daß Sie Ihr schönstes Foto mit einem leichten, lockeren Text ins Netz stellen, der nicht zu anspruchsvoll ist. Wer antworten will, antwortet. Und dann können Sie sich mit den Männern treffen, die Ihnen gefallen.

Weniger ist mehr! Wenn die Partnervermittlung allerdings eine zu geringe Wortzahl nicht akzeptiert oder wenn man Ihnen sagt, Sie müßten mehr schreiben, dann schreiben Sie die absolute Mindestzahl.

Denken Sie nicht wie so manche Frau, ein Mann würde Ihnen mangelnden Ernst unterstellen, wenn Sie nicht jede Frage über Heiratspläne und Lebensziele beantworten. Die meisten Männer wissen, daß Sie bei der Partnervermittlung mitmachen, weil Sie einen Freund oder Ehemann suchen. Aber das müssen Sie ihnen ja nicht gleich auf die Nase binden!

Regel Nummer 4

Bitte recht freundlich oder Wie Sie das richtige Foto aussuchen

Ihr Foto ist nicht nur Teil der Annonce, sondern das A und O! Jeder normale Mann denkt, eine Frau wolle etwas verstecken, wenn Sie kein Bild ins Netz stellt. Und können Sie ihm deswegen einen Vorwurf machen? Welcher Mann würde eine Frau auf einer Party ansprechen, wenn sie eine Papiertüte über dem Kopf tragen würde? Ein guter Text und selbst ein guter Nickname reichen einfach nicht. Wenn Sie eine Beziehung haben wollen, die nach den *Regeln* funktioniert (der Mann muß Feuer fangen), ist es besser, Sie stellen ein Bild ins Netz.

Wie gesagt, Männer lesen Annoncen nicht richtig, sondern betrachten die Fotos. Sie sind weniger an schönen Worten interessiert als an einem Lächeln und einer guten Figur. Wir kennen eine brünette Frau, die das Foto einer blonden Freundin verwendete, weil sie gerade kein Bild von sich hatte. Keiner der 50 Männer, die auf ihre Annonce reagierten, bemerkte, daß die Blondine eigentlich brünett war, obwohl sie das in ihrer Beschreibung angab. Sie wurde nicht einmal danach gefragt! Die Moral von der Geschicht: Männer kümmern sich nicht darum, was Sie schreiben, wenn ihnen Ihr Foto gefällt. Eine Frau aus unserem Bekanntenkreis erhielt auf eine Annonce mit Foto 300 Zuschriften (darunter einige höchst begehrenswerte Kandidaten), dagegen aber nur 27 Zuschriften (von Kandidaten minderer Qualität) für die gleiche Annonce ohne Bild auf einer anderen Website.

Wir schlagen vor, daß Sie ein Foto nehmen, nicht drei oder vier (das wirkt zu verzweifelt!), allerdings sollten Sie auf dem Bild unbedingt lächeln. Aber keine glamourösen Bilder, die Ihnen überhaupt nicht ähnlich sehen, keine Fotos, die zehn Jahre alt sind oder aufgenommen wurden, bevor Sie 20 Kilo zugenommen haben. Ehrlichkeit ist hier die beste Strategie. Es gibt nichts Schlimmeres als einen Mann, dem bei der ersten Verabredung die Enttäuschung ins Gesicht geschrieben steht. Wir haben von Männern gehört, die einer Frau unverblümt sagten, sie sehe nicht so gut aus wie auf dem Foto. Wollen Sie sich wirklich so kränken lassen? Bestimmt nicht!

Nehmen Sie einfach ein hübsches (und aktuelles!) Paßbild von sich. Auch ein Bild, das Ihren ganzen Körper zeigt, ist in Ordnung, solange es nicht zu einladend wirkt. Aber bitte keine Fotos, die tiefe Einblicke in Ihren Ausschnitt gewähren. Die *Regeln* gelten auch im Internet! Wenn Sie zuviel Busen zeigen oder wie ein Playboy-Model posieren, ziehen Sie nur Sexbesessene und »Spieler« an. Daher lautet die Regel: Nicht zu offenherzig.

Uns ist bewußt, daß Frauen in höheren Positionen aus Gründen der Sicherheit oder Wahrung der Privatsphäre kein Foto von sich ins Netz stellen wollen. Eine solche Frau beschreiben wir im Kapitel *Online-Dating für Prominente* (S. 247 ff.). Meist verstehen wir aber nicht, warum so wenig Frauen ihr Bild zeigen wollen. Manche Frauen erzählten uns, daß sie nicht von ihren Exfreunden oder -ehemännern, die bei der gleichen Kontaktbörse sind, erkannt werden wollen. Erfolgreiche Geschäftsfrauen wollen ihr Bild nicht ins Netz stellen, weil ihr Chef, ihre Kunden, Kollegen oder sogar ihre Kinder nicht wissen sollen, daß sie auf diesem Weg einen Partner suchen. Die Wahrheit ist, daß sich viele Frauen schämen, im Internet auf Partnersuche zu gehen.

Eine Gynäkologin aus Chicago erzählte uns: »Mir kommt es komisch vor, mein Bild ins Internet zu stellen. Ich will nicht, daß meine Patientinnen sagen: ›Sieh mal an, da ist meine Frauenärztin.‹« Eine Frau in leitender Position bei einem Fernsehsender meinte: »Ich würde im Erdboden versinken, wenn mein Chef, meine Kollegen, Kunden oder die Manager anderer Sender mein Bild sehen würden. Meinen Sie wirklich, daß das so wichtig ist?«

Wir antworteten ihnen: »Setzen Sie trotzdem Ihr Bild dazu!« Machen Sie sich keine Sorgen, das ist heutzutage wirklich nichts Besonderes mehr, und peinlich muß es Ihnen schon gar nicht sein. Wenn Sie wollen, daß ein toller Mann auf Ihre Kontaktanzeige reagiert, müssen Sie ein Foto beilegen. (Die Gynäkologin und die Frau vom Fernsehsender klagten beide darüber, daß sie bislang nur mittelmäßige oder seltsame Antworten auf ihre Textannoncen erhalten hatten.)

Manchmal will eine Frau zuerst kein Bild von sich ins Netz stellen, ändert aber ihre Meinung, wenn sie mit dem Online-Flirten vertrauter ist. Manche setzen kein Foto zu ihrer Annonce, schicken dem Mann aber später ein Bild. Generell gilt, daß eine Frau nur das tun sollte, was ihr angenehm ist.

Regel Nummer 5

Warten Sie 24 Stunden mit der Antwort

Wir kennen Frauen, die auf die erste E-Mail eines Mannes in Sekundenschnelle – also nicht Minuten, sondern Sekunden oder gar Nanosekunden – antworten. Sie kleben den ganzen Tag vor dem Computer, als wären Sie beim Angeln und würden nur darauf warten, daß ein Fisch anbeißt, immer in der Hoffnung, daß eine schnelle Antwort die Entwicklung beschleunigt. Das ist ein schwerer Fehler, denn eine solche Frau wirkt verzweifelt, außerdem funktioniert es so nicht. Wenn Männer, die Sie kaum kennen oder die Sie erst vor kurzem im Internet getroffen haben, zu schnell oder zu häufig von Ihnen hören, denken sie, Sie hätten ein langweiliges Leben, selbst wenn Sie in Ihrer Annonce oder Personenbeschreibung schildern, wie ausgefüllt und wunderbar Ihr Leben ist!

Man könnte meinen, wir reden über Frauen, die nicht wissen, was sie mit sich anfangen sollen. Im Gegenteil, diese Frauen sind vielbeschäftigte Ärztinnen, Analysten an der Wall Street oder Betriebswirtinnen, gehören diversen Organisationen an, laufen Marathon und haben zahlreiche Freunde. Dennoch warten sie keine fünf Minuten, wenn ein Mann ihnen eine E-Mail schreibt. Leider vermitteln sie Männern damit den Eindruck, daß sie nicht sehr beschäftigt sind, außerdem wirken sie viel zu eifrig.

Für den richtigen Eindruck – daß Sie jemand Besonderes mit vielen Hobbys und einem umtriebigen Leben sind, dem kaum Zeit zum Plaudern bleibt – sollten Sie *nur einmal am Tag* einen Blick auf die E-Mails zu Ihrer Annonce werfen. Beantworten Sie E-Mails von interessierten Männern, die Sie online oder offline getroffen haben, erst *24 Stunden später.* Frauen, die sich erfolgreich an die *Regeln* gehalten haben, geben an, sie hätten das Lesen der E-Mails von Männern verschoben, bis sie dazu bereit waren. Außerdem beschränkten sie ihre Zeit am Computer und zwangen sich zu anderen Tätigkeiten wie Sport und tanzen gehen.

Wenn Sie beruflich schon den ganzen Tag am Computer zu tun haben, schön! Aber das heißt noch lange nicht, daß Sie Männern den ganzen Tag E-Mails und Instant Messages schicken sollen. Es ist gut für Sie (und für die Männer!), wenn Männer auf Ihre E-Mails warten müssen. Das schafft Verlangen, Sehnsucht und Vorfreude – die Essenz der *Regeln.* Dadurch wird die Jagd spannender, außerdem wird damit eine E-Mail, die ein Mann von Ihnen erhält, um so wertvoller. Wenn ein Mann zu früh und zu oft von Ihnen hört, langweilt er sich, noch bevor er Sie überhaupt getroffen hat.

Wir kennen eine Frau, die sich einfach nicht an diese *Regel* halten konnte. Sie stellte eine Kontaktanzeige mit ihrem Foto ins Netz und beantwortete die E-Mails von Männern umgehend. Natürlich ließen die Männer bald nichts mehr von sich hören! Dann ging ihr Computer kaputt und sie konnte zwei Wochen lang keine E-Mails schreiben. Sie können sich nicht vorstellen, was für eine Spannung und was für ein Interesse dadurch aufgebaut wurde. Als der Computer wieder repariert war, ging die Frau ins Internet und fand zahlreiche E-Mails von Männern, die auf ihre Annonce geantwortet hatten. Manche hatten mehrere Mails geschickt, weil sie ihre erste Mail nicht beantwortet hatte!

Die Frau entschied sich, einem Dutzend Männern zurückzuschreiben, die ihr mehrere Mails geschickt hatten. Die Reaktionen, die sie darauf erhielt, lauteten etwa: »Ich dachte, ich würde nie etwas von Dir hören, und vermutete schon, Du hättest einen anderen Glücklichen getroffen und mich links liegenlassen. Ich will diese Chance nicht versäumen. Schreib mir bitte Deine Telefonnummer. Hast Du am Freitag abend Zeit für ein Abendessen?« Und das von einem Mann, der sonst wahrscheinlich Wochen gebraucht hätte, bis er nach ihrer Telefonnummer gefragt hätte! Als er dachte, sie habe kein Interesse, war er selbst um so interessierter und wollte sich plötzlich mit ihr verabreden. Ein anderer Mann schrieb: »Wow, ich dachte schon, Du hättest mich fallenlassen! Ich habe Dir dreimal geschrieben – das mit Deinem Computer tut mir leid. Vielleicht könnten wir uns treffen, und ich könnte Dir mit Deinem Computer helfen?«

Dank der zweiwöchigen Pause traf sie sich schließlich mit allen zwölf Männern, weil sie so lange gebraucht hatte, ihnen allen zurückzuschreiben. Heute ist sie mit einem von ihnen verlobt!

Warten Sie nicht, bis Sie eine Woche im Urlaub sind oder Ihr Computer zusammenbricht, um sich an diese Regel zu halten! Sagen Sie sich oder einer Freundin einfach, daß Sie erst 24 Stunden später zurückschreiben. Diese Übung ist gut für den Charakter – wie wenn Sie schwer für Ihren Chef schuften, den Sie nicht sonderlich mögen, oder ins Fitneßstudio gehen, obwohl Sie keine Lust haben.

Die 24-Stunden-Regel gilt nur für die ersten entscheidenden Monate einer Beziehung. Wenn die Sache Fortschritte macht und Sie sich wöchentlich sehen oder mailen, müssen Sie nicht mehr 24 Stunden warten, bis Sie seine E-Mails beantworten. Eine Stunde oder zwei sind vernünftig, allerdings ist es immer besser, bis zum Abend zu warten. Wenn Sie daheim sind, gehen Sie spazieren. Rufen Sie eine Freundin an. Räumen Sie Ihren Schrank auf. Wenn Sie bei der Arbeit sind, finden Sie bestimmt etwas, womit Sie sich beschäftigen können. Rufen Sie einen Kunden an. Bezahlen Sie eine Rechnung. Schreiben Sie eine Aktennotiz. Alles ist besser, als einem Mann in Minutenschnelle zu antworten!

Regel Nummer 6

Antworten Sie nicht am Wochenende oder an Feiertagen

Sie sind eine ganz besondere Frau voller Selbstvertrauen und eilen von einer Party zur nächsten, deswegen haben Sie keine Zeit, am Wochenende E-Mails zu beantworten. Für wie begehrt und beliebt wird er Sie halten, wenn Sie an einem Samstag abend vor dem Computer hocken und ihm eine E-Mail schicken?

Bei manchen Kontaktbörsen im Netz kann ein Mann sehen, wann Sie seine E-Mail lesen. Wenn er Sie dabei an einem Freitag oder Samstag abend oder an einem Feiertag ertappt, wirken Sie nicht gerade beschäftigt und ausgelastet. Der erste Eindruck zählt, daher sollten Sie bei Männern den Eindruck erwecken, daß Sie ständig mit Freunden unterwegs, bei der Familie oder auf Partys sind, ja sogar andere Verabredungen haben. Auf keinen Fall sitzen Sie im Jogginganzug daheim vor dem Computer und suchen bei www.match.com oder www.flirt.de nach Ihrem Traummann.

Es macht sich auch nicht gut, wenn Sie die E-Mails zu Ihrer Annonce nach Mitternacht oder vor 17 Uhr an einem Sonntag beantworten. Es ist viel zu aufschlußreich für ihn, wenn er sieht, daß Sie ihm um 3 Uhr nachts unter der Woche antworten. Ein Mann soll denken, daß Sie sonntags beim Brunch oder bei einem Konzert sind oder sonst etwas unternehmen. Warten Sie an einem Sonntag bis zum späten Nachmittag, wenn das Wochenende schon fast vorbei ist. Erst dann sollten Sie ins Netz gehen, in Chatrooms oder bei Kontaktbörsen aktiv werden oder einem Mann eine E-Mail schicken.

Das einzige, was Sie am Wochenende im Internet machen sollten, ist arbeiten, Freunden E-Mails schikken, im Netz surfen oder einkaufen – also keine speziellen Single-Sachen. Loggen Sie sich nicht einmal unter Ihrem Nickname bei Ihrem Chatroom oder Ihrer Kontaktbörse ein. Das ist hart, wenn Sie darauf brennen, jemanden kennenzulernen, und Ihr Computer nur ein paar Meter weit weg steht. Vielleicht sollten Sie eine Freundin anrufen, die die *Regeln* kennt und Ihnen den Rücken stärkt. Sie stehen mit Ihrem Problem nicht allein da. Einige Frauen aus unserem Bekanntenkreis checken am Wochenende nicht einmal ihre Mails, um nicht in Versuchung zu geraten.

Ihnen ist vielleicht schon aufgefallen, daß Männer Frauen zu jeder Zeit, sogar an einem Samstag abend, Mails schicken oder auf eine Annonce antworten. Bei Männern ist das in Ordnung (ja, die Welt ist ungerecht!). Bei der Partnersuche gibt es keine Gleichberechtigung, und die *Regeln* gelten nur für Frauen. Fragen Sie nicht warum, vertrauen Sie uns einfach. Schreiben Sie am Wochenende Männern keine E-Mails, die Männer sollen sich lieber fragen, wo Sie stecken!

Regel Nummer 7

Schreiben Sie leichte und lockere E-Mails

Die Partnersuche im Internet kann leicht in einen Seelen-Striptease ausarten. Sie wollen Ihr Herz und Ihre Seele bloßlegen, eine sofortige Verbindung herstellen, sich jemandem nahe fühlen, ihm alles von sich erzählen (vor allem spät in der Nacht, wenn Sie gerade ein schlechtes Date hinter sich haben). Sie wollen, daß der andere Sie versteht, Sie wollen den Mann fürs Leben finden, und das alles jetzt und sofort!

Ob Sie nun vor kurzem verletzt wurden oder schon länger keine Beziehung mehr hatten, Sie wollen für all den Kummer der letzten Jahre oder sogar Jahrzehnte entschädigt werden. Dennoch sollten Sie sich zusammenreißen und sich sagen, daß es bei der Partnersuche keinen Turbogang gibt, so etwas braucht Zeit, deswegen dürfen Sie nicht ungeduldig oder verzweifelt sein. Sie sind eine ganz besondere Frau, haben Sie das schon vergessen? Vermeiden Sie es auf jeden Fall, zu intensive Gefühle zu äußern oder etwas Negatives zu schreiben, das Männer abschrecken könnte. Egal, was Ihr Herz sagt, Sie müssen sich leider etwas zurückhalten – zu Ihrem eigenen Besten.

Hier sind 14 *Regeln,* die Ihnen helfen, in Ihren E-Mails leicht und unbeschwert zu klingen:

1. Manchmal wirkt es schon leicht und locker, wenn Sie einem Mann gar keine Antwort geben. Wenn ein Mann nichts Persönliches schreibt, sondern Ihnen nur seine Personenbeschreibung über einen »wink« oder eine »Rose« (@– > – >) schickt (manche Kontaktbörsen bieten Features, bei denen Sie eine Annonce nur anklicken müssen, dann wird Ihre Personenbeschreibung dorthin geschickt), oder wenn er Ihnen nur sein Bild schickt, sollten Sie gar nicht erst reagieren. Der Mann hat sich keine Mühe gemacht, er brauchte nur einen Mausklick, was nicht gerade für großes Interesse an Ihnen spricht. Löschen Sie einfach seine Nachricht. Er macht Online-Dating nur so zum Spaß, will aber nicht ernsthaft jemanden kennenlernen. Er surft nur ein bißchen im Netz.

2. Wenn ein Mann Ihnen eine Mail schickt und kein Foto im Netz hat, schreiben Sie einfach: »Ein Bild wäre nett. Danke.« Das reicht. Führen Sie kein langes Gespräch mit diesem Mann, so interessant und ausführlich seine E-Mail auch gewesen sein mag. Unsere Haltung hat nichts mit Oberflächlichkeit zu tun. Wenn er kein Bild von sich schicken will, hat das normalerweise seinen Grund. Wenn er Ihnen ein Foto schickt und es Ihnen gefällt, sollten Sie nicht »süßes Foto« oder »tolle Muskeln« oder etwas in der Art schreiben. Bedanken Sie sich einfach, und beantworten Sie seine Fragen.

3. Verraten Sie einem Mann nicht, daß Sie seine Personenbeschreibung durchgelesen haben. Beantworten Sie einfach seine E-Mail, schreiben Sie »Du klingst nett« und was Sie ihm sonst noch sagen wollen. Schreiben Sie nicht: »Habe Deine Annonce gelesen, mein Bruder ist auch Buchhalter und hat im College

ebenfalls Basketball gespielt. Ich fahre auch gern Ski und spiele Tennis ... Offenbar haben wir viel gemeinsam.« Sie sind viel zu beschäftigt, um sich an die Beschreibungen von Männern zu erinnern, haben Sie das schon vergessen? (Auch wenn Sie sie vielleicht noch genau im Kopf haben.)

4. Suchen Sie nicht in seiner Personenbeschreibung nach Gesprächsthemen. Übergehen Sie also, daß er frisch geschieden ist, und schreiben Sie nicht: »Das mit Deiner Scheidung tut mir leid ... Warum habt Ihr Euch getrennt?« Sie übersehen beispielsweise auch, daß er zwei Kinder hat, und fragen nicht nach deren Alter. Zu diesem Zeitpunkt interessiert Sie das alles nicht. Heben Sie sich das auf, bis Sie ein paarmal zusammen aus waren oder bis er das Thema anschneidet. Stellen Sie ihm auch keine Fragen zu seinem Beruf. Das ist ein durchsichtiger Trick, um zu erfahren, wieviel er verdient und ob er eine Familie ernähren kann. Wenn Sie ihn mögen, sollten Sie sich keine Gedanken über sein Einkommen machen. Lassen Sie ihn ein paar Fragen stellen. Frauen neigen dazu, sich mit Männern im Internet in ausführlichen Frage-und-Antwortspielchen zu verstricken. Oft ist das komplette Zeitverschwendung, weil es nicht einmal zu einer ersten Verabredung kommt.

5. Schicken Sie einem Mann keine zweite E-Mail, wenn er Ihre erste nicht beantwortet hat, selbst wenn Sie denken, er wäre Ihr Traummann und genau der Richtige. Niemals! Einem Mann zweimal hintereinander eine E-Mail zu schicken ist das genaue Gegenteil von dem, wie man leicht und locker wirkt. Vielleicht ist er auf Geschäftsreise, oder er hat einfach viel zu tun, und Sie wirken dann verzweifelt. Viel-

leicht ist er auch einfach von der Bildfläche verschwunden. Wenn ja, dann soll er!

Glauben Sie nicht, sein Computer sei kaputt. Bei manchen Anbietern können Sie Ihre verschickte Mail überprüfen und nachsehen, ob Ihre Mail gelesen wurde. Schreiben Sie nicht: »Ich weiß nicht, ob Du meine letzte E-Mail bekommen hast…« Er hat! Wenn er Ihnen nie wieder schreibt, auch gut. Wenn Sie ihm zweimal hintereinander schreiben und er Ihnen antwortet, sind die Rollen vertauscht, dann ist er das Wild, und Sie sind der Jäger. Er weiß dann, wie sehr Sie ihn mögen – entsprechend gestaltet sich auch die Beziehung.

6. Wenn Sie eine wütende E-Mail bekommen, etwa: »Ich will mehr als drei Sätze von einer Frau, mit der ich ausgehen will, sie soll offen und ehrlich sein und keine Spielchen spielen«, klicken Sie auf »Löschen«. Mehr dazu unter *Regel Nummer 12: Wie Sie die Spreu vom Weizen trennen.* Wenn allerdings ein Mann freundlich zurückschreibt: »Erzähl mir mehr von Dir«, können Sie ihm ein Hobby oder Ihre Lieblingssendung im Fernsehen nennen oder ihm von Ihrem letzten Skiurlaub erzählen.

7. In den ersten drei Monaten sollten Sie ihm keine E-Mails aus eigenem Antrieb schicken, sondern nur seine Mails beantworten – und auch nur, wenn seine Mail eine Antwort verdient. Antworten Sie nicht, wenn er Ihnen nur einen Witz schickt oder schreibt: »Habe ich Dir eigentlich schon gesagt, wie hübsch Du bist?« Wenn er Ihnen allerdings regelmäßig solche Komplimente sendet, können Sie warten, bis drei zusammengekommen sind, und dann schreiben: »Süß von Dir, vielen Dank.« Aber warten Sie auch hier 24 Stunden mit einer Antwort.

8. Seien Sie nicht miesepetrig. Wenn Sie einen schlechten Tag hatten, finanzielle oder gesundheitliche Probleme haben oder Ihr Arbeitsplatz in Gefahr ist, sollte sich das nicht auf Ihre E-Mails auswirken. Schreiben Sie also nicht: »Chaotische Woche. 30 Kollegen wurden entlassen. Ich könnte die nächste sein. Meine Mutter hat erfahren, daß sie Krebs hat. Mein letzter Freund war ein Idiot, ich hoffe, Du bist anders.« Das können Sie Ihren Freundinnen erzählen, aber einem potentiellen Verehrer kommen Sie damit nicht näher. Im Gegenteil, die meisten Männer werden denken: »Ein Fall für den Psychiater« oder »Wer will sich ihre Probleme anhören?« und Sie nicht mehr fragen, ob Sie mit ihnen ausgehen. Schreiben Sie lieber: »Hallo, habe Deine E-Mail bekommen ... habe gerade furchtbar viel zu tun ... ich gehe jetzt ins Fitneßstudio und verbrenne ein paar Kalorien von dem leckeren italienischen Essen gestern abend ... noch einen schönen Tag ...«

9. Nach drei oder vier Monaten können Sie von sich aus eine Spaß-Mail schicken, etwa einen Witz oder etwas, was Sie an ihn erinnert hat, aber nichts, das mit Sex zu tun hat, nur eine kleine unschuldige E-Mail. Wenn er zum Beispiel Basketball-Fan ist und seine Lieblingsmannschaft am Vorabend verloren hat, können Sie ihm schreiben: »Hallo. Tut mir leid, daß Dein Team verloren hat. Vielleicht das nächste Mal!«

10. Wörter, die Sie nie in E-Mails benutzen, und Themen, die Sie nie anschneiden sollten (selbst wenn er darauf zu sprechen kommt): Seelenverwandtschaft, Traummann, Bindung, Bindungsangst, alles, was mit Sex zu tun hat, seine oder Ihre Zukunftspläne, Exfreund, Exmann, die letzte Beziehung, Heirat, Verbin-

dung, Nähe, alles, was mit Spielchen zu tun hat (z. B.: »keine Spielchen«).

Auf dem Papier klingt das alles vielleicht ganz gut, aber Sie können nicht »Traummann« schreiben und hoffen, daß Sie damit einen finden. Ein Traummann ist jemand, der auf Ihre Annonce antwortet, nicht aufhört, Ihnen E-Mails zu schicken, versucht, Ihre Telefonnummer zu bekommen, um sich mit Ihnen zu verabreden, und außerdem ein liebevoller und witziger Gefährte. Leider können Sie einen solchen Mann nicht für sich gewinnen, wenn Sie das Wort hinschreiben, ebensowenig wie Sie reich werden können, indem Sie »Geld« schreiben. Haben Sie Geduld. Alles weitere wird sich finden. Es braucht seine Zeit, um zu erkennen, wer Ihr Traummann ist. Abgesehen davon, daß es verzweifelt wirkt, ist es wirklich reine Zeitverschwendung zu schreiben »Ich suche meinen Traummann« oder etwas in der Art.

11. Schreiben Sie nichts über Sex. Wenn er in den ersten E-Mails darauf zu sprechen kommt, will er wahrscheinlich auch nur Sex, also löschen und weiter! Wenn er sich nach früheren Beziehungen erkundigt, schreiben Sie einfach »es hat nicht funktioniert«. Gehen Sie nicht ins Detail, etwa, daß Ihr Ex sich nicht binden wollte oder Sie betrogen hat. Was damals passiert ist, geht ihn nichts an.

12. Reden Sie im Internet nicht darüber, wie es Ihnen bisher mit dem Online-Dating ergangen ist. Manchmal fragt ein Mann, wie lange Sie schon bei einer Kontaktbörse sind, ob es Ihnen Spaß macht und ob Sie schon jemanden kennengelernt haben. Vielleicht sammelt er nur Informationen und hat überhaupt kein Interesse an Ihnen. Sie entziehen sich

dem, indem Sie sagen, Online-Dating sei neu für Sie, Sie würden sich darin noch nicht so gut auskennen. Gehen Sie nicht auf seine Fragen ein. Wenn er sich negativ äußert (etwa daß alle Frauen, die er bislang kennenlernte, einen psychischen Knacks hätten, oberflächlich seien und so weiter) und also nur eine Leidensgenossin sucht, die ihm bestätigt, wie schwierig es ist, im Internet einen Partner zu finden, schreiben Sie einfach, daß das Online-Dating Ihnen gefällt und Sie Spaß daran haben. Vergessen Sie nicht, Sie sind etwas Besonderes und immer gut aufgelegt, nie schlecht drauf. Vielleicht will er nur seinen Frust loswerden, das ist in Ordnung, aber bitte nicht bei Ihnen. Wie im wahren Leben ist Flirten keine Therapie, lassen Sie sich also gar nicht erst darauf ein. Männer sollen nicht mit Ihnen diskutieren, sondern sich mit Ihnen verabreden.

13. Auch wenn Sie eine Beziehung haben, sollten Sie in einer E-Mail nicht zu intim werden. Sie wissen nie, wo Ihre Worte landen werden. Laut einem Artikel in der *New York Post* vom Dezember 2000 schickte eine englische PR-Beraterin ihrem Freund vom Büro aus eine erotische E-Mail. Ein schwerer Fehler! Sie prahlte darin mit einer bestimmten Stellung beim Sex und wie sehr ihr das gefallen habe. Er leitete die E-Mail an sechs Anwaltskollegen in seiner Kanzlei weiter und schrieb dazu: »Kein schlechtes Kompliment von einem Mädchen, was?« Seine Kollegen leiteten die Mail wieder an ihre Freunde weiter. Binnen 24 Stunden war die schlüpfrige Botschaft millionenfach kopiert und bis nach Australien und Japan versandt worden. Das Paar wurde von Reportern belagert und mußte sich verstecken. Laut *New York Post* ist die

Geschichte des Paares eine Warnung an alle, wie schnell eine persönliche E-Mail vervielfacht werden kann. Anders ausgedrückt: Machen Sie sich nicht zum Gespött. Reden Sie im Internet nicht über Ihr Sexualleben. Wenn Sie über Sex reden möchten, sollten sie sich das für ein Rendezvous aufheben.

14. Weitere Themen, die Sie in E-Mails meiden sollten, sind »Bedürfnisse«. Damit schlagen Sie jeden Mann in die Flucht! Lori lernte Jeff in einem Chatroom kennen, Sie hatte ihn angesprochen und hielt die Beziehung mit zahlreichen E-Mails am Laufen. Nach zwei Verabredungen und einem regen E-Mail-Austausch schrieb sie ihm die folgende Mail:

Lieber Jeff,

ich verstehe Dich nicht, und das gefällt mir nicht. Einerseits zeigst Du in Deinen E-Mails großes Interesse an mir, andererseits rufst Du selten an und triffst Dich kaum mit mir. Zwei Verabredungen in vier Wochen entsprechen nicht gerade meiner Vorstellung von Nähe und Vertrautheit. Ich weiß, daß Du über eine Scheidung und eine schlimme Beziehung im Anschluß daran hinwegkommen mußt, aber Deine (und meine) Vergangenheit darf nicht unsere Zukunft bestimmen. Wir können noch einmal ganz von vorn anfangen, wenn Du uns eine Chance gibst. Ich will nichts Unerreichbares, ich will nur meine Samstagabende mit jemand Besonderem verbringen. Bist Du derjenige? Ist das zuviel verlangt? Das nächste Essen geht auf mich.

Küßchen
Lori

Eine Frau, die sich an die *Regeln* hält, liebt nur die Männer, die sie auch lieben. Lori hält sich ganz offensichtlich nicht an die *Regeln.* Ihre E-Mail zeugt von der irrigen Annahme, sie könne einen Mann mit Argumenten dazu bringen, mit ihr zusammenzusein. Aber entweder will ein Mann, oder er will nicht.

Vier Tage später (er hatte es mit seiner Antwort nicht sonderlich eilig) schrieb Jeff ihr die folgende E-Mail:

Liebe Lori,

ich war gern mit Dir zusammen, aber wie ich Dir gesagt habe (obwohl Du Dich anscheinend nicht daran erinnern kannst oder willst), bin ich zur Zeit an einer ernsthaften Beziehung nicht interessiert. Damit ist auch eine Beziehung mit Dir gemeint. Ich will mehr Zeit für meinen Sohn haben, außerdem habe ich gerade erst eine sechsmonatige schwierige Beziehung hinter mir. Ich brauche eine Pause, keinen Streß und keine Forderungen. Das ändert nichts an meinen Gefühlen für Dich. Ich halte Dich für eine ganz besondere Frau, aber ich kann Dir nun einmal nicht das bieten, was Du möchtest. Ich habe Streß im Büro, und meine Exfrau setzt mir zu, deswegen muß ich mir das mit dem Abendessen noch einmal überlegen.

Mach's gut

Jeff

Im Grunde hat Jeff ihr den Laufpaß gegeben, allerdings wollte er dabei nett sein. Leider könnte Lori einige Aussagen – etwa »ich halte Dich für eine ganz besondere Frau« – dahingehend falsch verstehen, daß sie ihm weiterhin E-Mails schreibt und sich eine Verabredung mit ihm erhofft. Das Problem ist, daß Lori, als sie Jeff ihre »Bedürfnisse« klarmachte, auch »bedürftig« wirkte – und damit Jeff in die Flucht schlug. Sie hätte ihren Kummer mit Jeff nur ihren Freundinnen mitteilen sollen. Jeff weiß nun, wie es in ihr aussieht, und hat sich daraufhin noch mehr zurückgezogen.

Ihre E-Mails sollten daher stets unbeschwert klingen. Zwei oder drei Sätze genügen: »Habe furchtbar viel zu tun. Bin auf dem Sprung zu einem Meeting«, den Rest können Sie sich für ein Treffen aufheben. Keine Smileys, keine Zukunftspläne, keine E-Cards mit Einladung zum Kaffee und vor allem keine Küßchen und Liebesbotschaften. Das alles zeigt viel zuviel Interesse. Schließlich sind Sie diejenige, die sich kaum retten kann vor Anrufen und E-Mails, Männer bestürmen Sie Tag und Nacht um ein Rendezvous. Sie haben keine Sekunde Zeit, um jemandem einen morgendlichen Blumengruß per Mail zu schicken!

Regel Nummer 8

Reagieren Sie nicht auf Instant Messages

Das Internet bietet zahlreiche neue Möglichkeiten, in das Privatleben anderer Leute einzudringen. Bisher gab es den Anrufbeantworter. Vor dieser nützlichen Erfindung wußte man nie, ob ein Mann angerufen hatte oder nicht, es sei denn, man hatte eine Mitbewohnerin oder man wohnte noch daheim und die Mutter ging ans Telefon. Seit es Anrufbeantworter gibt, melden uns Frauen immer wieder die folgende Situation: »Ich habe mich mit meinem Freund gestritten, und danach hat jemand sechsmal bei mir angerufen und immer wieder aufgelegt – das muß er gewesen sein!« Damit war ein neues System geboren, einen Anruf zurückzuverfolgen.

Als nächstes kam die Rufnummernanzeige, die einen Anrufer eindeutig identifiziert (es sei denn, er unterdrückt die Rufnummer). Wenn ein Mann früher prüfen wollte, ob seine Freundin daheim war, konnte er einfach anrufen und dann wieder auflegen, aber mit der Rufnummernanzeige ist die Anonymität des Anrufers dahin – Sie können jederzeit erkennen, wann welche Nummer angerufen hat!

Heutzutage bietet das Internet neue Möglichkeiten, jemanden zu überwachen. Damit wird es für eine Frau schwer, sich geheimnisvoll zu geben. Wenn Sie früher an einem Freitag oder Samstag abend allein daheim saßen und sich eine Pizza bestellten, wußte niemand davon – außer Ihre Freundinnen und der Pizzalieferant. Doch mit dem Internet ist heute jeder leicht zu durchschauen.

AOL zum Beispiel, der größte Onlineservice, bietet ein Feature namens »Buddy-Liste« – damit kann ein Benutzer erkennen, ob bestimmte Leute, deren E-Mail-Adresse er auf seine »Buddy-Liste« gesetzt hat, gerade online sind. Auch manche Kontaktbörsen im Internet bieten den Service an. So erfährt jeder, der sich eingeloggt hat, wer gerade noch online ist, und kann dem anderen eine Instant Message schicken.

Wenn Sie unsere *Regeln* fürs Online-Dating nicht kennen, würden Sie wahrscheinlich nicht auf die Idee kommen, den Empfang von Instant Messages zu blockieren (damit niemand weiß, ob Sie im Internet sind, selbst wenn Ihre E-Mail-Adresse auf der Buddy-Liste steht. Auch manche Kontaktbörsen im Netz bieten den Service, »unsichtbar« zu bleiben, auch wenn man sich dort eingeloggt hat). Sie wären für jeden Mann »verfügbar«, der Ihnen dann Instant Messages schicken und Sie in ein Gespräch verwickeln könnte. Sie würden dann immer wieder Zeit beim Plaudern mit einem Typ verschwenden, der vielleicht gerade einsam ist oder sich langweilt, an einer festen Beziehung aber kein Interesse hat. Selbst wenn er Ihnen keine E-Mail oder Instant Message schickt, weiß er, daß Sie zu Hause und am Computer sind! Soll das wirklich jeder wissen?

Wir schlagen vor, daß Sie den Empfang von Instant Messages blockieren, damit er nicht weiß, wann Sie online sind. Wenn die Kontaktbörse, bei der Sie sind, diesen Service anbietet, nutzen Sie ihn. Wenn Sie den Mann in einem Chatroom treffen oder wenn er Sie auf der Website Ihrer Kontaktbörse anspricht, können Sie mit ihm Instant Messages austauschen (also mit ihm plaudern) – aber nur, wenn die Initiative von *ihm* ausgeht. Nachdem Sie den Chatroom verlassen haben oder nicht mehr bei Ihrer Kontaktbörse eingeloggt sind, muß er Ihnen E-Mails schreiben.

Chatrooms sind eine tolle Möglichkeit, jemanden mit den gleichen Interessen zu treffen, aber er muß sich konkreter um Sie bemühen. Das verhindert, daß die Beziehung (wenn es denn zu einer kommt) zu locker und selbstverständlich wird. Falls Sie Instant Messages nicht abschalten können, löschen Sie sie einfach. Er muß dann auf die weniger spontane Korrespondenz per E-Mail zurückgreifen, wenn er Kontakt mit Ihnen aufnehmen will. Das verlangt mehr Zeit und mehr Überlegung von ihm als eine Instant Message. Die meisten Männer sind daran gewöhnt, Instant Messages zu verschicken und zu erhalten, stundenlang mit anderen Frauen zu plaudern und nicht mehr Gedanken darauf zu verschwenden als auf einen Pausensnack. Daher kann es dauern, bis er kapiert hat, daß Sie anders sind und er Ihnen eine E-Mail schreiben muß.

Sie fragen sich jetzt vielleicht, warum wir so gegen Instant Messages sind. Einfach ausgedrückt, sind sie auf negative Art zu locker und spontan. Es ist so, als ob ein Mann unangekündigt an Ihrer Tür klingeln und einfach hineinspazieren würde. Als ob ein Mann Sie auf der Straße anrempeln und sich mit Ihnen stundenlang unterhalten würde. Erfordert das große Anstrengung? Wenn Sie so leicht zu kriegen sind, stellen Sie keine Herausforderung dar. Ein Mann muß sich dann nicht um Sie bemühen (und muß Sie nicht vor Mittwoch fragen, ob Sie Samstag schon etwas vor haben). Sie machen es ihm zu einfach, die Beziehung gerät aus dem Gleichgewicht, er wird sich schnell langweilen und der nächsten Frau zuwenden. Ob im Internet oder im wirklichen Leben, Sie müssen einem Mann den Eindruck vermitteln, daß er nur mit Ihnen sprechen oder Sie sehen kann, wenn er sich frühzeitig darum bemüht.

Betrachten wir den folgenden Dialog. Robin (GreatCatch29) gab eine Annonce auf, und Eric (OneForYou44) gefiel sie. Er antwortete mit: »Du siehst toll aus. Vielleicht können wir einmal zusammen chatten? Ich setze Dich auf meine Buddy-Liste.«

Robin schrieb zurück: »Klar!« Als sie abends ins Internet ging, bekam sie eine Instant Message von ihm. Daraus entwickelte sich der folgende Dialog:

OneForYou44: *Hi! Ich bin Eric. Erinnerst Du Dich an mich?*
GreatCatch29: *Klar. Hallo, ich heiße Robin.*
OneForYou44: *Was machst Du gerade?*
GreatCatch29: *Ich erledige Papierkram.*
OneForYou44: *Ich hoffe, ich störe nicht.*
GreatCatch29: *Nein, bin gerade fertig.*
OneForYou44: *Was machst Du beruflich? Sorry, ich weiß es nicht mehr.*
GreatCatch29: *Ich bin Headhunter.*
OneForYou44: *Cool. Kannst Du mir einen Job besorgen? Ich bin seit einer Weile mit meinem Job nicht mehr richtig zufrieden.*

GreatCatch29: *Was machst Du?*
OneForYou44: *Ich bin Buchhalter.*
GreatCatch29: *Mail mir doch Deine Bewerbung. Mal sehen, was ich tun kann.*
OneForYou44: *Klasse. Und was hast Du heute gemacht?*
GreatCatch29: *Kunden angerufen, Empfehlungen geprüft und Akten geordnet.*
OneForYou44: *Akten ordnen, das kommt mir bekannt vor, LOL! Hast Du schon jemanden im Netz kennengelernt?*
GreatCatch29: *Ein paar Männer.*
OneForYou44: *War ein toller Typ dabei?*
GreatCatch29: *Nein. Und bei Dir?*
OneForYou44: *Ein paar Mädels. Ich glaube, die meisten Frauen sind nur an gutem Aussehen und Geld interessiert. Hab ich recht?*
GreatCatch29: *Ich bin anders.*
OneForYou44: *Erzähl mir von Dir. Warst Du schon mal verheiratet?*
GreatCatch29: *Ich war verlobt.*
OneForYou44: *Was ist passiert?*
GreatCatch29: *Er hat kalte Füße bekommen. Und wie ist es bei Dir?*
OneForYou44: *Zweimal geschieden, ein Kind.*
GreatCatch29: *Mädchen oder Junge? Und wie alt?*

Das ging noch zwei Stunden so weiter. Die beiden unterhielten sich über sein Kind, ihre Herkunft, ihre Expartner, ihre Arbeit, Verabredungen und so weiter. Am Schluß gab er ihr seine Nummer und schrieb: »Ruf doch mal an«, verabredete sich aber nicht mit ihr.

Ein weiterer Grund, warum Sie Instant Messages ablehnen sollten, ist, daß sie oft zu Sex führen. Oder was haben Sie gedacht, was Männer wollen, vor allem nach Mitternacht?

Der folgende Austausch von Instant Messages ist ein typisches Beispiel. Harvey sah Lindas Annonce bei einer Kontaktbörse und fand sie süß.

CoolGuy39: *Deine Annonce hat mir gefallen, dachte, ich schau mal vorbei. Ich heiße Harvey. Störe ich?*

HotBabe32: *Ich heiße Lisa. Nein, ich surfe nur so rum.*

CoolGuy39: *Du arbeitest in einer Anwaltskanzlei. Was machst Du?*

HotBabe32: *Ich bin Anwaltsgehilfin. Und Du?*

CoolGuy39: *So ein Zufall, ich bin Rechtsanwalt! Aber reden wir nicht von der Arbeit. Was hast Du an?*

HotBabe32: *Ein Männer-T-Shirt.*

CoolGuy39: *Ist da auch ein Mann in der Nähe oder nur sein T-Shirt? LOL.*

HotBabe32: *Nur das T-Shirt.*

CoolGuy39: *Woher hast Du das? Von einem früheren Freund?*

HotBabe32: *Ja, ich habe es behalten, nachdem Schluß war. LOL.*

CoolGuy39: *Hast Du unter dem T-Shirt was an?*

HotBabe32: *Vielleicht ... vielleicht auch nicht.*

CoolGuy39: *Wow! Mir wird ganz heiß, wenn ich nur daran denke. Vielleicht sollte ich vorbeikommen und selbst nachsehen. Wo wohnst Du?*

HotBabe32: *Es ist nach Mitternacht! Ich gehe bald schlafen.*

CoolGuy39: *Ich bring Dich ins Bett. Im Ernst, ich*

habe schon die Jacke an und bin fast zur Tür hinaus. Wo wohnst Du?

HotBabe32: *Ich sage Dir nicht, wo ich wohne, aber wir können uns in einem Café in der Nähe treffen, das noch offen hat.*

CoolGuy39: *Okay, ich kann es kaum erwarten.*

Nach knapp zehn Minuten hat dieser Typ eine Verabredung mit einer Frau, die er nur einmal per Instant Message kontaktiert hat. Wenn er Glück hat, landet er schon nach diesem Date Zero in ihrem Bett. Das ist schneller als ein Call-Girl-Service – und billiger!

Manchmal zieht sich der Dialog noch etwas länger hin, oder ein Mann braucht mehrere Anläufe, bis er soweit ist. Manchmal plaudert er ein paar Stunden, oder er meldet sich über Wochen mehrmals und redet über dieses und jenes, bevor er sich mit der Frau verabredet, aber es läuft immer auf »Was hast Du an?« oder »Hast Du schon mal an einen Dreier gedacht?« hinaus.

Wenn ein Mann Sie respektieren und nicht wie ein Flittchen behandeln soll, sollten Sie keine Instant Messages akzeptieren. Lassen Sie ihn ruhig glauben, Sie seien beschäftigt oder wüßten nicht, wie man Instant Messages verschickt. Es spielt keine Rolle, was er denkt, solange er Ihnen E-Mails schickt und sich irgendwann mit Ihnen verabredet. Bei Ihrem Rendezvous können Sie dann über die Arbeit – oder was auch immer reden.

Regel Nummer 9

Regeln für Chatrooms

Einen Chatroom kann man mit einer Bar vergleichen. Stellen Sie sich Männer und Frauen auf Barhokkern vor oder stehend mit einem Glas in der Hand. Eine Art virtuelles *Sex and the City.* Der einzige Unterschied liegt darin, daß niemand weiß, wie der andere aussieht – ein Blind Date für alle. Das einzige, woran man sich orientieren kann, sind die Nicknames.

Wie hält man sich nun in einem Chatroom an die *Regeln?*

Ganz einfach. Sie mischen sich schweigend unter die Leute, das heißt, Sie hören erst einmal zu. Sie gehören nicht zu den Großmäulern, die gleich mit einem »Na, was geht?« herausplatzen. Wenn Sie dann etwas sagen, wenden Sie sich nicht an einen bestimmten Teilnehmer, vor allem nicht an einen Mann, auch wenn er sich NiceGuy35 nennt. Sie sagen also nicht: »Hallo NiceGuy, wie nett bist Du denn? LOL.«

Sie unterhalten sich mit der ganzen Gruppe, mit den Sternen und dem Mond, wenn Sie wollen auch mit dem ganzen Universum, also mit jedem außer ihm.

In Chatrooms steht meist ein Thema zur Diskussion, die Bandbreite reicht von »Singles« bis zu »Politik« und »Sport«. Wenn Sie in einen Chatroom kommen, ist bereits ein Gespräch im Gang. Unterbrechen Sie niemanden, beteiligen Sie sich am Gespräch, egal, um welches Thema es geht. Sie schneiden kein neues Thema an, Sie streiten mit niemandem und machen auch niemanden nieder. Sie sind sachlich, nicht betrunken oder albern.

Sie reden nicht über Sex oder andere kompromittierende Themen. Die *Regel* lautet: Was Sie nicht in einer Bar sagen würden, sollten Sie auch nicht in einem Chatroom sagen. In einer Bar würden sie sich nicht vor den versammelten Gästen über Ihr Sexualleben oder Ihre letzte Beziehung äußern. Sie reden über Ihre Arbeit, über Politik oder Sport. Das gleiche gilt für Chatrooms.

Wenn ein Mann Ihnen eine Instant Message schickt, warten Sie ein bißchen, bis Sie den Antwortbutton anklicken. Wir schlagen vor, daß Sie bis 20 zählen, bevor Sie die Instant Message eines neuen Mannes beantworten. Wenn kein Mann Sie anspricht, gehen Sie irgendwann wieder. So einfach ist das.

Nur wenige Frauen halten sich in Chatrooms an die *Regeln.* Sie treten in Chatrooms und in einem sich anschließenden Gespräch ungewöhnlich aggressiv auf, vielleicht, weil alles so anonym ist. Die von uns interviewten Männer beklagten sich beispielsweise immer wieder, daß Frauen sie in Schnellfeuermanier mit Fragen bombardierten wie »Wie alt bist Du?«, »Was machst Du beruflich?«, »Wie läuft es bisher mit dem Online-Dating?«, »Meinst Du es ernst, oder vergeude ich mit Dir nur meine Zeit?« Wenn die Männer nicht sofort antworten, werden die Frauen ärgerlich und manchmal sogar unverschämt. »Wo bist Du mit Deinen Gedanken?« fragen sie dann, oder »Du chattest mit einer anderen, nicht wahr?« Das schreckt ab, erklärten uns die Männer, denn in einem Chatroom wollen sie sich entspannen, sich in lockerer Atmosphäre unterhalten, Spaß haben und neue Leute kennenlernen, aber nicht verhört werden.

Der folgende Dialog ist typisch. LookinForLuv32 ist schon eine Stunde im Chatroom, als MrFixIt41 dazukommt:

MrFixIt41 schreibt an alle: *Gibt's hier hübsche Frauen, die noch zu haben sind?*
LookinForLuv32 an alle: *Ja, ich!*

Sie schickt ihm sofort eine Instant Message.

LookinForLuv32: *Hallo!*
MrFixIt41: *ASL [Kürzel für Alter, Geschlecht, Wohnort].*
LookinForLuv32: *32, weiblich, aus Miami. Ich heiße Mindy, und Du?*
MrFixIt41: *Mark. Und, was geht?*
LookinForLuv32: *Ich surfe so ein bißchen durch die Gegend. Und was reparierst Du? (Sie spielt damit auf seinen Nickname an.)*
MrFixIt41: *Gebrochene Herzen! LOL! Nein, ich bin Bauunternehmer, ich renoviere Häuser.*
LookinForLuv32: *Cool! Ich renoviere gerade meine Küche, brutal viel Arbeit, aber das kannst Du Dir ja sicher vorstellen.*
MrFixIt41: *Wenn Du Hilfe brauchst, melde Dich. Ich bin handwerklich geschickt und sehe gut aus! Geschieden, zwei Kinder.*

Sie schickt ihm ihr Foto.

MrFixIt41: *Du siehst heiß aus. Erzähl mehr von Dir.*
LookinForLuv32: *Geschieden, keine Kinder. Ich habe hier schon viele Männer kennengelernt, warte aber auf den Richtigen. Bist Du wirklich geschieden, oder lebst Du nur getrennt von Deiner Frau? Was ist passiert?*
MrFixIt41: *Ich unterschreibe bald die Scheidungspapiere. Nichts ist passiert. Das war auch das Problem. Kein Sex. Du bist wahrscheinlich ein echter Knaller im Bett.*
LookinForLuv32: *Stimmt, bisher gab's keine Klagen. Schick mir Dein Foto. Wo wohnst Du?*
MrFixIt41: *Ich habe noch kein Foto. Aber Du wirst nicht enttäuscht sein. Meine Freunde sagen, ich sähe aus wie Andy Garcia. Ich wohne in Boca, ganz in der Nähe.*
LookinForLuv32: *Ich finde Andy Garcia toll! Warum kommst Du am Samstag nicht einfach vorbei und siehst Dir meine Küche an? Du machst doch sicher auch Hausbesuche, LOL! Ich habe am Wochenende nichts vor.*
MrFixIt41: *Ich habe am Wochenende die Kinder, aber vielleicht ein andermal. Hast Du hier schon jemanden kennengelernt?*
LookinForLuv32: *Ich bin ein halbes Jahr mit einem Mann ausgegangen, der getrennt lebt, aber er ging zurück zu seiner Frau und schläft jetzt jede Nacht in ihrem Bett. Er hat mir das Herz gebrochen! Nie wieder, habe ich mir geschworen, er muß geschieden sein, sonst läuft bei mir gar nichts. Ich habe so viel zu bieten und lasse mich nicht mehr mit jedem X-*

Beliebigen ein. Ich will einen Mann, der mir 100 Prozent bietet. Hast Du viel zu bieten, ich meine emotional?

MrFixIt41: *Wenn wir zueinander passen, dann bekommst Du mich voll und ganz, das verspreche ich Dir! Was lief in Deiner Ehe schief?*

LookinForLuv32: *Er hat mich betrogen. Blöd wie ich bin, habe ich ihm immer wieder eine Chance gegeben. Dann habe ich ihn mit seinem besten Freund betrogen, damit wir quitt sind, und er hat es herausgefunden und einen Anfall bekommen und sich von mir scheiden lassen. Er hat seine Sekretärin geheiratet, mit der er die ganze Zeit ein Verhältnis hatte. Wir reden nicht mehr miteinander. Aber genug davon... Wann treffen wir uns? Ich bin selbständig und kann mir meine Zeit selbst einteilen.*

MrFixIt41 antwortet minutenlang nicht.

LookinForLuv32: *Bist Du noch da? Unterhältst Du Dich mit jemand anderem?*

MrFixIt41: *Nur die Ruhe, ich habe gerade viel zu tun. Gerade rief ein Klempner an. Die Arbeit steht mir bis zum Hals, und an den beiden nächsten Wochenenden habe ich die Kinder. Meine Exfrau geht mit ihrem neuen Freund in Urlaub... aber ich melde mich mal wieder.*

LookinForLuv32: *Vergiß mich nicht... mit mir ist Liebe leicht – nicht wie mit Deiner Ex, LOL!*

MrFixIt41: *Dich vergessen? Ausgeschlossen. Ich bin schon ganz aufgeregt, wenn ich nur an Dich denke... Aber jetzt muß ich weg... ich muß bei einem Haus unbedingt den Termin halten. Bis bald.*

LookinForLuv32: *Na gut, tschüs, und schreib mir bald eine E-Mail!*

Wenn Sie jetzt denken, das war eine heiße Szene aus *Sex and the City,* die im wirklichen Leben nie vorkommt, dann liegen Sie falsch. Solche Dialoge finden in Chatrooms ständig statt.

Wenn man eine *Regel* bricht, führt das dazu, das man schnell gegen weitere *Regeln* verstößt. Der erste Regelbruch: LookinForLuv32 sprach MrFixIt41 zuerst an, indem sie seine Frage (»Gibt's hier hübsche Frauen, die noch zu haben sind?«) beantwortete, obwohl er nicht sie, sondern den ganzen Chatroom fragte. Mindy hätte weiterhin mit allen über allgemeine Themen plaudern sollen (»Hat jemand gestern Emergency Room gesehen?«), bis er sich an sie gewandt hätte, weil ihm ihr Nickname oder das, was sie sagte, gefiel. Wenn nicht, auch gut. Dann verstieß sie gegen eine weitere *Regel,* weil sie ihm eine Instant Message schickte und auf seine Frage nach Alter, Geschlecht und Wohnort antwortete. So eine Frage in Kurzform verdient erst gar keine Antwort. Sie zeugt weder von Originalität noch von Interesse. Selbst in einem Chatroom sollte ein Mann sich Mühe geben, wenn er Sie anspricht, und etwas wie »Dein Nickname gefällt mir« oder »Du klingst interessant, wie siehst Du aus?« schreiben. Mit der Frage nach Alter, Geschlecht und Wohnort sammelt er nur Daten, wie ein Buchhalter.

Mindy verstieß gegen eine weitere *Regel,* weil sie ihm ihre gesamte Lebensgeschichte erzählte und gleich noch vorschlug, sich mit ihm zu treffen. Außerdem hakte sie sofort nach, als er nicht gleich antwortete. Jegliche Initiative ging von ihr aus. Und am schlimmsten: Sie beendete das Gespräch nicht. Sie hätte sagen müssen: »Ich habe furchtbar viel zu tun, muß noch drei Kunden zurückrufen.«

Selbst wenn sie arbeitslos wäre, müßte sie sagen: »Ups, mein Toast brennt an« und das Gespräch beenden. Natürlich können Sie, wenn es nötig ist, witzig sein, aber Sie dürfen nicht zulassen, daß der Mann sich zuerst ausklinkt. Der Chatroom-Dialog, den Sie oben gelesen haben, ist nicht erstrebenswert, selbst wenn Sie so verzweifelt nach einem Mann suchen wie LookinForLuv32. (Übrigens ist auch ihr Nickname ein völliger Mißgriff, siehe Regel Nummer 2.) Selbst wenn sich MrFixIt41 noch einmal bei ihr meldet und mit ihr ausgeht, wird daraus nie etwas werden. Vielleicht besucht er sie, aber nur, weil er schnellen Sex haben will. Fünf Minuten später hat er sie bereits wieder vergessen, weil die Initiative von ihr ausging, es nur um Sex ging und überhaupt alles viel zu einfach war.

Vergleichen Sie dieses Verhalten mit dem einer Frau, die sich an die *Regeln* hält. JenAniston-ish34 ging in einen Chatroom für Singles. TallDarkHandsome39 schickte ihr sofort eine Instant Message.

TallDarkHandsome39: *Siehst Du wirklich aus wie Jennifer Aniston? Ich liebe die Serie* Friends! *Hast Du ein Foto?*

JenAniston-ish34: *Zumindest sagen das meine Freunde. Auf jeden Fall habe ich die gleichen Haare. Ich habe eine Annonce bei love@aol stehen.*

TallDarkHandsome39: *Ich habe mir gerade Deine Annonce angesehen. Wow! Und was macht ein hübsches Mädchen wie Du hier?*

JenAniston-ish34: *Ich dachte, es könnte Spaß machen, ein paar neue Leute kennenzulernen.*
TallDarkHandsome39: *Und, hast Du schon jemanden kennengelernt?*
JenAniston-ish34: *Ich bin zum erstenmal hier... kam gerade erst vor zehn Minuten dazu.*
TallDarkHandsome39: *Du siehst wirklich toll aus!*
JenAniston-ish34: *Sehr charmant von Dir!*
TallDarkHandsome39: *Vielleicht könnten wir mal zusammen ausgehen.*

Jen wartet und zählt bis 20 (damit er meint, sie würde darüber nachdenken, außerdem wirkt sie dann nicht so, als ob sie verzweifelt nach einem Mann suchen würde).

JenAniston-ish34: *Klingt gut.*
TallDarkHandsome39: *Gibst Du mir Deine Telefonnummer?*

Jen wartet wieder und zählt bis 20.

JenAniston-ish34: *Klar, meine Handynummer ist 555-3322. Aber jetzt muß ich weg, mein Chef kommt gerade. Tschüs!*
TallDarkHandsome39: *Okay, ich rufe Dich an.*

Wenn Sie eine Anleitung brauchen, dann halten Sie sich an JenAniston-ish34. Ihr Nickname macht neugierig, deswegen schicken ihr Männer sofort eine Instant Message. Sie gibt einem Mann ihr Foto und ihre Nummer erst auf seine Bitte hin und beendet das Gespräch zuerst.

Übrigens gingen sie und TallDarkHandsome39 ein halbes Jahr miteinander aus. Er war hingerissen, sie dagegen mochte ihn zwar, sah in ihm jedoch nicht die große Liebe. Ihren Ehemann (GreatGuy34) lernte sie ein Jahr später im gleichen Chatroom für Singles kennen.

Regel Nummer 10

Geben Sie ihm nicht zuerst Ihre Telefonnummer

Eine der frustrierenden Tatsachen am Online-Dating ist, daß nur wenige Männer in ihren ersten E-Mails nach der Telefonnummer fragen. Frauen beschweren sich immer wieder bei uns: »Er hat nach meiner Arbeit, meinem Hund, meiner Haarfarbe und meinen Hobbys gefragt. Er hat sogar darauf angespielt, daß wir ein Paar werden könnten. Wann fragt er mich endlich nach meiner Telefonnummer?«

Im wahren Leben fragt ein Mann bei der ersten Begegnung nach Ihrer Nummer, manchmal sogar schon in den ersten 20 Minuten. Ohne sie hätte er keine Möglichkeit, mit Ihnen in Kontakt zu treten. Im Internet kann ein Mann vorschlagen, etwas gemeinsam zu unternehmen, indem er schreibt: »Wir sollten wirklich mal zusammen ausgehen.« Sie denken dann vielleicht, es sei in Ordnung, ihm Ihre Nummer zu geben, ohne daß er sie ausdrücklich darum gebeten hat. Aber das ist es nicht. Hier ein typisches Beispiel:

In seiner ersten E-Mail fordert ein Mann Sie vielleicht auf: »Erzähl mir mehr von Dir…« In der zweiten E-Mail erzählt er Ihnen mehr von sich und stellt Fragen wie: »Bist Du schon lange bei einer Kontaktbörse? Hast Du schon jemanden kennengelernt?«

In seiner dritten E-Mail schreibt er, was er bei einer Frau sucht oder was ihm an Ihrer Annonce gefallen hat, oder er erkundigt sich danach, wie Ihr Tag war, fragt aber immer noch nicht nach Ihrer Telefonnummer. Als ob er alle Zeit der Welt hätte! An dieser Stelle würden Sie am liebsten schreien: »Frag mich endlich nach meiner Telefonnummer!« Aber weil Sie sich an die *Regeln* halten, unterdrücken Sie den Impuls. Allerdings werden Sie so langsam ungeduldig mit MrNiceGuy52 und beschließen daher, die Sache selbst in die Hand zu nehmen. Sie geben ihm Ihre Nummer, damit Bewegung in Ihre Beziehung kommt.

Diesen Fehler machen viele Frauen. Er muß Sie ausdrücklich um Ihre Telefonnummer bitten. Oder er gibt Ihnen seine Nummer, und Sie können sich dann revanchieren und ihm Ihre Nummer mailen. Aber rufen Sie ihn nicht an! Es gibt zwei Sorten Männer, die Ihnen ihre Telefonnummer geben, anstatt direkt um Ihre zu bitten. Zum einen ist das der »Spielertyp«: Er will, daß 50 Frauen bei ihm anrufen. Und dann ist da noch der nette Typ, der meint, es sei angenehmer für Sie, wenn Sie ihn anrufen, anstatt daß er als Fremder bei Ihnen anruft. Er will nur höflich sein. Die einzige Möglichkeit, die beiden Typen voneinander zu unterscheiden, besteht darin, daß Sie ihm Ihre Nummer mailen und warten, ob er anruft. Aber rufen Sie nie zuerst an!

Sie sollten Ihre Nummer auch nicht einem Mann schicken, der Ihnen geschrieben hat: »Wir sollten mal miteinander chatten«, auch wenn er vorschlägt: »Wir sollten wirklich einmal zusammen ausgehen.« (Das ist nur eine Floskel, er will sich gar nicht mit Ihnen verabreden und nennt daher auch kein bestimmtes Datum.)

Deswegen brauchen Sie ihm noch lange nicht Ihre Telefonnummer mailen. Frauen geben oft ihre sämtlichen Nummern heraus (zu Hause, bei der Arbeit, Handy), nur weil ein Mann ihnen so etwas sagt. Seien Sie nicht zu forsch, überstürzen Sie nichts! Warten Sie, bis er Sie um Ihre Nummer bittet, und geben Sie ihm nur eine Nummer – möglichst Ihre Handynummer.

Die *Regel* lautet daher: Wenn ein Mann schreibt »Ruf doch mal an!« und Ihnen seine Nummer gibt, rufen Sie ihn nicht an. Mailen Sie ihm aber auch nicht »Ich rufe nicht bei Männern an« oder »Du mußt mich anrufen« oder etwas in der Art, das wäre zuviel des Guten. Warten Sie einfach 24 Stunden, und schreiben Sie ihm dann: »Danke für Deine Nummer, hier ist meine«, und warten Sie, bis er anruft. Wir wissen, daß manche Frauen aus Sicherheitsgründen lieber den Mann anrufen. Diese Frauen sollten nur ihre Handynummer weitergeben. Ja, richtig, wenn Sie im Internet nach einem Partner suchen, sollten Sie auch ein Handy haben!

Viele Frauen wissen das nicht. Die 32jährige Megan probierte die Partnersuche im Internet aus und hatte wirklich Spaß daran. Sie wohnte in einem Vorort, in dem überwiegend Familien lebten, und hatte manchmal das Gefühl, die einzige Single-Frau weit und breit zu sein. Als sie zum erstenmal vom Online-Flirten hörte, achtete sie nicht weiter darauf, weil sie dachte, es sei zu gefährlich. Doch nachdem sie sich einer Gruppe angeschlossen hatte, die sich an die *Regeln* hielt, beschloß sie, es auszuprobieren. Sie stellte eine Kontaktanzeige mit Bild ins Netz und war begeistert über die E-Mails von Männern ganz aus der Nähe, die sie sonst nie kennengelernt hätte.

Megan schrieb uns, daß ihr das Online-Dating gut gefalle, sie aber manchmal Probleme habe, die Männer dazu zu bringen, um ihre Telefonnummer zu bitten. Sie wollte wissen, ob sie etwas falsch mache, weil es manchen Männern offenbar genügte, ihr nur E-Mails zu schicken. Könnte sie ihre Nummer nicht so nebenbei in einer Mail erwähnen, schließlich hätten die Männer Interesse gezeigt, als sie auf ihre Annonce antworteten? Nein, erklärten wir ihr, das sei so, wie wenn sie ihre Nummer in einer Bar auf ein Streichholzbriefchen schreiben und es einem Mann in die Hand drücken würde, der auf sie zukomme, sie aber noch nicht angesprochen habe.

Megan meinte, sie frage sich immer noch, warum manche Männer nur plaudern wollten, andere dagegen schon nach zwei oder drei E-Mails nach ihrer Nummer fragen würden. Unsere Antwort: Manche Männer sind nur im Netz, weil sie eine Brieffreundin suchen, aber nicht, weil sie jemanden kennenlernen wollen, es hat daher gar keinen Zweck, seine Nummer ungefragt herauszugeben.

Wir sagten Megan und anderen Frauen in unseren Beratungen, es sei überstürzt, einem Mann die Telefonnummer zu geben, wenn er nicht darum gebeten hat, vor allem im Internet. Er erkennt darin die offensichtliche Absicht. Versuchen Sie nicht, etwas zu erzwingen, das nicht passieren soll. Denken Sie immer daran: Sie sind eine ganz besondere Frau. Jeder Mann kann sich glücklich schätzen, Ihre Telefonnummer zu bekommen und Sie anrufen zu dürfen! Sie müssen nichts überstürzen, Ihr Leben hängt nicht von diesem einen Mann ab, es gibt noch genug andere!

Regel Nummer 11

Wenn er sich nach vier E-Mails nicht mit Ihnen verabredet – löschen, der nächste bitte!

Im Idealfall sollte sich ein Mann so früh wie möglich mit Ihnen verabreden, das heißt, die Beziehung sollte sich vom Computer auf ein Rendezvous verlagern. Aber das können Sie dem Mann nicht sagen, nicht einmal andeuten. Andererseits müssen Sie auch nicht ewig warten. Wir denken, vier E-Mails sind genug. Wenn ein Mann in der vierten Mail noch kein Treffen vorgeschlagen hat, sollten Sie ihm nicht mehr schreiben. Vielleicht braucht er nur einen kleinen Schubs – aber damit meinen wir nicht, daß Sie ihm vorschlagen sollten, sich mit Ihnen zu verabreden. Sie sollen einfach aussteigen: Schreiben Sie ihm keine E-Mails mehr!

Die meisten Frauen warten viel zu lange, manche hoffen noch nach einem halben Jahr, daß sich ein Mann mit ihnen verabredet. Wir wissen von Männern, die auch noch in ihrer zehnten E-Mail über Politik, Sport und frühere Beziehungen labern. Aus irgendeinem Grund bringen sie es nicht fertig, ein Treffen vorzuschlagen und es durchzuziehen.

Ed (Entrepreneur40) ist genau so ein Typ. Er antwortete auf Suzannes Kontaktanzeige (SassyGirl39), und sie war begeistert, denn er sah nicht nur gut aus, sondern schien auch mit beiden Beinen fest auf dem Boden zu stehen. Ed hatte nie geheiratet und war sehr wählerisch. Suzanne fand er sehr attraktiv, zeigte jedoch keine Eile, sich mit ihr zu verabreden. Er stellte ihr unzählige Fragen, vom Wetter über ihre Hobbys bis zu ihren liebsten Urlaubsorten. Suzanne antwortete bereitwillig auf jede Frage, rätselte aber insgeheim, ob er sich je mit ihr treffen würde. Sie begriff nicht, daß sie selbst eine Verabredung verhinderte.

Hier sind die E-Mails, die sie im Verlauf von drei Wochen austauschten:

ERSTE E-MAIL:

Entrepreneur40: *Ich habe Deine Annonce gesehen und finde Dich sehr hübsch. Ich hätte schon früher geschrieben, war aber noch mit einem wichtigen Projekt beschäftigt. Ich bin Ingenieur für Umwelttechnik, und nebenbei arbeite ich noch selbständig, bin also ein ziemlicher Workaholic. Aber jetzt, wo das Projekt abgeschlossen ist, kann ich mich voll und ganz auf Dich konzentrieren! Ich habe das Gefühl, ich hätte Dich schon einmal irgendwo gesehen. Wo kommst Du her?*

SassyGirl39: *Ich wuchs in Buffalo im Bundesstaat New York auf. Jetzt lebe ich in New Jersey.*

ZWEITE E-MAIL:

Entrepreneur40: *Machst Du Witze? Ich bin in Buffalo aufs College gegangen. Ich bin dort schon hundertmal Ski gefahren. Die schlimmsten Schneestürme, die ich je erlebt habe. Fährst Du gerne Ski?*

SassyGirl39: *Als kleines Mädchen habe ich den Anorak und die Skistiefel gar nicht mehr ausgezogen.*

Ich fahre sehr gern Ski. Ich habe mit Freunden eine Skihütte in Pennsylvania.

Entrepreneur40: *Ich komme gerade vom Skiurlaub in Italien, das war einmalig. Halb Geschäfts-, halb Vergnügungsreise, zwei Wochen. Ich könnte sofort dort leben. Warst Du schon einmal in Europa? Reist Du gern?*

DRITTE E-MAIL:

SassyGirl39: *Ich habe vor 20 Jahren ein Semester in England studiert und war vor zwei Jahren geschäftlich in Frankreich. Ich arbeite in der PR-Abteilung von Hermès, dem Tuchhersteller. Aber ich war noch nie in Italien. Klingt toll, vielleicht reise ich eines Tages dorthin. Auf jeden Fall liebe ich Pasta!*

VIERTE E-MAIL:

Entrepreneur40: *Ich auch. Am liebsten esse ich Fettucine Alfredo. Ich kenne ein wunderbares italienisches Restaurant, da müssen wir mal hin. Was machst Du sonst so in Deiner Freizeit? Ich bin ein leidenschaftlicher Spieler. Ich fahre fünfmal im Jahr nach Atlantic City. Letztes Mal habe ich 500 Dollar gewonnen, davor aber 1 200 Dollar verloren, aber das gehört dazu. Ich wohne in noblen Hotels, sehe mir ein paar Shows an und gebe ein bißchen Geld beim Spielen aus. Warst Du schon mal in Las Vegas? Oder bist Du eher der Typ für Atlantic City?*

SassyGirl39: *Ich war zweimal in Atlantic City, einmal war ich bei einem Konzert von Earth, Wind and Fire und beim zweiten Mal in irgend so einer Show. Ich habe 25 Dollar an die einarmigen Banditen verloren und bin auf der Promenade spazie-*

rengegangen. Das hat Spaß gemacht. Karten spiele ich nicht.

Diese E-Mail hätte Suzanne nie schreiben, sondern statt dessen ihre Korrespondenz mit Ed beenden sollen. Nach vier E-Mails wird es Zeit, daß der Mann sich mit Ihnen verabredet. Wenn er wissen will, was Sie gerne machen, was Sie für einen Beruf haben oder ob Sie Familie haben, soll er Sie direkt bei einem Rendezvous fragen.

Die vier E-Mails mit einem Mann, den Sie im Internet kennengelernt haben, entsprechen einem halbstündigen Gespräch mit jemandem, den Sie auf einer Party oder in einer Kneipe getroffen haben. Wenn er Sie nach 30 Minuten nicht nach Ihrer Telefonnummer gefragt hat, sollten Sie auf die Uhr schauen und sagen: »Oh, ich muß jetzt aber wirklich weiter« oder »Meine Mitfahrgelegenheit will nach Hause, ich muß gehen«. Dabei hoffen Sie natürlich, daß ihn das dazu veranlaßt, nach Ihrer Telefonnummer zu fragen, weil er sonst riskiert, Sie nie wieder zu sehen. Wenn Sie die ganze Nacht darauf warten, daß er Sie nach Ihrer Nummer fragt, sind Sie für ihn keine Herausforderung, wahrscheinlich wird er dann nie fragen.

Ed hätte nur eine Frau gebraucht, die sich an die *Regeln* hält und nicht stundenlang Ihre Zeit mit ihm vergeudet. Männer denken, wenn eine Frau mit ihnen endlos plaudert, macht sie das mit jedem Mann und ist nicht sonderlich wählerisch. Ein Mann muß sich anstrengen, wenn er so viel von Ihnen erfahren will. Zumindest sollte er mit Ihnen ausgehen!

Suzanne war im Internet zu leicht verfügbar, daher verlor Ed das Interesse. Er deutete zwar an, daß er mit ihr ausgehen würde, aber das war nur so dahingesagt. Er blieb nicht dran, fragte nicht nach ihrer Nummer. Statt dessen wechselte er das Thema und stellte noch mehr Fragen.

Wenn Suzanne ihm nicht zurückgeschrieben hätte, hätte er vielleicht überlegt: Sie schreibt nicht. Wahrscheinlich muß ich mich bei ihr mehr anstrengen. Aber weil Suzanne auch die vierte E-Mail beantwortete, begann Ed sich zu langweilen. Und Suzanne war frustriert.

Hier sind die folgenden E-Mails der beiden:

FÜNFTE E-MAIL:

Entrepreneur40: *Ich fliege morgen nach Las Vegas. Ich besuche dort eine Konferenz, fünf Tage lang, alles von der Firma bezahlt. Ich kann es kaum erwarten. Ich brauche ein bißchen Entspannung, das Projekt war zu anstrengend. PR klingt interessant. Was machst Du genau?*

SassyGirl39: *Ich sorge dafür, daß Hermès in Zeitschriften und Zeitungen erwähnt wird, kümmere mich um verstimmte Kunden, du weißt schon, Promis und Königshäuser. Ich verschicke Halstücher an Schauspielerinnen und VIPs in der Hoffnung, daß sie sie bei irgendeinem Anlaß tragen. Ich kann nicht klagen. Ich habe etwa 100 Tücher von Hermès im Schrank.*

SECHSTE E-MAIL:

Entrepreneur 40: *Klingt spannend. Magst Du Sport? Ich bin ein absoluter Sportfan. Basketball, Baseball, Football, ich sehe mir alles an. Ich bin fit wie ein*

Turnschuh. Ich trainiere auch, laufe fünf Kilometer am Tag.

SassyGirl39: *Wow! Ich bin beeindruckt. Ich fahre Ski, spiele Tennis und mache Kickboxen im Fitneßstudio. Ich habe zwei Brüder, deswegen kenne ich mich mit Sport aus.*

SIEBTE E-MAIL:

Entrepreneur40: *Hast Du ein gutes Verhältnis zu Deinen Brüdern? Ich bin ein Einzelkind. Ich hätte gern Geschwister, aber mein Vater starb, als ich drei war. So blieben meine Mutter und ich allein. Sie hat nie wieder geheiratet, kam nie über den Tod meines Vaters hinweg. Er starb bei einem Autounfall auf dem Heimweg von der Arbeit. Auf dem Beifahrersitz lag ein Strauß Rosen, den er ihr mitbringen wollte. Sie haben sich sehr geliebt.*

SassyGirl39: *Das mit Deinem Vater tut mir leid. Es war bestimmt hart, ohne ihn aufzuwachsen. Mein Vater starb letztes Jahr mit 69.*

ACHTE E-MAIL:

Entrepreneur40: *Das tut mir leid. Ich glaube, ich sollte die naheliegende Frage stellen: Warum ist ein hübsches Mädchen wie Du nicht verheiratet?*

SassyGirl39: *Gute Frage ... Ich glaube, ich habe noch nicht den Richtigen getroffen. Und Du?*

NEUNTE E-MAIL:

Entrepreneur40: *Ich war bislang von der Arbeit förmlich besessen. Ich unterstütze meine Mutter, wir sind uns sehr nahe. Verabredungen waren für mich nie besonders wichtig, erst in letzter Zeit. Aber das soll*

sich ändern. Ich will heiraten und Kinder haben, und nicht nur ein Kind!
SassyGirl39: *Klingt gut. Ich wollte immer schon zwei Kinder haben, einen Jungen und ein Mädchen.*

ZEHNTE E-MAIL:
Entrepreneur40: *Es ist schon spät, und ich muß noch die Koffer für Vegas packen. Mein Flieger geht um acht Uhr. Wenn ich zurückkomme, muß ich meine Mutter in ein Pflegeheim bringen. Sie ist 80, und es geht ihr nicht gut. Ich melde mich.*
SassyGirl39: *Viel Spaß in Las Vegas, und alles Gute für Deine Mutter. Tschüs!*

Ed schrieb ihr eine Woche später und erzählte von seiner Reise nach Las Vegas (er hatte 700 Dollar beim Black Jack gewonnen) und vom Gesundheitszustand seiner Mutter, fragte aber immer noch nicht nach ihrer Telefonnummer. Suzanne schrieb ihm zurück, aber er ließ nichts mehr von sich hören.

Das überrascht uns nicht. Wenn ein Mann mehr als vier E-Mails braucht, um sich mit Ihnen zu verabreden, ist das kein gutes Zeichen. Manchmal braucht er vielleicht einen kleinen Schubs – eine Frau, die zu beschäftigt ist, um bis in alle Ewigkeit seine E-Mails zu beantworten. Um diese Frau wird er sich bemühen.

Leider schreiben die meisten Frauen einem Mann auch weiterhin und vergeuden so oft Wochen und Monate. Eine Frau, die sich an die *Regeln* hält, macht das nicht, sie setzt sich Grenzen. Natürlich sagen wir den Männern nicht, was für Grenzen das sind, wir schreiben ihnen nach vier E-Mails einfach nicht mehr. Wir sagen nicht: »Wir chatten jetzt schon eine

Weile, willst Du Dich nun mit mir treffen oder mir nur die Zeit stehlen?« Auch subtile Bemerkungen sind tabu: »Ich bin nicht so gut im Schreiben von Mails, persönlich bin ich viel besser.« Das ist genauso manipulativ wie: »Meine Nägel splittern beim Tippen ...« Zwinker, zwinker!

Wie bereits festgestellt, zieht ein Verstoß gegen die *Regeln* weitere Verstöße nach sich. Frauen, die nach der vierten E-Mail weiterhin zurückschreiben, rücken am Ende ihre Telefonnummer freiwillig heraus, in der Hoffnung, daß dabei eine Verabredung herausschaut. Aber solche verzagten Männer bringen meist nur Frust. Sie rufen nicht regelmäßig an, verabreden sich in letzter Minute oder finden fadenscheinige Gründe, um sich nicht mehr zu treffen – ein Mann machte mit einer Frau Schluß, weil sich die beiden bei der dritten Verabredung nicht einigen konnten, welchen Film sie im Kino sehen wollten. Auf gut deutsch: Die Männer machen Schluß, weil sie von Anfang an nicht richtig interessiert waren.

Wenn Sie also einem Mann weiterhin schreiben, obwohl er sich in seiner vierten E-Mail nicht mit Ihnen verabredet hat, spielen Sie mit dem Feuer. Er lernt Sie im Internet vielleicht schon so gut kennen, daß er Sie gar nicht mehr treffen will (Plopp, weg ist er!). Im Internet wie im wirklichen Leben bringt zu große Nähe oft Geringschätzung mit sich. Also begrenzen Sie Ihre Verluste. Löschen, der nächste bitte! Falls er Ihnen, nachdem Sie ihm nicht mehr schreiben, eine E-Mail schickt und sich mit Ihnen verabreden will, können Sie natürlich mit ihm ausgehen. Manchmal kommt ein Mann erst zur Vernunft, wenn ihm aufgeht, daß Sie kein Interesse mehr haben!

Regel Nummer 12

Wie Sie die Spreu vom Weizen trennen

In unserem Buch *Die neue Kunst, den Mann fürs Leben zu finden* rieten wir Ihnen, bei den ersten Verabredungen auf schlechtes Benehmen (Gereiztheit, Sarkasmus, übermäßiges Trinken und so weiter) zu achten. Im Internet sollten Sie schon bei der ersten E-Mail aussieben. Achten Sie auf folgende Hinweise: vorformulierte Briefe, E-Mails ohne Bilder, E-Mails ohne Text, Spielernaturen, Sexbesessene, Typen, die Ihnen nur die Zeit stehlen, verheiratete Männer, die nur ein bißchen Abwechslung wollen.

Mit den beiden letzteren beschäftigen wir uns in *Regel* Nummer 13 beziehungsweise Nummer 21.

Wenn Sie Ihre Annonce zum erstenmal ins Netz gestellt haben, meinen Sie, Sie hätten im Lotto gewonnen. Sie schalten den Computer ein und sehen 50, wenn nicht sogar 100 Antworten auf Ihrem Bildschirm flimmern, die nur darauf warten, gelesen zu werden. Fröhlich öffnen Sie jede Mail wie eine Schachtel Pralinen. »Lecker«, denken Sie, »und dafür muß ich nicht einmal aus dem Haus gehen!«

Von zuviel Pralinen wird einem schlecht. Und wenn Sie zuviel von diesen E-Mails erwarten, werden Sie enttäuscht. Traurig erkennen Sie, daß nur 25 von 100

Antworten etwas taugen. Wie es so treffend heißt: Es ist zu schön, um wahr zu sein.

Anders als bei einer Party, wo ein Mann im Durchschnitt zwei oder drei Frauen am Abend zum Tanz auffordert, kann er im Internet leicht 25 Frauen eine E-Mail schicken. Jede Frau glaubt, seine Mail an sie sei etwas Besonderes, und erkennt nicht, daß es sich um einen Serienbrief handelt, der praktisch wertlos ist, wenn der Mann sich nicht mit ihr verabredet. Schließlich muß ein Mann sich erst einmal aufraffen, bevor er auf einer Party eine Frau anspricht und mit ihr plaudert, während es so gut wie keine Mühe macht, eine Taste zu drücken und einen vorgefertigten Brief oder einen »wink« zu schicken. Hängen Sie daher Ihr Herz nicht an eine erste E-Mail, und schmieden Sie auch noch keine Hochzeitspläne. Eine Frau, die sich an die *Regeln* hält, sagt sich: »Ein Mann, der E-Mails schreibt, existiert erst dann real, wenn du das Weiße in seinen Augen gesehen hast!«

Wenn Sie sich keine falschen Hoffnungen machen und keine Zeit damit vergeuden wollen, virtuellen Männern zu schreiben oder verrückte Männer zu treffen, sollten Sie energisch die Spreu vom Weizen trennen. Dazu zehn Tips:

1. Bitten Sie sofort um ein Foto. Ein Mann, der eine E-Mail ohne Bild schickt oder eine Annonce ohne Bild ins Netz stellt, meint es nicht ernst, hat schon eine Freundin, nutzt das Online-Dating wie ein Spiel, beispielsweise Pac-Man, oder er hat etwas zu verbergen. Wenn eine Frau kein Bild einstellt oder schickt, geschieht das oft aus Sicherheitsgründen. Unserer Erfahrung nach ist das bei Männern anders. Sie sollten

daher schreiben: »Vielen Dank für Deine Mail, ich hätte gern ein Foto.« Wenn er kein Bild schickt, heißt es löschen, weiter zum nächsten! Lassen Sie sich nicht von Männern einwickeln, schon gar nicht, wenn sie angeblich aussehen wie ein bestimmter Filmstar.

Ein Beispiel für eine E-Mail, die Sie gleich löschen können:

Ich würde Dir gerne ein Bild schicken, aber leider habe ich kein digitales. Ich kann Dir aber versprechen und garantieren, daß Du mich total sexy findest, bitte vertrau mir. Ich kann Dir ja eine Beschreibung geben: Ich bin 1,83 Meter groß und wiege 86 Kilo. Pechschwarze, mittellange Haare. Große, sanfte, tiefbraune Augen. Schöne Hände. Lange Beine. Schlank und muskulös. Stell dir einfach George Clooney vor.

Schnell weiter! Einen Mann, der Ihnen ohne guten Grund kein Foto schickt – etwa »ich bin Chirurg und Chefarzt an meinem Krankenhaus und möchte nicht, daß meine Partnersuche im Internet bekannt wird. Aber ich meine es ernst. Ich werde Dich heute abend um 21 Uhr anrufen, wenn Du mir Deine Telefonnummer gibst« –, sollten Sie sofort von der Liste der Kandidaten streichen. Manchmal haben sogar die Männer mit guten Gründen einfach eine Freundin oder sind verheiratet.

2. Vorsicht bei Männern, die zu viele Fotos anbieten. Wenn er Ihnen eine Mail schickt und Sie seine Annonce ansehen und sechs Fotos von ihm vorfinden – zum Beispiel er allein, er mit seinem Neffen, er mit seinem Hund, er am Strand, er auf einem Boot, dazu noch der Fisch, den er auf dem Boot fing –, oder

wenn er Ihnen alle Bilder schickt, nachdem Sie ihn um ein Foto baten, sollten Sie auf der Hut sein. Vielleicht ist er einfach selbstverliebt oder hat großen Spaß am Internet, zuviel Spaß für eine richtige Beziehung. Mit ihm verschwenden Sie eventuell nur Ihre Zeit. Der durchschnittliche Mann auf der Suche nach einer festen Beziehung schickt ein Foto oder vielleicht zwei, auf jeden Fall hat er ein Foto parat, Punktum!

3. Kein Text, keine Antwort von Ihnen. Wie schon gesagt, Männer, die nur einen »wink« oder eine »Rose« schicken oder schreiben »Du siehst toll aus«, verdienen keine Antwort. Sie sind entweder faul, wollen sich nur amüsieren oder haben schon eine Freundin. Normalerweise lösen sie sich schnell in Luft auf, daher löschen und weiter! Sie wollen einen Mann, der Ihre Annonce gelesen hat und Ihnen etwas dazu schreibt, etwas ganz Persönliches, so kurz und knapp es auch sein mag.

4. Freuen Sie sich nicht über Serienbriefe. Ein Serienbrief ist leicht zu erkennen: Er ist lang, romantisch und aufregend, geht aber nicht auf Sie oder Ihre Annonce ein. Es geht nur um ihn, seine Hoffnungen und Träume. Wie sonst könnte er diesen Brief an alle Welt schicken? Sie können Serienbriefe entweder gleich aussortieren oder ihm mit einem kurzen »Du klingst nett« antworten. Dabei sollten Sie sich allerdings im klaren sein, daß er den gleichen Brief an Hunderte andere Frauen geschickt hat.

Erwarten Sie daher nicht zuviel, selbst wenn sein Brief alles enthält, was Sie gerne hören wollen, etwa »Ich möchte mit Dir in einer leichten Augustbrise im Mondschein an einem ruhigen Kanal in Venedig ein wundervolles Mahl genießen, ich sehe Dir in die Augen, und um Mitternacht stoßen wir auf den Beginn einer ganz besonderen Beziehung an«. Bei solchen Worten läuft Ihnen vielleicht ein Schauer über den Rücken (welcher Art auch immer), womöglich wollen Sie gleich ins nächste Reisebüro stürmen und diesen Urlaub in Venedig mit Mr. Unbekannt buchen. Aber nach dieser ersten E-Mail kann er sich ganz schnell in Luft auflösen.

Ein Mann, der wirklich eine Frau kennenlernen will und eine Beziehung sucht, liest Ihre Annonce und nimmt in seinem Brief Bezug darauf. Die besten E-Mails kommen von Männern, die auf das eingehen, was Sie geschrieben haben, zum Beispiel: »Du schaust Dir auch gerne Kochsendungen an und probierst die Rezepte aus? Ich muß Dich unbedingt kennenlernen. Gibst Du mir Deine Telefonnummer?«

5. Achten Sie auf Nicknames, die den Spielertyp verraten. Ein Nickname sagt sehr viel über einen Mann aus. Männer mit Namen wie PlayTime2002, SensualOne oder TarzanYourMan sind wahrscheinlich Spielernaturen. Sie wollen von Männern mit Nicknames wie James245 oder NiceGuy629 hören, die ernsthaft nach einer Beziehung suchen.

6. Streiten Sie nicht mit jähzornigen Männern. Leider mußten wir feststellen, daß manche Männer ihren Frust (über Frauen oder ihre letzte Beziehung) im Internet auslassen. Sie werden sauer, wenn eine Frau nicht sofort zurückschreibt, nicht genug schreibt oder sich nicht mit ihnen zum Abendessen treffen will. Manche Frauen, die den *Regeln* entsprechend kurze Antworten schrieben oder sagten, sie würden sich lieber nur auf einen Drink treffen (eine kurze Verabredung, die im Gegensatz zu einem Abendessen

nicht länger als zwei Stunden dauert), erhielten daraufhin wütende E-Mails.

Ein Mann schrieb: »Ich schütte Dir mein Herz aus, und Du schreibst nur, was Du am liebsten im Fernsehen siehst und daß Du jetzt ins Fitneßstudio gehst? Tja, ich will eine Beziehung zu einer Frau, die ehrlich und offen ist und etwas zu sagen hat, etwa über ihre Gefühle. Viel Glück noch und tschüs.«

Nehmen Sie so etwas nicht persönlich, und ziehen Sie auf keinen Fall Ihre Kontaktanzeige zurück. Die meisten Männer sind es gewöhnt, mit ihrer Mail eine Lawine loszutreten. Viele Frauen erzählen ihnen in der zweiten Mail schon alles außer ihrer BH-Größe, daher denkt ein Mann natürlich, Sie seien eingebildet, wenn Sie sich zurückhalten. Lassen Sie sich auf keine Diskussionen ein. Schreiben Sie einfach: »Tut mir leid, ich bin ein Neuling beim Online-Dating«, auch wenn Sie schon seit fünf Jahren im Internet flirten.

Allerdings sollte Ihnen klar sein, daß dieser Austausch zu nichts führt und Sie ihm vielleicht nicht mehr schreiben wollen. Ein Mann, der in seiner zweiten Mail gegenüber einer Fremden so wütend reagiert, macht einem Angst und wird im richtigen Leben wahrscheinlich genauso schnell aus der Haut fahren. Manche Frauen, die nichts über die *Regeln* wissen, entschuldigen sich vielleicht und versuchen sich zu rechtfertigen, aber damit verlängern sie nur eine schlechte E-Mail-Beziehung.

Andere Frauen, die vielleicht wütend auf Männer im allgemeinen sind, werden ebenfalls unverschämt und schreiben zum Beispiel: »Bei einem Verrückten wie Dir wäre ich für kein Geld der Welt offen und ehrlich. Geh lieber zum Psychiater!«

Beide Reaktionen sind falsch. Eine Frau, die sich an die *Regeln* hält, muß weder als seelischer Mülleimer herhalten noch ist sie schlecht gelaunt. Sie reagiert ihren Frust beim Therapeuten oder beim Sport ab, aber nicht im Internet. Sie sagt lieber gar nichts, als andere zu beleidigen. Ignorieren Sie unverschämte E-Mails einfach, eine Antwort ist sinnlos, weil ein solcher Mann nicht mit offenen Karten spielt.

Ein normaler Mann ist damit einverstanden, mit Ihnen beim Date Zero nur etwas zu trinken und zu plaudern, denn er weiß, daß daraus bei der zweiten Verabredung ein Abendessen werden kann, bei dem er dann natürlich mehr über Sie erfährt. Wenn ein Mann in seiner ersten oder zweiten E-Mail nörgelt, wissen Sie, daß er auch sonst eventuell überreagiert.

Ein jähzorniger Mann hat an allem, was Sie schreiben, etwas auszusetzen. Eine Frau schrieb in ihrer ersten E-Mail »Mir gefällt deine Personenbeschreibung«, wartete dann aber 24 Stunden mit ihrer nächsten E-Mail, weil sie sich an die *Regeln* halten wollte. Sie erhielt folgende E-Mail: »Ich habe lange auf Deine Antwort gewartet. Bist Du jetzt an einer Beziehung interessiert oder nicht? P.S.: Ich bin nicht nur eine Annonce, ich bin ein Mann aus Fleisch und Blut, mit Träumen und Hoffnungen ... Wenn Du nur auf Spielchen aus bist, bin ich nicht interessiert. Tu mir einen Gefallen, bleib daheim, anstatt die Welt mit Deinen Genen zu beglücken.«

Ein anderer Mann schrieb: »Es kränkt mich, daß Du Dich nicht mit mir zum Abendessen treffen willst. Anders ausgedrückt: Du willst, daß ich 45 Minuten hin und 45 Minuten zurückfahre, nur um Dir dabei zuzusehen, wie Du an einer Cola nuckelst? Bist Du magersüchtig oder menschenscheu, oder was ist mit Dir los? Ich möchte mich bei einem schönen langen Abendessen mit einer Frau treffen. Denk darüber nach.«

Solche E-Mails sollten Sie sofort löschen oder im äußersten Fall mit »Ich glaube nicht, daß es mit uns funktionieren würde. Viel Glück« antworten. Lassen Sie sich mit solchen Männern gar nicht erst auf Diskussionen ein. Ein normaler Mann versucht, in seinen ersten E-Mails einen guten Eindruck zu machen. Er würde sich nie über eine lange Anfahrt beklagen oder Sie beleidigen, schließlich kennt er Sie gar nicht! Manche Frauen, die unsere *Regeln* nicht kennen, glauben, sie müßten auf solche Vorwürfe mit ausführlichen E-Mails antworten und ihn so beschwichtigen. Einige Frauen geben sogar nach und gehen bei der ersten Verabredung mit ihm essen oder fahren ihm womöglich ein Stück entgegen. Eine Frau, die sich an die *Regeln* hält, verschwendet keine Zeit mit jähzornigen Männern!

7. Löschen Sie E-Mails mit sexuellen Anspielungen. Ein Mann, der in seinen E-Mails über Sex redet (zum Beispiel über seine Lieblingsstellungen), fragt, ob Sie ein bißchen versaut sind, oder Ihren Busen und andere Körperteile erwähnt, ist nur auf Sex aus. Mehr gibt es dazu nicht zu sagen. Löschen, und weiter im Text!

8. Lassen Sie sich nicht von einem Mann entmutigen, der nur einmal anruft. Wenn ein Mann auf Ihre Annonce antwortet oder Sie in einem Chatroom anspricht und Ihre Telefonnummer bekommt, dann aber nur einmal anruft, dürfen Sie nicht zurückrufen. Machen Sie sich auch keinen Kopf, warum er nicht mehr anruft. Wenn ein Mann nur einmal anruft und

sich dann nicht mehr meldet oder nicht einmal eine E-Mail schickt (»Hallo, ich habe versucht, Dich anzurufen, aber Du warst nicht da«), dann war er einfach nicht interessiert.

Vergessen Sie nicht, bei Kontaktbörsen im Internet liegt für viele Männer der Reiz darin, sich Fotos anzusehen und möglichst vielen verschiedenen Frauen zu schreiben, damit ihre Mailbox jeden Tag voll ist. Diese Männer sind nicht unbedingt auf der Suche nach einer bestimmten Frau. Auf eine Annonce zu antworten oder einer Frau eine Instant Message zu schicken macht weniger Mühe, als eine Frau in einem Club anzusprechen, ihr einen Drink zu spendieren oder sie zum Tanz aufzufordern und dann nach ihrer Telefonnummer zu fragen. Logischerweise ist daher die Ausschußquote im Internet höher. Die Männer machen sich genauso schnell und einfach aus dem Staub, wie sie sich gemeldet haben. Die Ausbeute einer Frau ist daher geringer, aber das sollte Sie nicht davon abhalten, im Internet nach einem Mann Ausschau zu halten. Legen Sie sich ein dickes Fell zu, und nehmen Sie es nicht persönlich.

9. Ignorieren Sie Männer, die Ihnen auch nach einer Absage keine Ruhe lassen. Wenn Sie einem Mann, der auf Ihre Annonce reagiert hat, nicht antworten oder ein »bin nicht interessiert, vielen Dank« zukommen lassen, er Ihnen aber weiterhin E-Mails oder Instant Messages schickt, sollten Sie ihn so lange ignorieren, bis er damit aufhört. Manche Männer sind unermüdlich oder geradezu besessen. Sie glauben, wenn sie Ihnen keine Ruhe lassen – zum Beispiel »Hast Du meine letzte E-Mail bekommen?« oder »Was ist los? Bin ich Dir nicht gut genug?« oder »Beantwortest Du eigent-

lich jemals Deine E-Mails?« oder »Ich warte!« –, geben Sie irgendwann nach.

Denken Sie nicht, es sei unhöflich, solche Männer zu ignorieren. Machen Sie sich nicht einmal Gedanken darüber, was diese Männer über Sie denken. Fühlen Sie sich auch nicht geschmeichelt, so ein Mann belästigt wahrscheinlich noch sechs andere Frauen bei der gleichen Partnerbörse. Viele Anbieter haben einen Service, mit dem man den Kontakt abbrechen kann. Wenn der Mann bereits Ihre E-Mail-Adresse hat, ist es schwieriger, ihn wieder loszuwerden. Es gibt Männer, die ein Nein einfach nicht akzeptieren können, aber solche Männer wollen Sie weder als Brieffreund noch als Partner. Irgendwann haben sie genug davon, Sie mit E-Mails zu bombardieren, und schreiben auf andere Annoncen.

10. Die Delete-Taste sollten Sie auch dann unbedingt betätigen, wenn Sie bei einem Mann aus irgendeinem Grund unsicher sind oder ein ungutes Gefühl haben. Das ist ganz wichtig. Vor etwa zehn Jahren galt jeder Mann im Internet als potentieller Triebtäter oder Mörder. Heute ist das anders. Ganz normale Männer und Frauen suchen im Internet nach einem Partner. Wenn Sie aber Zweifel bei einem Mann haben, wenn er sich weigert, Ihnen seine Telefonnummer bei der Arbeit oder zu Hause zu geben (wo Sie anrufen sollten, wenn er nicht daheim ist, um sich zu vergewissern, daß er Ihnen die richtige Nummer gegeben hat), wenn er seinen Beruf nicht nennt, ausweichend antwortet oder unbedingt wissen will, wo Sie wohnen und arbeiten (geben Sie nie Ihre Adresse preis!), sollten Sie auf Ihre innere Stimme hören und sich nicht mit ihm treffen.

Regel Nummer 13

Verschwenden Sie keine Zeit mit Typen, die Ihnen nur die Zeit stehlen

Als Frau, die sich an die *Regeln* hält, verhalten Sie sich im Internet anders als andere Frauen. Wie bereits erwähnt, sind Ihre Kontaktanzeige und Ihre Antworten im Fragebogen der Kontaktbörse kürzer als die einer durchschnittlichen Frau. Sie wissen: In der Kürze liegt die Würze!

Wenn ein Mann schreibt: »Ich habe Deine Annonce gelesen, anscheinend haben wir viel gemeinsam, Du wirkst interessant, ich würde gern mehr über Dich erfahren«, vermerken Sie im Hinterkopf, daß Sie mit ihm eventuell nur Ihre Zeit vergeuden. Jemand, mit dem Sie Ihre Zeit verplempern, ist ein Mann, der zu viele Fragen stellt, aber nie mit Ihnen ausgeht. Er schreibt Ihnen zum Beispiel: »Wenn Du eine Farbe wärst, welche wäre das? Welchen Menschen würdest Du gerne einmal kennenlernen und warum?« Dieser Mann sucht wahrscheinlich nach einer Brieffreundin, mit der er philosophieren kann, aber nicht nach einer Frau, die er ausführen will.

Man könnte sogar von einem neuen Suchttyp sprechen – *dem Mann, der online mehr erfahren will.* Dank Internet kann er Tag und Nacht surfen. Er erfährt mehr über die Welt im allgemeinen, Politik, Wirtschaft, Münzensammeln, seltene Kunstgegenstände und zahlreiche andere Themen, außerdem kann er Frauen kennenlernen. Das Internet ist wie geschaffen für Menschen, die zuviel Zeit haben. Man kann viele Leute treffen und sich mit ihnen über alles mögliche unterhalten. Kontaktbörsen und Chatrooms eröffnen eine völlig neue, unpersönliche Welt, in der man 24 Stunden am Tag mit anderen Menschen zusammensein kann – aber nie mit jemand bestimmten. Und genau das gefällt dem Internet-Junkie!

Dieser Typ ist leicht zu erkennen. Der Kontakt beschränkt sich auf E-Mails oder Instant Messages, er will vielleicht mehr als ein Foto oder ein Bild, auf dem Ihr ganzer Körper zu sehen ist, und dann vielleicht noch eines mit Ihnen und Ihrem Hund. Als Frau, die sich an die *Regeln* hält, haben Sie keine Zeit für so ein Geplänkel. Außerdem wissen Sie, daß ein Mann nur ein paar E-Mails, ein Foto und Ihr ungefähres Alter braucht, um mit Ihnen auszugehen. Mehr würde er auch nicht erfahren, wenn er Sie in einer Kneipe gesehen hätte, auf Sie zugekommen wäre und gesagt hätte: »Hallo, wie geht's heute abend? Meine Freunde brechen gerade auf, aber ich finde Dich sehr attraktiv. Vielleicht könnte ich Deine Telefonnummer bekommen, dann könnten wir mal was zusammen trinken gehen?«

Ein Mann, der wissen muß, warum Ihre letzte Beziehung/Ehe in die Brüche ging und was Sie sich von einer zukünftigen Beziehung erhoffen und welche Ziele Sie haben, bevor er sich mit Ihnen verabredet, ist einer, der Ihnen die Zeit stiehlt. Ein Mann, der gerne im Internet plaudert, aber mehr nicht.

Das muß nicht heißen, daß er ein schlechter Kerl ist.

Allerdings kann sich durchaus nach ein paar E-Mails herausstellen, daß er psychische Probleme hat oder ein Einzelgänger ist. Oberflächlich betrachtet macht er jedoch einen guten Eindruck, deswegen lassen sich auch viele Frauen anfangs von ihm täuschen.

Vielleicht ist er sogar unglaublich süß und hat einen tollen Beruf, meist ist er deshalb auch viel unterwegs – eine wunderbare Ausrede, warum er nicht mit Ihnen ausgeht. Womöglich hat er Verwandte, die ihn besuchen oder die er am Wochenende besuchen muß, oder kranke Eltern, um die er sich kümmert, oder er befindet sich in einer anderen ungewöhnlichen Lebenssituation und kann Sie daher unmöglich am Samstagabend treffen oder sich überhaupt mit Ihnen verabreden. Zumindest erzählt er das, weil ihm der Online-Kontakt völlig reicht, mehr will er gar nicht. Ein solcher Mann sucht keine Beziehung, auch wenn er das behauptet oder vielleicht sogar selbst glaubt. Er ist unverheiratet und hat auch keine Freundin, deswegen denken Sie vielleicht: »Hey, das ist doch ein Kandidat.« Aber dieser Heiratskandidat existiert nur virtuell!

Möglicherweise denken Sie, so ein Mann eignet sich als guter Freund. Schließlich scheint er sich für Sie zu interessieren, für Ihre tiefsten Gefühle und Gedanken, und will wissen, warum Ihre letzte Beziehung nicht funktioniert hat. Sie haben ihn nie kennengelernt, trotzdem will er mehr über Ihr Leben erfahren als Ihre eigene Mutter. So ein Mann mag keine kurzen Annoncen, warum auch? Sie bergen kein Futter für seine Sucht. Er hat nicht wirklich vor, eine Beziehung mit Ihnen einzugehen, und will Sie wahrscheinlich nicht einmal treffen – er nutzt Sie als Studienobjekt für spätere Eroberungen oder vertreibt sich mit Ihnen nur die Zeit.

Als Frau, die keine langen Kontaktanzeigen verfaßt und nur wenige Fragen beantwortet, glauben Sie vielleicht, Sie wären für ihn eine Herausforderung. Sie sind begeistert, wenn er schreibt: »Deine Anzeige klang interessant, aber sie war zu kurz, ich würde gern mehr von Dir erfahren.« Vorsicht! Fallen Sie nicht darauf herein! Seine E-Mails sind kein Mittel zum Zweck (eine Verabredung), sondern reiner Selbstzweck. Sein Hunger nach Informationen ist unersättlich. Egal, wieviel Sie ihm erzählen, er wird immer noch eine Frage haben, und dann noch eine und noch eine. Ändern Sie deswegen nicht Ihre Anzeige, und entblößen Sie auch nicht Ihr Seelenleben in Ihren E-Mails, indem Sie ihm sagen, was Sie bei einem Mann suchen oder eine der anderen 20 Fragen beantworten, die er Ihnen stellt.

Nach der Lektüre dieses Kapitels können Sie einen solchen Typen wahrscheinlich binnen Sekunden erkennen. Schreiben Sie ihm: »Es gibt wirklich nicht mehr zu erzählen.« Damit geben Sie ihm zu verstehen, daß Sie nur an Verabredungen interessiert sind. Er antwortet dann entweder gar nicht oder reagiert verärgert mit E-Mails wie: »Bist Du wirklich so verschwiegen? Warum soll sich ein Mann mit Dir abgeben, wenn Du nichts zu sagen hast?« Natürlich würden Sie ihm gern antworten: »Hey, geh einfach mit mir aus«, aber mit diesem Typ Mann funktioniert es nicht, weil er glücklich und zufrieden in seiner Beziehung mit sich selbst lebt.

Wenden Sie sich einfach dem nächsten zu. Wenn er niedlich war, gut formulieren konnte oder einfach interessant war, fällt es vielleicht schwer, ihn zu vergessen. Sie sehen jeden Tag in Ihre Mailbox und hoffen, daß er Ihnen noch einmal geschrieben und Sie um ein Rendezvous gebeten hat. Aber das ist reine Zeitverschwendung. Sein Wunsch, mehr über Sie zu erfahren, ist mit dem Forschungsdrang eines Wissenschaftlers im Labor zu vergleichen, aber nicht mit einem Mann, der sich in Sie *verliebt* hat.

Regel Nummer 14

Es muß nicht immer das Telefon sein

Die Partnersuche im Internet ist wie ein Schachspiel. Der Mann macht den ersten Zug, und Sie reagieren entsprechend. Versuchen Sie nicht zu bestimmen, wie er spielt.

Ob es uns Frauen nun gefällt oder nicht, Männer nutzen heutzutage häufiger E-Mails als das Telefon, wenn sie mit Frauen kommunizieren oder sich mit ihnen verabreden. Ganz im Ernst, manche Frauen macht das fast wahnsinnig. Wenn Sie mit jemandem zusammen sind, der Ihnen mehrmals in der Woche E-Mails schreibt, aber nur ein- oder zweimal anruft, gehören Sie vielleicht auch zu diesen Frauen. Da hilft es natürlich auch nicht, wenn Ihnen Ihre Mutter oder eine Freundin sagt, er müsse häufiger anrufen, sonst sei das keine richtige Beziehung. Auch wenn Sie wissen, daß Sie ein Paar sind, sich regelmäßig samstags sehen und alles wunderbar läuft, ein Teil von Ihnen sagt, die anderen hätten recht. Vielleicht hat auch Ihre Friseurin vor kurzem angedeutet, es gehe ihm nur um Sex, wenn er nicht jeden Tag anrufe. Und jetzt fragen Sie sich, ob sie nicht recht hat.

Wie viele Frauen bitten Sie uns dann, Ihnen zu verraten, wie Sie die Beziehung »von E-Mails auf Telefongespräche verlagern«, ohne daß Sie direkt sagen müssen: »Ruf mich an!« Vielleicht möchten Sie, daß wir Ihnen sagen, es sei in Ordnung, eine Verabredung per E-Mail zu akzeptieren. Auf jeden Fall sind das die brennenden Fragen bei fast jedem unserer Beratungsgespräche.

Wir wissen, was Sie empfinden. Als Frauen verstehen wir, daß Ihnen das Telefon lieber ist. Anrufe sind persönlicher, und eine E-Mail kann so geschäftsmäßig, ja fast kühl wirken. Es macht Spaß, die eingehenden Anrufe zu überprüfen und die Telefonnummer des Freundes zu sehen. Aber wir können Ihnen versichern: Die Zeiten haben sich geändert. Das Internet ist Kommunikationsmittel Nummer eins. *Wenn ein Mann lieber E-Mails schickt, beeinträchtigt das nicht die Beziehung,* er zeigt damit nur, daß er dieses Kommunikationsmittel vorzieht.

Manche Männer mögen den Computer, manche mögen lieber das Telefon. Manche Männer halten E-Mails für einfacher und effizienter. Ein Mann würde sagen: »Mit einer E-Mail ist das schneller erledigt!« Die meisten Männer müssen beruflich viel telefonieren, müssen ihren Börsenmakler, Rechtsanwalt, Buchhalter, Autohändler, Klempner, Immobilienmakler, Finanzberater, vielleicht auch die Exfrau und die Kinder oder wen auch immer anrufen. Wenn er Ihnen eine E-Mail schicken kann, ist das für ihn angenehmer. Es gibt noch andere Gründe, warum er lieber eine E-Mail schickt: Er muß nicht überlegen, ob Sie zu Hause sind oder ob er Sie gerade stört. Und er muß sich keine Gedanken über das Gespräch machen, etwa, was er sagen soll, nachdem er Sie gefragt hat, ob Sie mit ihm am Samstag ins Kino gehen wollen.

Aus unserer Sicht wird um die Frage, ob er nun besser anrufen sollte anstatt E-Mails zu schicken, zuviel Aufhebens gemacht. Beides erfüllt seinen Zweck – nämlich sich für Samstag zu verabreden. Eine E-Mail ist nicht weniger wert als ein Anruf, *solange er sich jede Woche vor Mittwoch mit Ihnen für das Wochenende verabredet.* E-Mails sind im Grunde nichts anderes als Anrufe.

Doch zurück zu Ihrer Frage: Wenn er Sie vor Mittwoch in einer E-Mail fragt, ob sie am Samstag zusammen ausgehen, können Sie ihm einfach in einer Mail zusagen. Sie müssen sich keine Sorgen um einen Mann machen, der sich rechtzeitig mit Ihnen verabredet, sondern um einen Mann, der erst am Freitag nachmittag anruft und samstags mit Ihnen ausgehen will! Lassen Sie sich nicht einreden, ein Anruf sei wertvoller als eine E-Mail. Sprechen Sie nicht mehr mit Ihren Freundinnen über Ihre Beziehung, wenn diese immer gleich unken müssen. Möglicherweise haben Ihre Freundinnen ihre Glanzzeit in punkto Verabredungen schon hinter sich, wissen nichts über Online-Dating und glauben, E-Mails seien ein minderwertiges Kommunikationsmittel. Oder vielleicht sind sie einfach nur Telefon-Snobs. Egal, halten Sie sich einfach an die *Regeln,* wenn ein Mann sich per E-Mail mit Ihnen verabredet. Möglicherweise macht er Ihnen einen Antrag, und dann können Sie alle Skeptiker zu Ihrer Hochzeit einladen!

Eine Frau, die sich an die *Regeln* hält, überläßt dem Mann die Führung. Sie zwingen ihn nicht, anzurufen anstatt E-Mails zu schicken. Denn dann würden Sie dem Mann sagen, was er tun soll, und versuchen, etwas zu erzwingen. Und das funktioniert nie.

Frauen können sich in eine regelrechte Anruf-Manie hineinsteigern und damit eine eigentlich gute Beziehung ruinieren. Mit den folgenden Hinweisen wollten Frauen einen Mann dazu bringen, sie häufiger anzurufen:

»Ich schreibe nicht so gern... Warum rufst Du nicht an?«
»Das Tippen ist so mühsam... Warum rufst Du nicht an?«
»Habe ich Dir schon meine Handynummer gegeben? Hier ist sie noch einmal...«
»Meine Nägel splittern beim Tippen.«
»Mein Computer spinnt... huch, ich bin schon wieder aus dem Netz geflogen.«
»Deine Stimme fehlt mir.«
»Ich weiß schon gar nicht mehr, wie Deine Stimme klingt...«
»Ist Dein Telefon kaputt?«
»Hast Du ein Telefon?«
»Magst Du Telefonsex?«

Vermeiden Sie solche Anspielungen, vor allem die letzte!

Die 33jährige Emily ist eine von den Frauen, die förmlich davon besessen sind, daß man sie anruft. Sie lernte den 37jährigen Mike bei einem Wochenende für Singles kennen. Er forderte sie zum Tanzen auf, und sie verbrachten einen Teil des Wochenendes zusammen. Beim Abschied fragte Mike Emily nach ihrer E-Mail-Adresse. Sie schrieb die Adresse und ihre Telefonnummer auf die Rückseite ihrer Visitenkarte. Einige Tage später schrieb er ihr eine Mail: »Hallo, ich habe mich am Wochenende gut amüsiert. Können wir uns bald wieder treffen, vielleicht dieses Wochenende?« Sie schrieb ihm am nächsten Morgen zurück: »Sehr gerne! Ich bin heute ab 19 Uhr zu Hause. Ruf mich doch an, dann können wir etwas ausmachen.« Er rief an, und sie verabredeten sich zum Abendessen.

Nach dem ersten Rendezvous verabredete sich Mike immer am Ende eines Treffens. Außerdem schickte er ihr mehrmals pro Woche eine E-Mail, etwa »Ich freue mich schon auf Samstag. Hast Du eine Idee, was wir machen könnten?« oder: »Wie war Dein Tag?« Manchmal mailte er ihr auch einen Witz.

Emily war glücklich. Mike sah gut aus und war charmant. Er holte sie jeden Samstag ab und führte sie in tolle Restaurants aus. Zweimal kaufte er ihr Blumen, und zum Geburtstag schenkte er ihr eine Halskette. Bei ihren Verabredungen brachte er sie zum Lachen, war aufmerksam, zuverlässig und redete über interessante Themen.

Aber eine Sache störte Emily furchtbar – Mike rief nicht oft genug an! Sie beklagte sich bei ihren Freundinnen, daß er »nur einmal die Woche« anrief. Für Emily ein Zeichen, daß es ihm nicht ernst genug mit ihr war. Sie liebte Telefongespräche und hatte noch nie einen Freund gehabt, der nicht mehrmals die Woche anrief, manche hatten sogar jeden Abend mit ihr telefoniert. Ihr fehlten solche Gespräche. Außerdem war es ihr peinlich, wenn ihre Freundinnen fragten, ob er angerufen habe, und sie mit nein antworten mußte. Daher war sie fest entschlossen, Mike dazu zu bringen, sie häufiger anzurufen. In ihren E-Mails sparte sie nicht mit versteckten Andeutungen:

»Gleich bei mir um die Ecke hat ein neues türkisches Restaurant eröffnet, in dem es Bauchtanzaufführungen gibt. Das läßt sich in einer Mail schwer beschreiben. Kannst Du mich heute abend so gegen neun anrufen? Dann erzähle ich Dir mehr.«

»Ich habe diese Woche drei Berichte schreiben müssen. Ich kann kaum noch tippen ...«

»Mein Computer spinnt. Könntest Du mich anrufen und mir helfen, damit ich nicht all meine Dateien verliere?«

»Ich bin die ganze Woche beruflich außer Haus. Am besten erreichst Du mich auf dem Handy ...«

»Es wäre schön, wenn ich abends noch einmal Deine Stimme hören könnte ...«

»Mein Ex und ich haben uns jeden Abend am Telefon gute Nacht gesagt. Das war sehr romantisch ...«

»Du rufst so selten an.«

»Du rufst nie an.«

»Telefonierst Du nicht gern?«

»Wie oft hast Du Deine letzte Freundin angerufen?«

Wenn sich die beiden sahen, klagte sie, daß er nicht oft genug anrief. Er verstand nicht, warum ihr das so wichtig war, aber um ihr eine Freude zu machen, rief er eine Woche lang häufiger bei ihr an. Kurz darauf schickte er aber wieder E-Mails. Mike war Börsenmakler und gerade damit beschäftigt, einen neuen Kundenstamm aufzubauen. Weil er geschäftlich so oft telefonieren mußte, schickte er Emily lieber E-Mails. Sie beharrte, dahinter stecke mehr, er habe Bindungsangst. Bei Verabredungen stritten sie darüber und küßten sich nicht einmal mehr zum Abschied.

Wie die meisten Männer zog Mike E-Mails aus dem einfachen Grund vor, weil sie effizienter sind. Er mochte Emily und genoß ihre wöchentlichen Verabredungen, telefonierte aber nun einmal nicht gern. Aber Emily gab keine Ruhe. Die Treffen mit ihr arteten in Arbeit aus. Nach einem langen Arbeitstag mit Kunden, die ihn am Telefon anschrien, wollte Mike vor dem Fernseher ausspannen oder Basketball spielen. Mike sagte Emily immer wieder, er habe ihr am Telefon nichts zu erzählen, sie könnten sich bei ihren Verabredungen unterhalten. Aber damit gab sie sich nicht zufrieden. Emily war unnachgiebig.

Bei einer ganztägigen Radtour platzte Mike schließlich der Kragen. Mike hatte den Ausflug wochenlang geplant und war sogar 45 Minuten zu seiner Schwester gefahren und hatte von ihr einen Helm für Emily geborgt. Anstatt seine Bemühungen anzuerkennen, nörgelte Emily während der ganzen Radtour wegen seiner seltenen Anrufe. Sie hatte immer noch das Gefühl, in ihrer Beziehung stimme etwas nicht. »Ich fühle mich einfach nicht geliebt, wenn du nicht jeden Tag anrufst«, keuchte sie zwei Meter hinter ihm, während sie versuchte, mit ihm mitzuhalten. Mike sagte kein Wort. Am Ende der Tour half er Emily aus dem Helm, setzte sie vor ihrer Wohnung ab und fuhr davon. Er ließ nie wieder von sich hören.

Emily war am Boden zerstört und rief Mike noch wochenlang an und schickte ihm E-Mails, aber es hatte keinen Zweck. Mike hatte genug von ihrer Beziehung.

Wir erzählen Ihnen diese Geschichte, weil wir Ihnen zeigen wollen, was passiert, wenn Sie einen Mann zu etwas zwingen, das er nicht will. Er rebelliert. Sie können einem Mann nicht vorschreiben, wie er sich verhalten soll. Sie können nicht verlangen, daß er anruft anstatt Mails zu schicken. Genausowenig können Sie ihm vorschreiben, wie er Sie ausführen oder Sie lieben soll. Natürlich können Sie es versuchen, aber es wird nicht funktionieren. Wenn Sie mit ihm darüber streiten, wird er sich noch seltener melden. Sie müssen sich sagen: »Wenn alles andere stimmt, wen kümmert es dann, ob er anruft oder E-Mails schickt?«

Männer sind nicht dumm. Sie wissen, daß die meisten Frauen lieber angerufen werden. Wenn Sie fleißig mit dem Zaunpfahl winken, wird er sie vielleicht ein- oder zweimal mehr anrufen, um sie glücklich zu machen. Aber das ist so, wie wenn Sie einem Mann sagen, daß Sie zum Geburtstag Schmuck geschenkt bekommen wollen. Es kann durchaus sein, daß Sie kriegen, was Sie wollen, aber nur, weil er sich nach Ihren Wünschen richtet oder einen Streit vermeiden will. Das Geschenk kommt nicht von Herzen. Geben Sie sich lieber mit dem zufrieden, was er Ihnen schenkt, anstatt ihm zu sagen, was er tun soll. Langfristig gesehen werden Sie nicht glücklich, wenn er nicht von selbst darauf kommt, Sie anzurufen.

Wir wissen, was Sie jetzt denken. Wie lernen Sie einen Mann richtig kennen, wenn Sie nicht mit ihm telefonieren? Schließlich sind E-Mails nicht mit einem spontanen, lebhaften Gespräch am Telefon zu vergleichen. Wir sagen: Sie reden doch mit ihm bei Ihren Verabredungen oder an den Wochenenden. Das reicht Ihnen nicht? Aber denken Sie einmal darüber nach. Bevor es Handys, Pager und Computer gab, lernten sich Mann und Frau so kennen. Natürlich unterhielten sich Verliebte auch am Telefon, aber nicht zwölfmal am Tag oder jedes Mal zwei Stunden lang. Anrufe sind wie E-Mails nur Mittel zum Zweck, und der Zweck heißt, Zeit miteinander zu verbringen. Das Telefon sollte nicht Ihre Beziehung bestimmen.

Außerdem hat es auch Vorteile, wenn ein Mann E-Mails schickt anstatt anzurufen. In E-Mails kann man sich leichter an die *Regeln* halten als am Telefon. Sie müssen sich keine Gedanken machen, ihn zurückzurufen und ihn dann womöglich zu einem schlechten Zeitpunkt zu erwischen oder zu lange mit ihm zu plaudern (denn ein Gespräch darf nur zehn Minuten dauern!). Sie geraten auch nicht in Gefahr, zuviel zu reden oder peinliche Gesprächspausen durchstehen zu müssen. Sie können überlegen, was Sie auf seine E-Mail antworten wollen, und sich einen Tag dafür Zeit nehmen. Dann rutscht Ihnen nichts Peinliches heraus. Noch besser, Sie können seine E-Mails wieder und wieder lesen, so oft Sie wollen!

Diane war das genaue Gegenteil von Emily. Als Frau, die sich an die *Regeln* hält, war sie so beschäftigt, daß sie es kaum merkte, wenn Männer sie anriefen oder ihr E-Mails schickten. Sie wußte nur, daß sie bis zum Sommer jeden Samstagabend ausgebucht war, das reichte ihr.

Diane lernte den 35jährigen Jeffrey im Herbst bei der Eröffnung der Kunstgalerie kennen, die sie leitete. Jeffrey arbeitete ebenfalls im Kunsthandel. Er fragte Diane nach einem bestimmten Künstler und meinte dann, ob sie ihr Gespräch nicht bei einem Abendessen fortsetzen könnten. Sie sagte, sie habe für den Abend schon andere Pläne und lehnte seine Einladung höflich ab. (Eine Frau, die sich an die *Regeln* hält, nimmt keine spontanen Einladungen an.) Er hatte ihre Visitenkarte und mailte ihr am nächsten Tag: »Es war schön, sich gestern mit Ihnen zu unterhalten, hätten Sie Samstag Zeit für ein Abendessen?«

Diane wartete 24 Stunden und schrieb dann zurück: »Hallo, Abendessen am Samstag klingt wunderbar.«

Jeffrey verabredete sich jede Woche per E-Mail mit Diane. Er erklärte, er habe sich gerade erst einen Laptop gekauft und sei regelrecht süchtig danach. Manchmal fragte Jeffrey Diane auch am Ende einer Verabredung, wann sie wieder Zeit habe, und rief dann noch einmal an, schickte aber häufiger E-Mails als anzurufen. (Ehrlich gesagt, antwortete Diane manchmal absichtlich nicht auf eine E-Mail, damit er sie anrufen mußte.)

Aber im Grunde wußte Diane, daß es keine Rolle spielte, ob ein Mann nun telefonisch, per E-Mail oder Federal Express bat, mit ihr auszugehen, oder ob er es gleich von einem Flugzeug in den Himmel schreiben ließ. Solange sie sich an die *Regeln* hielt, war das Kommunikationsmittel unwichtig. Seine Liebe würde er ihr nicht per E-Mail gestehen, das war sicher, und einen Heiratsantrag würde er ihr auch persönlich machen. Wo war also der Unterschied, ob er sie telefonisch oder übers Internet ins Kino oder zum Essen einlud? Eine Frau, die sich an die *Regeln* hält, merkt gar nicht, wie ein Mann Kontakt zu ihr aufnimmt. Sie ist umgänglich, nicht herrisch oder egozentrisch.

Jeffrey machte Diane tatsächlich einen Antrag (persönlich) und rief schließlich auch häufiger an, weil die beiden soviel für die Hochzeit planen mußten!

Regel Nummer 15

Sicherheit hat Vorrang

Wir können gar nicht genug betonen, wie wichtig Sicherheitsmaßnahmen sind. Vor einigen Jahren veranstalteten wir ein Seminar in Toronto. Dort erzählte uns eine Frau, wie aufgeregt sie war, weil sie einen tollen Mann treffen sollte, den sie im Internet kennengelernt hatte. Er wollte sie vor ihrer Wohnung abholen und dann mit ihr zu einem nahe gelegenen Museum fahren.

Wir schnappten nach Luft! Sofort unterbrachen wir das Seminar und wandten uns ihr zu. »Dieser Mann sollte nicht wissen, wo Sie wohnen, und Sie sollten auch nicht zu ihm ins Auto steigen. Sie kennen ihn doch überhaupt nicht. Rufen Sie ihn sofort an, und sagen Sie ihm, Sie müßten den Plan ändern. Fahren Sie mit Ihrem eigenen Auto zum Museum, und steigen Sie auf keinen Fall in sein Auto.« Sie diskutierte mit uns und meinte, schließlich wisse sie, wo er arbeite. Wir fragten zurück, ob sie ihn je bei der Arbeit angerufen habe (wir raten Frauen, einen Mann unter der Nummer anzurufen, die er ihnen gibt, wenn er nicht da ist, und so zu überprüfen, ob seine Angaben stimmen). Oder kenne sie jemanden, der wiederum ihn kenne? Sie verneinte. »Wenn Sie in sein Auto steigen, setzen Sie Ihr Leben aufs Spiel!« Sie gab schließlich nach, hielt sich an unseren Rat und änderte den Plan.

Die wichtigste Sicherheitsregel: *Treffen Sie sich immer an einem gutbesuchten Ort, egal, wie gut Sie ihn kennen oder wie lange Sie ihm schon E-Mails schicken.* Gehen Sie nicht in seine Wohnung, und lassen Sie ihn nicht in Ihre. Er sollte nicht einmal wissen, wo Sie wohnen!

Und hier noch zehn weitere Tips zur Sicherheit:

1. Vergewissern Sie sich, daß Ihre Adresse nicht im Telefonbuch steht, sonst kann er Ihre Adresse über das Internet herausfinden. Es gibt auch Computer-Programme, mit denen man eine Adresse erfahren kann: Er gibt Ihre Telefonnummer ein und erhält Name und Anschrift. Überprüfen Sie auch, ob Ihre Adresse nicht bereits irgendwo im Internet herumschwirrt.
2. Sehr praktisch ist die Rufnummererkennung (vorausgesetzt, seine Rufnummer ist digitalisiert) – eine schlaue Lösung für jede alleinstehende Frau. Wenn jemand Sie ständig am Telefon belästigt, wissen Sie, wann Sie gar nicht erst den Hörer abnehmen müssen. Mit der Rufnummernanzeige erfahren Sie auch viel über den Mann, der anruft. Wenn er zum Beispiel immer von der Arbeit, vom Handy oder aus einer Telefonzelle anruft, kann das darauf hindeuten, daß er verheiratet ist oder eine feste Freundin hat.
3. Geben Sie einem Mann nie Ihre Privat- oder Geschäftsnummer. Ihre Handynummer genügt.
4. Unterdrücken Sie, wenn möglich, die Rufnummernanzeige, wenn Sie einen Mann von zu Hause aus anrufen, sonst hat er Ihre Nummer.

5. Benutzen Sie nie Ihren richtigen Namen als Nickname. Sagen Sie einem Mann nicht Ihren Nachnamen, welche Automarke Sie fahren oder wo Sie arbeiten. Erzählen Sie also nicht, »ich arbeite bei der Citibank in der Hauptstraße«, sondern sagen Sie einfach: »Ich arbeite bei einer Bank.«

6. Schlagen Sie für die erste Verabredung einen Ort vor, den Sie gut kennen. Er sollte in der Nähe Ihrer Wohnung liegen, aber nicht gleich um die Ecke sein, damit Ihnen der Mann nicht folgen kann. Wählen Sie einen belebten Ort, möglichst mit einem Parkplatz, der gut beleuchtet ist – nicht irgendein Bistro in einer finsteren, verlassenen Sackgasse. Treffen Sie sich nicht zum Abendessen, das könnte Stunden dauern, sondern nur auf ein Getränk, einen Kaffee oder ein Eis. Ihr Date Zero sollte nicht länger als zwei Stunden dauern. So gut es auch laufen mag, lassen Sie sich nicht überreden, von Ihrem sicheren Treffpunkt aus noch woanders hinzugehen, etwa ins Kino oder in ein anderes Café auf einen Cappuccino. Auch ein Spaziergang im Park kommt nicht in Frage. Er könnte Sie in sein Auto locken. Dort kann er abschließen und mit Ihnen hinfahren, wo er will. Es wäre purer Leichtsinn, in sein Auto zu steigen. Wenn er mehr Zeit mit Ihnen verbringen will, muß er sich wieder mit Ihnen verabreden.

7. Erzählen Sie Ihren Freunden oder einem besonders paranoiden Familienmitglied, daß Sie sich mit einem Mann treffen, den Sie im Internet kennengelernt haben. Nennen Sie Datum, Ort und Uhrzeit der Verabredung, und geben Sie die wichtigsten Informationen über den Mann weiter, also Name, Beruf, Adresse, Handynummer und E-Mail-Adresse, wenn

möglich auch ein Foto. Sagen Sie, daß die Verabredung höchstens zwei Stunden dauern wird und Sie sich melden, sobald Sie wieder zu Hause sind. Wenn Sie bis zu einer bestimmten Zeit nichts von sich hören lassen, soll man Sie auf dem Handy anrufen. Und vergessen Sie nicht, Ihr Handy mitzunehmen!

8. Wenn Ihnen bei der Verabredung nicht wohl ist oder Sie ein ungutes Gefühl haben, sagen Sie, daß Sie gehen müssen – und gehen Sie dann auch. Machen Sie sich keine Gedanken darüber, daß das unhöflich ist.

9. Erlauben Sie ihm nicht, Sie zum Auto zu begleiten. Er darf nicht sehen, wohin Sie gehen. Versuchen Sie, das Lokal ohne ihn zu verlassen. Wenn sie zusammen aus der Tür treten, gehen Sie in die entgegengesetzte Richtung, bis Sie ihn los sind. Gehen Sie erst dann nach Hause. Rufen Sie daheim sofort eine Freundin oder jemanden aus Ihrer Familie an.

10. Dieser Tip ist hoffentlich nicht nötig, aber lassen Sie Ihr Getränk trotzdem nicht unbeaufsichtigt. Sie können nie wissen, ob er nicht etwas in Ihren Drink schütten will, um Sie gefügig zu machen. Und trinken Sie nicht mehr als ein alkoholisches Getränk, sonst fällt es Ihnen schwer, sich an die *Regeln* zu halten und die richtigen Entscheidungen zu treffen.

Denken Sie daran, Sicherheit hat immer Vorrang!

Regel Nummer 16

Keine Verhöre bei Verabredungen!

In unserem ersten Buch rieten wir unseren Leserinnen, sich einem Mann nicht zu schnell zu öffnen und bei einer Verabredung über belanglose Themen wie das Restaurant, die Arbeit oder über Filme zu reden, schließlich sei eine Beziehung keine Therapie. Das gleiche gilt, wenn Sie mit Männern im Internet plaudern, allerdings ist da die Versuchung groß, sich über Beziehungen auszutauschen. Eine Frau kann sich in der Personenbeschreibung über einen Mann informieren, sie kann über seine Angaben reden und einen Mann bei einer Verabredung regelrecht verhören, auch wenn sie damit natürlich gegen die *Regeln* verstößt. Unser Beispiel zeigt, wie aus einem vielversprechenden Anfang (er antwortete auf ihre Annonce) ein regelrechter Alptraum wurde.

Rachel, 34 Jahre alt und Art Directorin bei einer Werbeagentur, hatte gerade eine zweijährige Beziehung hinter sich, eine Kontaktanzeige ins Netz gestellt und 75 Antworten darauf erhalten. Nachdem sie rigoros ausgesiebt hatte, fesselte eine Antwort sie besonders. Sie war von Gary, einem Journalisten. Garys E-Mail war klug und interessant. Rachel las seine Personenbeschreibung, betrachtete sein Foto und dachte »Wow!« Sie leitete das Bild an ihre drei besten Freundinnen weiter und schrieb dazu: »Das ist genau mein Typ!« Nach ein paar E-Mails vereinbarten Rachel und Gary ein Treffen.

Eine Woche später trafen sie sich zum Essen. Als sie sich an den Tisch setzten, lächelte Gary – Rachel war noch hübscher als auf dem Foto. Er war erleichtert, denn seine letzten Verabredungen mit Internet-Bekanntschaften waren gelinde gesagt eine Enttäuschung gewesen. Er hatte einen langen Arbeitstag hinter sich, aber als er sein Getränk bestellte, dachte er: Das wird nett! Er studierte die Speisekarte, sagte aber nichts. Rachel dagegen warf kaum einen Blick auf die Speisekarte – Essen war so ziemlich das letzte, was sie jetzt interessierte! Vielmehr dachte sie darüber nach, was sie zu diesem perfekten Mann sagen sollte. Als der Kellner kam und die Getränke brachte, hatte Rachel beschlossen, munter drauflos zu plaudern. Sie dachte, sie demonstriere Interesse, wenn sie seine Angaben aus seinem Profil erwähnen würde.

»Also, schauen wir mal ... Du sagtest, du lebst in Connecticut, hast zwei Kinder und bist seit zwei Jahren geschieden. Deine Lieblingsfarbe ist blau, du fährst gern Ski und hast einen Hund, richtig?« fragte sie und lächelte.

Gary überlegte gerade ganz entspannt, ob er Hühnchen essen sollte oder Shrimps mit Reis und gebratenem Gemüse. Der Arzt hatte ihm vor kurzem gesagt, er müsse auf sein Cholesterin achten und dürfe nicht viel Fett essen. Sollte er gegarte Shrimps nehmen, oder war das zu fad?

»Ja, das stimmt. Du hast ein gutes Gedächtnis«, sagte er zu Rachel. Sie plauderte weiter über seine Annonce und beschloß dann, es sei an der Zeit, die Sache zu vertiefen und ihn richtig kennenzulernen, zu erfahren, wie er wirklich war. Sie stellte ihm daher Fragen zu der Personenbeschreibung, die man bei der Kontaktbörse zusammen mit dem Fragebogen abgeben mußte.

»In deiner Beschreibung sagst du, das wichtigste in einer Beziehung sei Kommunikation. In Selbsthilfebüchern habe ich gelesen, daß Männer nicht so gerne reden. Mein Ex wollte nie reden, das ist wahrscheinlich der Hauptgrund, warum wir nicht mehr zusammen sind ... hast du das mit der Kommunikation ernst gemeint?«

Gary blickte von seinem Glas auf und meinte: »Habe ich das geschrieben? Ich kann mich gar nicht daran erinnern.« Dann entschied er aber, es sei besser, ihr zuzustimmen. »Ja, Kommunikation ist meiner Meinung nach sehr wichtig.«

Rachel bombardierte ihn weiter mit Fragen, bis das Hauptgericht serviert wurde. Gary verlor allmählich die Geduld und das Interesse an Rachel. Er ging auf die Toilette und blieb ziemlich lange weg. Als er zum Tisch zurück kam, klingelte fast sofort sein Handy. Er ging telefonieren und teilte ihr dann mit, es tue ihm sehr leid, aber er müsse sofort gehen. Er zahlte, dankte ihr für den schönen Abend und verschwand.

Rachel schickte ihm am nächsten Morgen eine E-Mail: »Vielen Dank für das Essen, ich hoffe, es ist alles in Ordnung«, und setzte einen Smiley dazu. Doch sie hörte nie wieder von ihm. Schließlich wandte sie sich an uns, weil sie herausfinden wollte, was schiefgelaufen war.

Rachel ist nicht die erste Frau, die das Profil eines

Mannes auswendig lernte und dann bei einem Treffen seine Antworten Punkt für Punkt wie bei einem Bewerbungsgespräch durchging.

Wir sind nicht naiv. Wir wissen, daß Sie wie jede Frau seine Anzeige gelesen haben. Sie wissen das, und Männer wissen das wahrscheinlich auch. Aber der Trick besteht darin, ihm *nicht* zu verraten, daß Sie sein Profil gelesen haben und es praktisch auswendig können. Die Angaben eines Mannes zu zitieren, zeugt von zu großem Interesse. Das verschreckt einen Mann. Wenn Sie alles über sein Berufsleben, sein Einkommen und seine beiden Kinder wissen und sich außerdem noch daran erinnern, daß er einmal im Jahr nach Aspen zum Skifahren fährt, wirkt das, wie wenn Sie bereits Hochzeitspläne schmieden würden.

Tun Sie so, als ob Sie Gedächtnisschwund hätten. Geben Sie vor, Sie hätten fünf Verabredungen die Woche und könnten sich kaum noch an seinen Namen erinnern, geschweige denn an seine Hobbys. Versuchen Sie sogar zu vergessen, daß Sie ihn im Internet kennengelernt haben. War da eine Kontaktanzeige? Das ist alles so lange her! Sie hätten ihn auch in einer Bar oder bei einer Party kennenlernen können. Sie müssen erst einmal darüber nachdenken. Sie sind doch so beschäftigt!

Wenn Sie zu einer Verabredung wie ein Reporter gehen, der gleich einen Politiker ins Kreuzverhör nehmen will, dann wird es Ihnen wie Rachel gehen. Wir erklärten Rachel, ihr Verhör sei einfach zuviel für Mike gewesen. Vermutlich hatte sie ihn so abgeschreckt, daß er sich selbst angerufen hat!

Männer und Frauen sind im Internet genauso verschieden wie im Leben. Bei Fragebögen von Kontaktbörsen schreiben Männer beispielsweise oft das, was Frauen ihrer Ansicht nach hören wollen, und werfen großzügig mit Begriffen wie »Kommunikation«, »seelenverwandt« und »Bindung« um sich, auch wenn sie in der Nacht zuvor einen One-Night-Stand hatten!

Selbstverständlich gibt es auch Männer, die solche Fragebögen sorgfältig ausfüllen und ganz ernsthaft ihre Gedanken über eine Beziehung aufschreiben, aber selbst sie erwarten nicht, daß jemand sich daran erinnert und sie bei der ersten Verabredung dazu interviewt.

Auch Mindy wandte sich ratsuchend an uns, nachdem sie Dave bei ihrer ersten Verabredung regelrecht ausgequetscht hatte: »In deinem Profil hast du geschrieben, aus früheren Beziehungen hättest du gelernt, daß man nie versuchen sollte, jemanden zu ändern. War das in deiner Ehe oder in einer früheren Beziehung das Problem?« Wie die meisten Frauen erkundigte sich Mindy furchtbar gern nach früheren Beziehungen. Sie glaubte, wenn sie wüßte, was bei einer Exfreundin schiefgegangen war, würde sie viel über den neuen Kandidaten erfahren.

Dave nippte gerade an seinem Wein, als sie diese Frage stellte, und verschluckte sich prompt. Er konnte sich kaum noch erinnern, was er geschrieben hatte, aber weil es gut klang, erklärte er, ja, das habe er geschrieben und auch so gemeint. Es gelte irgendwie für jede Frau, mit der er bisher zusammengewesen sei (damit wollte er vermeiden, über seine Exfrau zu sprechen). »Ich finde, man sollte die Leute so nehmen, wie sie sind, ›just the way they are‹, wie es in dem Lied von Billy Joel heißt. Ja, das ist sehr wichtig«, antwortete er.

Als Mindy der Stoff aus seiner Personenbeschreibung ausging, machte sie alles noch schlimmer und zitierte aus ihrer Kontaktanzeige. »Ich weiß nicht, ob du dich an meine Annonce erinnerst … Also, ich schrieb, daß ich nach jemandem suche, mit dem ich viel gemeinsam habe. Mein letzter Freund war Sportfreund und klebte nur noch vor dem Fernseher. Ich hasse Sport und sehe kaum fern. Ich tanze gern, er nicht. Wir hatten kaum etwas gemeinsam … Den Fehler will ich nicht noch einmal machen. Was meinst du?« All das, obwohl sie ihn noch nicht einmal eine halbe Stunde kannte!

Mindy plapperte immer weiter darüber, wie wichtig es sei, Zeit miteinander zu verbringen und gemeinsame Interessen zu haben. Dave hatte sich wie die meisten Männer von der Optik leiten lassen. Er dachte über die Annonce einer Frau nicht nach. Er hatte sich vorgestellt, wie es wäre, sie zu küssen und durch ihr langes Haar zu streichen. Er dachte daran, wie ihr Haar gewippt hatte, als sie mit ihren langen sexy Beinen das Restaurant betreten hatte.

Wenn es nach Mindy gegangen wäre, hätte sie beide Profile ausgedruckt, nebeneinandergelegt und abgehakt, was sie gemeinsam hatten. Mindy ahnte nicht, daß Dave es ziemlich lächerlich fand, überhaupt eine Personenbeschreibung über sich zu verfassen. Wie die meisten Männer las er Online-Annoncen wie einen Katalog für Unterwäsche. Nach einem Zwölfstundentag als Börsenmakler wollte er einfach nur ein nettes Mädchen treffen, etwas mit ihr trinken oder essen gehen und sich amüsieren. Er hatte nicht an ein Vorstellungsgespräch gedacht. Jetzt wollte er nur noch weg! Er zahlte und ergriff die Flucht.

Wir wissen, daß Sie keine Zeit verlieren wollen. Natürlich haben Sie bestimmte Vorstellungen und wollen mehr über einen Mann wissen. Aber ein Verhör ist der falsche Weg! Seien Sie klug. Am meisten erfahren Sie von einem Mann, wenn Sie ihn das Gespräch bestimmen lassen. Sie sehen dann, worüber er gerne redet. Beobachten Sie, wie er Sie behandelt (ob er Ihnen die Tür aufhält, anbietet, zu bezahlen, und so weiter) oder wie er mit der Kellnerin umgeht (wie verhält er sich, wenn das Essen kommt und nicht so ist, wie er es sich vorgestellt hat? Läßt er es zurückgehen, wird er unfreundlich, oder ist er höflich, aber bestimmt?) Sie sollten sich im stillen fragen: Wirkt er an Ihnen interessiert? Mögen Sie ihn? Haben Sie ein gutes Gefühl? Will er, daß Sie noch länger bleiben? Glauben Sie, er verabredet sich noch einmal mit Ihnen?

Vergessen Sie nicht, in der Liebe muß man Feuer fangen, sie läßt sich nicht kalkulieren! Viele romantische Beziehungen wären nie zustande gekommen, wenn die Liebenden anhand einer Liste ihre gemeinsamen Hobbys, politische Einstellung und Lebensphilosophien überprüft hätten. Es ist ohnehin sinnlos, mit tiefschürfenden Fragen herausfinden zu wollen, wer er wirklich ist, denn er kann Ihnen alles mögliche erzählen oder in einem Fragebogen sein ganzes Leben neu erfinden. Sie sollten einfach zu einer Verabredung gehen, Ihr schönstes Lächeln zeigen, zuhören – viel zuhören – und Geduld haben. Geduld ist eine Tugend, und früher oder später werden all Ihre Fragen beantwortet.

Regel Nummer 17

Kein Sex beim ersten, zweiten oder dritten Date!

Auch ein intensiver E-Mail-Austausch läßt sich nie mit einer tatsächlichen Verabredung vergleichen. Nur dann können Sie sehen, wie er sich verhält, ob er Launen hat, was für einen Charakter er hat und welche Gefühle er für Sie hegt. Die E-Mails eines Mannes können wunderbar sein, aber das heißt nicht automatisch, daß er auch wunderbar ist! Allein der Gedanke, mit einem Mann zu schlafen, nur weil sie einander seit zwei Monaten fleißig Mails schicken, ist gelinde gesagt verrückt und voreilig.

Zunächst sollten Sie sich nicht in eine »E-Mail-Beziehung« stürzen, bevor Sie den Mann nicht persönlich kennengelernt haben. E-Mails sind nur Worte auf dem Bildschirm. Sie kennen ihn nicht wirklich; er könnte lügen, schon in einer Beziehung leben oder nur mit Ihnen spielen. Viele Beziehungen blühten im Internet und verpufften, sobald sich die Beteiligten persönlich kennengelernt hatten, weil der Mann gelogen hatte oder die Chemie nicht stimmte. Am Computer weiß man nicht, ob es mit einem Mann klappt. Wie wir bereits in Regel Nummer 11 sagten: Wenn ein Mann nach der vierten E-Mail kein Treffen vorschlägt (innerhalb von zwei Wochen oder höchstens einem Monat), heißt es: löschen, der nächste bitte! Bei einer Beziehung auf Distanz kann es etwas länger dauern, bis er Sie besucht, aber keinesfalls mehr als drei Monate.

Unserer Meinung nach sollten Sie mehrere Monate lang mit einem Mann ausgehen, bevor Sie mit ihm schlafen, selbst wenn er schreibt wie Hemingway und Sie glauben, Sie seien in ihn verliebt. Warum? Weil Sie nicht mit einem Mann schlafen wollen, bevor Sie nicht überzeugt sind, daß es eine Bedeutung hat. Körperliche Nähe sollte über einen Zeitraum von sechs bis acht Verabredungen erreicht werden, nicht impulsiv beim ersten oder zweiten Date, unabhängig davon, was Sie empfinden oder seit wann Sie seine E-Mails lesen und glauben, ihn zu kennen.

Niemand weiß das besser als Jill, eine 38 Jahre alte Kosmetikerin aus Michigan. Andy, ein 44jähriger Versicherungsvertreter aus Florida, antwortete auf ihre Annonce. Damit begann eine schnelle, heftige Affäre per E-Mail und Instant Message. Nach zwei Monaten trafen sich die beiden dann schließlich. Alles hatte damit angefangen, daß er ihr eines Abends eine Instant Message schrieb:

InsuranceGuy44: *Hallo, Du Schöne ... Du hast ein tolles Lächeln.*
PrettyGal38: *Danke. Wie heißt Du?*
InsuranceGuy44: *Andy, und Du?*
PrettyGal38: *Jill. Mein Bruder heißt auch Andy.*
InsuranceGuy44: *Und, wie läuft's beim Online-Dating? Schon jemanden kennengelernt?*
PrettyGal38: *Noch nicht, ich habe gerade erst meine Annonce ins Netz gestellt.*

InsuranceGuy44: *Wie viele haben darauf geantwortet? 5000?*
PrettyGal38: *Schön wär's. Etwa 100.*
InsuranceGuy44: *Eine gutaussehende Frau wie Du hat doch sicher keine Probleme, Männer kennenzulernen. Was war mit Deinem Ehemann?*
PrettyGal38: *Er ist Alkoholiker und ein Weiberheld. Und Deine Frau?*
InsuranceGuy44: *Wir haben uns einfach auseinandergelebt.*

Jill und Andy unterhielten sich jede Woche und erzählten einander alles über ihre früheren Partner, Kinder, frühere Beziehungen, ihre Arbeit, Hoffnungen, Träume und Hobbys. Nach wenigen Wochen kannte Jill seinen Lieblingsduft, seine Lieblingsmannschaft beim Baseball, sein liebstes Buch und sein Traumauto, einen Lexus-Zweisitzer, den er leasen wollte, wenn sein Jeep nicht mehr lief.

Nach zahlreichen E-Mails schlug Andy schließlich ein Treffen vor.

InsuranceGuy44: *Wir haben in Florida wunderbares Wetter. In Michigan ist es bestimmt eiskalt. Warum fliegst Du nicht hier runter und besuchst mich? Ich chatte so gern mit Dir und kann es kaum erwarten, Dich kennenzulernen.*

Jill wäre es lieber gewesen, wenn Andy sie besucht hätte oder ihr zumindest das Flugticket bezahlt hätte. Aber ein langes Wochenende stand bevor, sie hatte Bonusmeilen und eine Kusine in Florida, die sie besuchen konnte, warum also nicht?

PrettyGal38: *Das klingt toll.*
InsuranceGuy44: *Ich kann's kaum erwarten!*

Andy sollte Jill am Flughafen abholen, aber eine kurzfristig anberaumte geschäftliche Besprechung hielt ihn auf. Er rief Jill auf ihrem Handy an und sagte ihr, sie solle ein Taxi zu seinem Büro nehmen, er werde es bezahlen. Sie wartete 45 Minuten in der Lobby seines Unternehmens. Als kleinen Willkommensgruß hielt sie einen Flakon von seinem Lieblings-Aftershave in der Hand. Jill hoffte, er würde so toll aussehen wie auf dem Foto, das er ihr geschickt hatte.

Leider sah Andy nicht so gut aus. Das Bild war mindestens zehn Jahre alt. Er hatte einen Bierbauch und sah viel älter aus, aber Jill hatte sich in seine E-Mails verliebt und sah daher über sein Äußeres hinweg. Andy vergaß, ihr das Geld für das Taxi zu erstatten.

Er hatte ein romantisches Restaurant ausgesucht. Andy hielt Jill die Tür auf, rückte ihr den Stuhl zurecht und bestellte eine Flasche teuren Wein. Er überschüttete sie mit Komplimenten. »Du siehst in Wirklichkeit noch viel besser aus. Ich kann es gar nicht glauben, daß sich noch kein Mann dich geschnappt hat.« Nach einigen Gläsern Wein fand Jill Andy gar nicht mehr so übel. Er war aufmerksam und ein angenehmer Gesprächspartner. Sie fand, daß sie ihn immerhin küssen könnte.

Nach dem Essen schlug Andy vor, noch in einen Nachtklub zum Tanzen zu gehen. Wieder floß reichlich Alkohol. Später lud Andy Jill noch in seine Wohnung ein, »um die Aussicht zu genießen«. Jill war einverstanden. Sie dachte, sie würde vielleicht eine

Stunde bleiben und dann ein Taxi nehmen und zu ihrer Kusine fahren. Aber eines führte zum anderen. Sie küßten sich, knutschten auf der Couch, und bevor Jill wußte, wie ihr geschah, hatten sie Sex. Andy sagte Jill, er spüre eine ganz starke Verbindung zwischen ihnen, außerdem sei sie »unglaublich sexy«. Jill schwebte im siebten Himmel.

Jill sagte ihrer Kusine ab und verbrachte das ganze Wochenende mit Andy im Bett. Sie hatten Sex, redeten und lachten miteinander. Zum Frühstück bestellten sie sich Bagels, zum Abendessen chinesisches Essen. Andy sprach davon, bald nach Michigan zu kommen, und hinterließ bei Jill nicht den leisesten Zweifel, daß er es ernst meinte. Aber während Jill von einer langfristigen Beziehung träumte, dachte Andy bereits an seine nächste Eroberung: Am nächsten Wochenende würde ihn FunGirl41 aus San Diego besuchen. Andy fand, Online-Dating sei das Paradies auf Erden. Er mußte nur ähnlich gestrickte E-Mails an einen bestimmten Frauentyp im ganzen Land verschicken, sie mit Komplimenten überschütten, ein paar erotische Instant Messages nachlegen, und schon sprangen sie ins nächste Flugzeug und standen vor seinem Bett Schlange! Es war unglaublich! Natürlich schrieb er keine Frauen aus Florida an, ihm waren Frauen aus anderen Bundesstaaten lieber, die sich nicht nach ihm erkundigen konnten.

Am nächsten Morgen ging Andy schnell ein paar Kleinigkeiten einkaufen, holte die Zeitung und Zigaretten. Er sagte Jill, sie solle sich ganz wie zu Hause fühlen, er sei in 20 Minuten zurück.

Jill schlenderte in Andys Bademantel durch die Wohnung und fühlte sich ganz wie eine Ehefrau. Als er nach 20 Minuten nicht zurück war, schaltete sie seinen Computer an, um nach ihren Mails zu sehen. Auf seinem Schreibtisch lagen ausgedruckte Instant Messages an »FunGirl41« in Kalifornien und »Vixen37« in Chicago, in denen es heiß zur Sache ging. Sie zog ein paar Schubladen auf und fand zahlreiche E-Mails an sieben verschiedene Frauen überall in Amerika. Darin lud er sie ein, ihn zu besuchen, oder er dankte ihnen für ein »unglaubliches Wochenende«. Jede E-Mail klang ganz genau wie die, die Andy an sie geschrieben hatte, jede fing mit »Hallo, Du Schöne« an und enthielt den Satz »Ich kann es kaum glauben, daß sich noch kein Mann Dich geschnappt hat«.

Jill fühlte sich wie eine Idiotin. Sie war nach Florida geflogen, hatte in drei Tagen sechsmal mit ihm geschlafen und mußte nun erkennen, daß ihre innige Beziehung nur ein Traum gewesen war! Andy hatte ihr gesagt, sie sei etwas ganz Besonderes, und sie hatte ihm geglaubt. Und jetzt erfuhr sie, daß er überall Mädchen sitzen hatte. Sie war nur eine von vielen.

Als Andy zurückkam, schrie Jill ihn an: »Wer ist FunGirl41, und warum kommt sie nächste Woche, wenn du mir doch jeden Tag eine Mail schickst und mit mir schläfst? Und wer ist Vixen37? Mit wie vielen Frauen gehst du eigentlich ins Bett?«

Andy war wütend, daß sie in seinen Sachen herumgeschnüffelt hatte: »Was spionierst du hier herum? Wir sind schließlich nicht verheiratet...«

Dann versuchte er es mit Lügen: »Das sind lauter alte E-Mails.«

Sie warf einen Blick auf das Datum und sah, daß die Mails aktuell waren. Andy verlegte sich aufs Beichten: »Schau, ich mag dich sehr gern, ich will mich nur gerade nicht binden. Wir können uns immer noch sehen, wenn du willst.«

Jill war tief verletzt und sagte nur: »Nie im Leben!« Sie rief ihre Kusine an, bestellte ein Taxi, zog sich in Windeseile an und stürmte aus seiner Wohnung. Sie weinte auf dem ganzen Weg zum Flughafen. Was für ein Alptraum! Sie hatten sich zwei Monate lang jeden Tag E-Mails geschrieben und wußten alles voneinander, zumindest hatte Andy das behauptet. Sie hatte ihm After-shave gekauft. Sie hatte mit ihm geschlafen. Und jetzt hatten sich all ihre Träume in Luft aufgelöst. Jill hatte seine bewundernden Worte geglaubt – und den leidenschaftlichen Instant Messages, die er mehrmals pro Woche schickte – und sich die Finger verbrannt. Sie dachte, die Nähe, die in ihren E-Mails bestand, sei das gleiche wie wirkliche Nähe, und glaubte, man könne jemanden via Internet »kennen«. Jill wurde bitter enttäuscht. Andy war an einer festen Beziehung nicht interessiert und brach ihr das Herz. Jill hatte mit ihm nur ihre Zeit verschwendet.

Jill mußte wie viele andere Frauen erkennen, daß eine E-Mail-Beziehung ein reines Phantasiegebilde sein kann. E-Mails sind nichts, bis man den Mann tatsächlich getroffen und Zeit mit ihm zusammen verbracht hat. Ein Mann kann in einer E-Mail alles behaupten. Er kann sagen, er liebe Sie, kann erklären, er sei lieb und treu, aber erst, wenn Sie ihn persönlich kennengelernt haben, können Sie feststellen, ob er das ist, was zu sein er vorgibt.

Und nur bei einem persönlichen Treffen sehen Sie, ob er so aussieht wie auf dem Foto.

Erst dann wissen Sie, ob sein Verhalten seinen Worten entspricht. Erst bei einem Date sehen Sie, ob der

Funke überspringt, wenn er mit Ihnen zusammen ist. Dieser Blick läßt sich nicht mit 20 E-Mails erfassen. Ein Mann kann in einer E-Mail behaupten, er liebe Ihr Lächeln und denke Tag und Nacht nur an Sie, aber empfindet er das auch, wenn Sie vor ihm sitzen? E-Mails eignen sich hervorragend, neue Männer kennenzulernen und sich mit ihnen zu verabreden, aber erst die persönliche Begegnung zählt. E-Mails können Ihnen zwar einiges über einen Mann verraten, aber erst bei einer persönlichen Begegnung können Sie wirklich sagen, ob er etwas für Sie empfindet – und Sie für ihn. *Zwischen zwei Menschen funkt es nur bei einer persönlichen Begegnung, nicht im Internet.*

Bei einem Treffen stellen Sie vielleicht fest, daß er älter oder dicker ist als auf dem Bild oder auch weniger Haare hat. Andererseits ist er womöglich viel netter als in seinen E-Mails und sieht besser aus. *Das alles erkennen Sie erst, wenn Sie ihn vor sich sehen.* Der Gedanke, Sie könnten mit einem Mann schlafen, weil in Ihren E-Mails eine so große Nähe besteht, ist verrückt. Sie kennen ihn noch nicht wirklich.

Wenn Sie sich an die *Regeln* halten, entwickelt sich vor einem Treffen gar keine enge E-Mail-Beziehung. Sie schicken sich keine 42 E-Mails, bevor sie sich persönlich kennenlernen – es gibt nur vier E-Mails, dann muß er sich mit Ihnen verabreden. Wenn er weit weg wohnt, dürfen es auch ein paar mehr sein. Ob fern oder nah, Ihre E-Mails an ihn sind weder verführerisch noch kokett, sondern sachlich, zum Beispiel: »Ich bin 38, Rechtsanwältin, frisch geschieden und habe eine Tochter. Ich mag chinesisches Essen, Kick-Boxen und Filme von Woody Allen.« Sie schreiben nicht »Ich finde Deine Augen sexy«, oder »Dein Bizeps macht mich an«. Anders ausgedrückt: kein Vorspiel per E-Mail!

Ob Sie einen Mann im Internet oder im wirklichen Leben kennenlernen, ob Sie mit ihm per Telefon, E-Mail oder Brieftaube kommunizieren, Sie sollten sich auf jeden Fall mindestens viermal mit ihm treffen, bevor Sie mit ihm schlafen, egal, was Sie für ihn empfinden! Erst wenn Sie ihn mehrmals getroffen haben, wissen Sie, daß er Ihnen nichts vormacht. Wenn er sich jede Woche mit Ihnen verabredet, wissen Sie, daß er sich wirklich für Sie interessiert und nicht nur ein bißchen Abwechslung oder ein Abenteuer sucht!

Wie wollen Sie sonst wissen, daß Sie nicht eine von vielen sind, daß er nicht gleichzeitig mehrere E-Mail-Beziehungen hat, daß er nicht wie Andy ist, der die Frauen zu sich reisen läßt und gleich beim ersten Treffen mit ihnen Sex hat? Sie können es nicht wissen. Deswegen warten Sie, bis er Sie besucht und sich mehrere Monate mit Ihnen verabredet hat, denn dann können Sie sicher sein, daß er es ernst meint und kein Produkt Ihrer Phantasie ist. Dafür gibt es im Internet keine Alternative. *Wirkliche Nähe stellt sich erst dann ein, wenn Sie zusammen sind!*

Regel Nummer 18

Tauchen Sie zwischen den Verabredungen unter

Viele *Regeln* fürs Online-Dating – etwa 24 Stunden zu warten, bis Sie einem Mann zurückschreiben, keine E-Mails am Wochenende zu beantworten, keine Instant Messages anzunehmen und nur kurze E-Mails zu schreiben – verhindern einen übermäßigen Kontakt zwischen Ihnen und einem Mann. Das ist gut so!

Wir möchten, daß Sie zwischen den Verabredungen so gut es geht untertauchen, damit der Mann, mit dem Sie sich treffen, sich fragt, ob Sie überhaupt existieren. Wenn er nicht weiß, was Sie machen und wo Sie sich aufhalten, sind Sie aus unerklärlichen Gründen um so interessanter für ihn! Deswegen sind wir überzeugt, daß Sie sich rar machen müssen und einen Mann nur langsam in Ihr Leben einbeziehen sollten. Das ist das richtige Tempo, dann fühlt er sich nicht bedrängt.

Einen Mann langsam einzubeziehen heißt, daß Sie nicht schon bei der vierten Verabredung etwas mit Ihren Eltern unternehmen oder bei der fünften Verabredung zusammen mit einem befreundeten Pärchen ausgehen. Und daß Sie ihm nicht den ganzen Tag E-Mails oder Instant Messages schicken oder E-Mails von Freunden und Kollegen an ihn weiterleiten. Unter keinen Umständen dürfen Sie ihm sagen, Sie würden sich nicht oft genug sehen, und so den Eindruck erwecken, Sie könnten ohne Mann nicht leben.

Nach einem Monat sollten Sie sich immer noch nicht fünf Tage die Woche treffen, sonst hat er womöglich nach zwei oder drei Monaten genug. Verlangsamen Sie das Tempo, damit es ihm nicht zuviel wird und er sich nicht fragt, wie er sich so schnell in eine so intensive Beziehung stürzen konnte. Denn wenn es ihm zuviel wird, bekommt er Panik und nimmt Reißaus.

Vertrauen Sie uns, ein Mann weiß es durchaus zu schätzen, wenn er sich auf sein Leben und seine Arbeit konzentrieren kann und nicht alle fünf Minuten eine E-Mail von Ihnen beantworten muß. Weniger ist mehr. Am Ende werden Sie beide belohnt, wenn Ihre Beziehung besser »hält«. Nach einem Jahr haben Sie ein solides Fundament.

Die wenigsten Frauen verschwinden zwischen den Verabredungen von der Bildfläche. Im Gegenteil, sie treiben einen Mann mit ihren ständigen E-Mails, Instant Messages und Anrufen in den Wahnsinn – nur um ihn daran zu erinnern, daß sie noch leben und er jetzt eine Beziehung hat. Solche Frauen denken »aus den Augen, aus dem Sinn«. Sie befürchten, er könnte sie vergessen, wenn sie nicht ständig Kontakt halten, er könnte an andere Frauen denken oder vielleicht auf andere Online-Annoncen antworten. Tatsächlich verhält es sich genau umgekehrt. Wenn ein Mann zwischen den Verabredungen nicht ständig von Ihnen hört, denkt er häufiger an Sie (vorausgesetzt, die Beziehung begann den *Regeln* entsprechend, daß er Ihnen zuerst schrieb und sich um Sie bemühte). Vielleicht schätzt er sogar die E-Mail-Pausen.

Männer wollen immer das, was sie nicht haben können. Das unterscheidet sie von uns Frauen. Wenn ein Mann Sie bei all den langen, wunderschönen Verabredungen sieht und dann noch unzählige verliebte E-Mails, Instant Messages und Anrufe von Ihnen bekommt, welchen Anreiz hat er dann, sich an Sie zu binden und Sie zu heiraten? Keinen! Aber wenn Sie unter der Woche abtauchen und er nicht genau weiß, was Sie tun, denken und fühlen und wie Sie zu der Beziehung stehen, dann wirken Sie geheimnisvoll und interessant, und die Treffen mit Ihnen sind etwas Besonderes.

Jetzt werden Sie sich fragen: Wie erfahre ich dann, wie der Umbau in seinem Büro vorangeht? Wie erfährt er von meinem neuen Job und so weiter? Jeden Tag passiert etwas in unserem Leben, warum können wir uns das nicht erzählen?

Wenn Sie erst einmal verheiratet sind, können Sie jeden Tag mit ihm reden, aber einstweilen sollten Sie sich zurückhalten. Sonst wird die Beziehung zu selbstverständlich, alles wirkt vertraut, und er langweilt sich. Das ist leider so!

Wir bitten Sie, sich mit Ihrer Korrespondenz (dazu gehören auch Smileys, E-Cards und Witze) und mit Anrufen zurückzuhalten. Aber keine Sorge, bei den Verabredungen können Sie ganz Sie selbst sein. Wenn Sie von Natur aus warmherzig und aufmerksam sind, verhalten Sie sich auch bei einer Verabredung so. Er hat ein Kratzen im Hals? Sie bitten die Kellnerin um ein Glas Wasser oder bestellen einen heißen Tee mit Zitrone. Wenn Sie von Natur aus fröhlich und aufgekratzt sind, erzählen Sie ihm einen Witz oder machen eine scherzhafte Bemerkung über seine neue Krawatte. Aber Sie beenden eine Verabredung immer zuerst und lösen sich bis zur nächsten Verabredung quasi in Luft auf.

Den meisten Frauen fällt das nicht leicht. Nach einem wunderschönen Samstag abend wollen die meisten Frauen diese Hochstimmung so lange wie möglich beibehalten. Es ist gegen die Natur einer Frau, zwischen zwei Verabredungen keinen Kontakt zu haben. Männer sind da anders. Sie spielen an einem Wochenende Golf mit einem Freund und sprechen erst wieder beim nächsten Golfspiel zwei Monate später mit ihm, selbst wenn der Freund gerade Probleme hat oder sich scheiden läßt.

Als wir Frauen in unserem ersten Buch rieten, einen Mann nicht zwischen den Verabredungen anzurufen, hatten viele von ihnen das Gefühl, wir würden von ihnen verlangen, nicht mehr zu atmen. Schließlich mußten sie aber zugeben, daß das Ergebnis überzeugend war. Männer sind ergebnisorientiert und verstehen diese Strategie besser als Frauen. Wie oft haben Sie einen Mann schon sagen hören: »Bringen wir es einfach hinter uns«? Wenn Sie Ergebnisse sehen wollen, können Sie nicht tun, was Ihnen gefällt, egal wie Sie sich fühlen, sondern dürfen nur das machen, was langfristig funktioniert. Und wir können Ihnen versichern, daß es langfristig am besten funktioniert, wenn Sie einen Mann zwischen ihren Treffen schmoren lassen.

Ohne die *Regeln* ruinieren Frauen durch ihr Verhalten auch die vielversprechendste Beziehung. Sie wollen es nicht, aber es passiert einfach.

Ein Fallbeispiel:

Jane, 51 Jahre alt und Therapeutin, ist ein Mensch, der Freunde immer anruft, wenn sie krank sind, stets zurückruft und nie einen Geburtstag vergißt. Phil, 55 Jahre alt und Chiropraktiker (CuteDoc55) antwortete auf ihre Kontaktanzeige (SmartLady51), und die beiden trafen sich jede Woche. Im Schnitt schrieb er ihr zweimal die Woche eine E-Mail und rief etwa einmal die Woche an. Jane mailte ihm jedesmal zurück und schickte ihm zusätzlich noch E-Mails, in denen sie sich für ein Essen bedankte, sich nach seinem Tag erkundigte oder fragte, wie sein Sohn bei einer Aufnahmeprüfung abgeschnitten hatte. Wenn er erkältet war, wünschte sie ihm per E-Mail gute Besserung. Zum zweimonatigen Jubiläum bastelte sie sogar eine Collage aus sämtlichen E-Mails, die sie sich geschrieben hatten! Phil wurde das bald zuviel.

Er schrieb seltener und nicht mehr so ausführlich. Sie schickte ihm eine Instant Message, aber er reagierte kurz angebunden.

»Ich habe furchtbar viel zu tun«, schrieb er und loggte sich aus, bevor sie auch nur über eine Antwort nachdenken konnte. Am nächsten Tag lud sie ihn zur Weihnachtsfeier im Büro ein. Er schrieb: »Über die Feiertage bleibt der Computer bei mir aus …«

Jane wurde nervös und rief eine gute Freundin an. Diese erzählte ihr von den *Regeln* und riet ihr, sich rar zu machen, seine E-Mails nur gelegentlich zu beantworten und nicht so ängstlich und besorgt zu sein. »Du bist nicht seine Therapeutin!« erklärte sie Jane, der Therapeutin.

Sich zurückzuhalten und beschäftigt zu wirken, entsprach überhaupt nicht Janes Natur und ihrem Beruf, aber aus Angst, CuteDoc55 zu verlieren, versuchte sie es. Sie antwortete nur noch auf seine E-Mails, wenn es um eine Verabredung ging. Plötzlich schrieb er ihr, daß er sich »gestern abend sehr amüsiert« habe. Das hatte er noch nie gemacht! Sie antwortete nicht und erhielt am nächsten Morgen prompt eine E-Card mit »Ich denke an Dich«. Am nächsten Tag schickte er eine Instant Message: »Wo warst Du?« Sie mailte erst 24 Stunden später: »Hallo, tut mir leid, aber wir hatten Probleme mit unserem Computer ... Ich fürchte, das neue System steigt gleich wieder aus!« Dann ging sie offline. (Später riet ihr die Freundin, den Empfang von Instant Messages zu blockieren.)

Janes Strategie ging auf. Abends rief Phil an und vereinbarte gleich zwei Dates mit ihr: Am Samstag gingen sie essen und danach tanzen und am Sonntag zu einem Basketballspiel mit seinem Sohn, den Jane bis dahin noch nicht kennengelernt hatte. Seitdem ist Jane von den *Regeln* fürs Online-Dating überzeugt!

Sich rar zu machen, wenn der Partner zu selbstgefällig wird (und sich zum Beispiel über Weihnachten nicht meldet), wirkt wie Zauberei. Aber was macht man, wenn sich ein Mann wirklich schlecht benimmt, etwa, wenn er sich nicht mehr jeden Samstag verabreden will (mit der Begründung, er sei sich seiner Gefühle nicht sicher oder er brauche mehr Zeit) oder wenn er einer Frau nach zwei Jahren immer noch nicht gesagt hat, daß er sie liebt? Sich rar zu machen und den Kontakt einzuschränken ist die beste Lösung, wenn ihre Beziehung gut läuft. Aber wenn es schlecht läuft, müssen Sie zu drastischeren Mitteln greifen.

Wir nennen das die Kontaktsperren-Strategie. Die einzige Möglichkeit, einen starrsinnigen Mann aufzurütteln, besteht in einer völligen Kontaktsperre! Sie treffen sich nicht mehr mit ihm und ignorieren alle seine Anrufe und E-Mails. Er soll sich so lange um

Sie bemühen, bis sich sein Ton ändert – er nicht mehr selbstgefällig ist, Ihnen seine Liebe gesteht und einen Antrag macht. Wenn er Ihnen Blumenbildchen per E-Mail oder echte Blumen schickt und ein paar bedeutsame Zeilen über Ihre Beziehung schreibt, können Sie wieder ans Telefon gehen oder seine E-Mails beantworten. Aber bis dahin keinen Ton!

Und so funktioniert es: Lynn lernte Matthew im Internet kennen. Er schrieb auf ihre Annonce. Matthew fand Lynn süß und fragte sie in seiner dritten E-Mail nach ihrer Telefonnummer. Am nächsten Tag rief er an und schlug vor, am Freitag etwas zusammen zu trinken. Beide fühlten sich sofort zueinander hingezogen, eine Verabredung führte zur nächsten. Lynn war von Matthew völlig hingerissen und fand, er sei genau »der Richtige«. Sie war an einem Punkt angelangt, an dem sie genug von der Partnersuche hatte und sobald wie möglich heiraten wollte. Manche Freundinnen aus dem College hatten bereits drei Kinder.

Lynn hatte in früheren Beziehungen gegen die *Regeln* verstoßen und sich geschworen, sie nie mehr zu brechen. Sie war so rigoros, daß ihre zweijährige Beziehung als nahezu perfekt beschrieben werden kann. Vom ersten Tag an verabredete sich Matthew jede Woche mit Lynn, mailte oder rief regelmäßig an und schickte Geschenke. Die beiden machten gemeinsam Urlaub. Lynn schlief erst nach der neunten Verabredung mit Matthew, war stets umgänglich und hatte zwischen den Verabredungen ein ausgefülltes Leben. Sie hatte erkannt, daß Matthews Interesse wuchs, wenn sie sich zwischen den Verabredungen rar machte, außerdem hatte sie dann mehr Zeit für ihre Familie und Freunde. Sie war gerade Tante geworden und stellte sich ihrer Schwester jeden Donnerstag als Babysitterin zur Verfügung.

In ihrer Beziehung gab es nur das eine Problem: Matthew hatte ihr immer noch keinen Antrag gemacht!

Lynn beriet sich mit ihrer Schwester, die vorschlug, mit Matthew bei einem romantischen Abendessen zu zweit ein »Beziehungsgespräch« zu führen. Lynn kochte Matthews Lieblingsessen, Filet Mignon mit Kartoffeln. Aber nachdem er ihre Kochkünste gelobt hatte, sagte er nur: »Die Scheidung meiner Eltern war für mich sehr traumatisch. Ich bin einfach noch nicht bereit für die Ehe. Warum können wir nicht alles so lassen, wie es ist?«

Eine Freundin schlug vor, Lynn solle Matthew ein Buch über Bindungsängste kaufen, denn Lynn war überzeugt davon, daß die Scheidung seiner Eltern tatsächlich ein Grund für seine Angst vor dem Traualtar war. Also kaufte Lynn das Buch, und Matthew versprach, er werde es irgendwann einmal lesen, tat es aber nie. Nun schlug Lynn eine Partnerberatung vor. Matthew war einverstanden, fand dann aber immer wieder eine neue Ausrede (Überstunden, ein Vortrag, den er noch ausarbeiten mußte, ein Basketballspiel und so weiter). Lynn wurde zunehmend ungeduldig und kam schließlich bei jeder Verabredung und bei jedem Telefongespräch auf das Thema Heiraten zu sprechen. Matthew sagte nur: »Ich liebe dich. Das ist jetzt kein guter Zeitpunkt. Ich habe Streß in der Arbeit.«

Frustriert wandte Lynn sich an uns. Wir rieten ihr, Matthew noch einmal nach seinen Zukunftsplänen zu fragen und sich dabei an die Vorgaben im Kapitel »Wie Sie zum Abschluß kommen (ihn vor den Traualtar bekommen)« in unserem Buch *Die neue Kunst, den Mann fürs Leben zu finden* zu halten. Wieder erklärte Matthew, er sei noch nicht bereit, könne sich aber irgendwann einmal eine Hochzeit vorstellen. Auf ein bestimmtes Datum oder Jahr wollte er sich aber nicht festlegen.

»Die Antwort ist inakzeptabel«, sagten wir Lynn. »Entweder will er Sie nach zwei Jahren heiraten oder nicht. Er kennt Sie jetzt gut genug, jetzt muß er sich festlegen! Sie sind jetzt 35 und sollten keine Minute länger mit diesem Mann vergeuden, die Uhr tickt! Sagen Sie ihm, Sie seien ein altmodisches Mädchen, Sie könnten nicht bis in alle Ewigkeit mit ihm ausgehen, so funktioniere die Beziehung nicht. Halten Sie sich an die Kontaktsperre.«

»Was heißt Kontaktsperre?« fragte Lynn tapfer, denn sie war zu allem bereit, wollte Matthew aber auch nicht verlieren.

»Kontaktsperre bedeutet keine Verabredungen, keine Anrufe, keine E-Mails; er kann Sie so oft anrufen oder Ihnen mailen, wie er will, aber Sie treffen sich nicht mit ihm, gehen nicht ans Telefon und schreiben nicht zurück. Sie reagieren erst dann wieder, wenn er Ihnen sagt, daß er Sie heiraten will. Erzählen Sie ihm aber nichts von dieser Strategie. Er soll denken, Sie seien zu beschäftigt oder mit ihm fertig. Er muß sich um Sie bemühen.«

»Aber ich liebe ihn, und er liebt mich«, wandte Lynn ein. »Wir sind seit zwei Jahren zusammen. Ich kann ihm doch nicht einfach die kalte Schulter zeigen. Die nächsten Wochen sind verplant, wir wollen zu einem Konzert, zur Hochzeit seiner Kusine ... Ist so eine Kontaktsperre nicht grausam?«

»Wenn er Sie nicht genug liebt, um Sie zu heiraten, liebt er Sie nicht genug, basta. Sie haben es mit Argumenten versucht, mit einem romantischen Abendessen und so weiter, und nichts hat funktioniert. Aber die Kontaktsperre haben Sie noch nicht ausprobiert. Warum probieren Sie es nicht 30 oder 90 Tage lang aus und schauen, was passiert?« Unserer Ansicht nach ist die Kontaktsperre die einzige Lösung, wenn ein Mann einer Frau nach zwei Jahren noch keinen Antrag gemacht hat. Wenn er sie weiterhin sehen und mit ihr sprechen kann, hat er keinen Grund, sie zu heiraten. Lynn meinte, das leuchte ihr ein, und stürzte sich in Aktivitäten. Sie war viel zu beschäftigt, um Matthew zu treffen!

Eine Woche später schickte ihr Matthew eine E-Mail: »Hallo. Wie läuft es bei Dir? Bei mir nicht so gut, ich vermisse Dich!« Wir sagten Lynn, sie dürfe nicht antworten. Ein paar Tage später rief er an: »Hallo, ich war gerade in der Nähe und dachte, ich könnte vorbeikommen und meinen Regenschirm abholen …« Wieder sagten wir Lynn, sie dürfe nicht zurückrufen. Matthew rief weiter an oder schickte E-Mails, aber Lynn reagierte nicht. Eine weitere Woche verging. Lynn machte sich allmählich Sorgen und rief uns an. Wir rieten ihr: »Halten Sie aus, vermeiden Sie weiterhin den Kontakt!«

Nach zwei Wochen schickte Matthew eine prächtige E-Card mit einem Ring und Smileys. »Können wir uns zum Abendessen treffen und über uns und unsere gemeinsame Zukunft reden?« Lynn wartete 24 Stunden und schrieb dann zurück: »Gut.« Er antwortete keine fünf Minuten später: »Wie wäre es heute abend?«

Es war Donnerstag, und Lynn hatte versprochen, ihre Nichte zu hüten. Sie schrieb zurück, sie habe bereits andere Pläne. Matthew kannte diese Pläne. Als Lynn bei ihrer Schwester babysittete, klingelte es. »Hallo, hier ist Matthew.«

Er kam nach oben, fiel vor ihr auf die Knie und sagte: »Ich vermisse Dich. Obwohl ich Angst vor der Ehe habe, möchte ich Dich heiraten. Ich will auch so ein Baby!« Lynns Schwester und Schwager kamen an diesem Abend früher zurück, und sie alle stießen mit Sekt an (der bereits kaltgestellt war). Matthew hatte alles so geplant! Lynn wartete bis zum Ende des Abends und sagte dann: »Ja, ich möchte Dich heiraten.«

Die Kontaktsperre, erkannte Lynn, war gar nicht so grausam, sondern bringt einen Mann, der eine Frau liebt, aber noch Bedenken hat, dazu, die Ehe mit anderen Augen zu sehen – ohne, daß sie ihn drängen oder mit ihm streiten muß. Letztendlich ist die Kontaktsperre gut für ihn (er trifft selbständig eine Entscheidung, das lieben Männer), aber auch gut für Sie (Sie müssen nicht jahrelang warten und sich ärgern, weil er Ihnen keinen Antrag macht). Wenn alles andere versagt und alles bereits hundertmal durchgekaut wurde, ist die Kontaktsperre die letzte Rettung!

Regel Nummer 19

Lassen Sie Ihre Annonce im Netz, bis er Sie bittet, sie zurückzuziehen

Frauen ziehen ihre Kontaktanzeigen gerne zu früh zurück. Sie treffen sich zweimal mit einem Mann und denken: »Er ist der Richtige, das war's, ich will keine anderen Männer mehr kennenlernen.« Oder sie wollen ihrem Traumprinzen bei der dritten Verabredung zeigen, daß sie nur noch für ihn da sind, und ziehen deswegen ihre Annonce zurück. Das ist ein großer Fehler! Unabhängig vom Grund dürfen Sie Ihre Anzeige erst dann zurückziehen, wenn er Sie darum bittet oder Ihnen seine Liebe gestanden hat – und er auch seine Annonce zurückgezogen hat!

Jenna (WillowyBlond29) mußte das auf die harte Tour lernen. Mark (DreamGuy35) antwortete auf Ihre Kontaktanzeige und fand, daß sie sehr attraktiv war und sie beide viel gemeinsam hatten. Jenna fand sein Foto und seine Personenbeschreibung zum Dahinschmelzen (er sah gut aus und war ein großer Naturfreund). Als er in seiner zweiten E-Mail vorschlug, sie könnten doch einmal zusammen etwas trinken gehen, stimmte sie zu.

Die erste Verabredung an einem Dienstag abend verlief perfekt. Am Schluß fragte er sie, ob sie nächsten Samstag zusammen essen gehen würden. Jenna war von Mark so begeistert, daß sie sich in den nächsten Tagen nicht einmal unter ihrem Namen bei der Kontaktbörse einloggte, weil sie nicht wollte, daß Mark dachte, sie würde sich noch für andere Männer interessieren.

Wie viele Frauen machte sich Jenna Gedanken über die Bindungsängste von Männern. Sie wollte daher ein Beispiel setzen und ihre Treue beweisen. Wenn sie einem Mann zeigte, daß sie sich an ihn binden wollte, so dachte sie, würde er ihrem Beispiel folgen. Natürlich funktioniert das nicht. Man bewirkt genau das Gegenteil, wie Jenna feststellen mußte.

Nach einer zweiten Verabredung mit Mark, einem romantischen Spaziergang am Strand und einem tollen Kuß ging Jenna nach Hause und zog ihre Kontaktanzeige zurück. Sie war sich sicher, daß sie den Mann kennengelernt hatte, den sie heiraten wollte. Das war ihre Art, ihm zu beweisen, daß sie es ernst meinte.

Bei der dritten Verabredung erwähnte Mark, daß er ihr Bild noch einmal sehen wollte und die Annoncen bei der Kontaktbörse durchgegangen sei, es aber nicht finden konnte. Sie lächelte und erzählte ihm, sie habe die Anzeige zurückgezogen, weil sie so glücklich mit ihm sei und keinen anderen Mann mehr kennenlernen wolle. Mark blieb fast der Bissen im Hals stecken. Er sagte, ihm sei nicht gut. Ob es ihr etwas ausmachen würde, wenn sie keinen Nachtisch mehr aßen? Dann setzte er sie schnell bei ihrer Wohnung ab und verabschiedete sich mit einem flüchtigen Kuß auf die Wange.

Jenna hörte die ganze Woche nichts von Mark. Sie schickte ihm eine E-Mail: »Ist alles in Ordnung?« Er antwortete: »Ja, ja, habe nur furchtbar viel zu tun.

Ich melde mich, wenn ich wieder Land sehe.« Eine weitere Woche verging. Jenna rief ihn bei der Arbeit an und fragte ganz direkt: »Läßt du mich fallen?« Mark versuchte, höflich zu sein: »Nein, ich glaube nur, daß es ein bißchen zu schnell mit uns geht. Ich will eigentlich gerade keine ernsthafte Beziehung.«

Jenna war sprachlos. Sie verstand nicht, was passiert war, und wandte sich an uns. Wir erklärten ihr, daß sie praktisch um die Hand eines Mannes anhalte, wenn sie ihre Anzeige zurückziehe und ihm davon erzähle. »Sie können einem Mann nicht bei der dritten Verabredung sagen, daß Sie nur noch mit ihm zusammensein wollen. Das sollte immer er tun. Es war übereilt, Ihre Annonce nach der zweiten Verabredung zurückzuziehen. Sie haben ihn verschreckt, als Sie ihm sagten, warum Sie das gemacht haben, und deswegen hat er das Interesse verloren. Außerdem suchte Mark gar nicht nur nach Ihrem Bild, sondern wollte sich bestimmt auch noch andere Frauen ansehen. Er ist noch nicht soweit, und Sie sollten sich auch noch nicht so früh festlegen.«

Jenna lernte aus dieser Erfahrung und stellte ihre Annonce wieder ins Netz. Mark sah sie und schickte ihr eine E-Mail: »Sollen wir uns wieder einmal treffen?« Dieses Mal wartete Jenna 48 Stunden und schrieb dann: »Habe gerade viel zu tun. Vielleicht ein andermal.« Sie wartete, bis Mark sich noch mehrfach bei ihr meldete. Jetzt trifft sie sich mit ihm und mit noch drei anderen Männern, die sie im Internet kennengelernt hat. Sie amüsiert sich prächtig.

Jennas neues Motto: »Möge der Beste gewinnen!«

Regel Nummer 20

Keine Phantasiepartnerschaften

In unserem Buch *Die neue Kunst, den Mann fürs Leben zu finden* sagten wir Frauen, wenn ein Mann sich nicht mit ihnen verabrede, sei die Beziehung nur ein Phantasiegebilde – egal, wie nett und freundlich sich ein Mann ihnen gegenüber verhält. Und nirgends findet man mehr Phantasiebeziehungen als im Internet, wo Männer mit ein paar flotten E-Mails wahre Gefühlsstürme auslösen können, aber sich nie mit einer Frau verabreden. Manche Frauen glauben, sie hätten eine Beziehung, weil sie viele E-Mails oder Instant Messages von einem Mann bekommen, obwohl er nie angerufen oder sich mit ihnen verabredet hat!

Wir verstehen, daß manche Frauen sich gerne etwas vormachen und ein bißchen träumen. Egal, wie oft eine Frau von Männern verletzt, schlecht behandelt oder verlassen wurde, sie hält unbeirrbar daran fest, daß es irgendwo einen Traumprinzen gibt, der sie für alles entschädigen wird, und vielleicht findet er sich ja bei www.flirt.de oder www.meetic.de. Zumindest hoffen sie das. Wenn die E-Mails eines Mannes wie ein romantischer Songtext klingen, was im Internet häufiger vorkommt, schmiedet so manche Frau bereits Hochzeitspläne.

Ruhig Blut, Mädels! Verlieren Sie sich nicht in einer Phantasiebeziehung mit einem Mann, der bezaubernde E-Mails oder Instant Messages schickt, aber nicht mit Ihnen ausgeht. Machen Sie nicht mit Ihrem Freund Schluß, nur weil Sie zwei sexy E-Mails von einem Manager mit haselnußbraunen Augen oder einem Bodybuilder bekommen haben, der sich »in Dein Lächeln verliebt« hat. Womöglich hören Sie nie wieder etwas von Mr. Manager oder Mr. Universum, oder wenn Sie etwas von ihnen hören, verabreden sie sich nicht mit Ihnen.

Treffen Sie also keine wichtigen Entscheidungen aufgrund von E-Mail-Flirts. Aus den wenigsten entwickelt sich etwas Ernsthaftes, also bleiben Sie mit beiden Beinen fest auf dem Boden der Tatsachen, bis sich Ihr Traummann ein paarmal mit Ihnen verabredet hat.

»Aber das ist der Richtige!« protestieren Sie. »Er hat meine Personenbeschreibung gelesen und gesagt, wir hätten so viel gemeinsam. Er ist richtig geschieden, er lebt nicht nur getrennt. Und ich habe wirklich nichts gegen Stiefkinder …«

Wir verstehen das. Es gibt keine schönere Bestätigung als die bewundernden E-Mails eines gutaussehenden, reichen und begehrten Junggesellen. Und wenn zwei, drei Instant Messages von süßholzraspelnden Fremden auf Ihrem Bildschirm aufleuchten, denken Sie, Ihr Liebesleben sei voll ausgelastet, auch wenn Sie wahrscheinlich nie einen dieser Männer treffen werden. Normale Männer im richtigen Leben sehen neben den E-Mails und Instant Messages von Internet-Prinzen blaß aus. Die E-Mail-Männer sagen immer genau das Richtige. In Wirklichkeit schreiben sie einfach alles, damit Ihr Interesse geweckt ist und Sie zurückschreiben. Warum sie in Wirklichkeit gar nicht so toll und klug sind, wissen wir auch nicht.

Hier ein paar Beispiele für die Verführungskünste solcher Internet-Prinzen:

»Du hast wunderbare Augen und ein tolles Lächeln. Wie wäre es mit einer kleinen Spazierfahrt in meinem neuen Cabrio, damit wir uns besser kennenlernen?«

»Du bist atemberaubend schön. Wie gern würde ich Dich zu einem romantischen Essen einladen. Hoffentlich empfindest Du das gleiche für mich …«

»Ich hatte eigentlich schon jede Hoffnung aufgegeben, im Internet jemanden zu finden … und dann sah ich Dein Foto. Gehst Du heute mit mir aus? Ich werde Dich nicht enttäuschen.«

»Ich habe gemerkt, daß Du schon sehr früh im Netz bist (Männer wollen zeigen, daß sie aufmerksam sind und ihnen auch Kleinigkeiten an Ihnen oder in Ihrer Annonce auffallen). Wie gern würde ich mit Dir bei Sonnenaufgang barfuß am Strand spazierengehen …«

»Ich habe alles, was man im Leben braucht, mir fehlt nur noch die richtige Frau, mit der ich das alles teilen kann … vielleicht bist Du das?«

»Ich habe gerade Deine Annonce gesehen … Das muß Schicksal sein!«

»Ich suche nach der Frau fürs Leben!«

Männer im Internet wissen genau, wie sie das Herz einer Frau zum Schmelzen bringen. Und die schreibt dann gleich an sechs andere Frauen, daß sie den Richtigen im Cyberspace gefunden hat. Diese Männer streuen in ihre Personenbeschreibungen immer wieder Sätze ein, die direkt aus einem Roman von Jackie Collins stammen könnten. Einer schrieb: »Ich möchte eine Frau, die kleine Liebesbotschaften auf dem beschlagenen Badezimmerspiegel und spontane Umarmungen zu schätzen weiß.« Der Mann ließ übrigens nach seiner E-Mail nie wieder von sich hören – bei der Mail handelte sich natürlich um einen vorformulierten Brief, mehr nicht.

Im Fragebogen der Partnervermittlung antwortete ein Mann auf die Frage: »Mit wem würden Sie gern einmal essen gehen?« »Mit meiner zukünftigen Frau.« Bei seinen Plänen für die Zukunft schrieb er: »Meinen Status als Single ändern.« Falls eine Frau daraufhin noch nicht in Ohnmacht gefallen war, trug er noch dicker auf. Bei seinen Lieblingsfilmen nannte er die drei Schmachtfetzen *Harry und Sally, Titanic* und *Schlaflos in Seattle.* Jetzt wissen Sie, warum manche Frauen schon nach einer E-Mail über die passenden Verlobungsringe nachdenken!

Die Online-Prinzen können eine Frau schnell für sich einnehmen, vor allem wenn sie Wörter wie *Ehefrau, Hochzeit, langfristige Bindung* und *gemeinsame Zukunft* in ihre E-Mails einbauen. Das ist wie ein Einkaufsgutschein in einer Designer-Boutique. Diese Männer klingen so klug und abgeklärt, als hätten sie stapelweise Beziehungsratgeber gelesen; sie sind aufrichtig, süß und obendrein noch gute Zuhörer und immer verständnisvoll. Vielleicht sind sie tatsächlich so, vielleicht aber auch nicht. Das erfahren Sie, wenn Sie sich mit einem Mann treffen.

Nur wegen seiner E-Mails und seines süßen Fotos sollten Sie sich jedenfalls nicht hoffnungslos in einen Mann verlieben. Manche tragen in ihren E-Mails dick auf und lassen damit bei Frauen schon die Hochzeitsglocken klingen. Womöglich streiten Sie mit Ihrem Partner im richtigen Leben oder mit den Männern, mit denen Sie sich verabreden, weil diese anscheinend nicht mit den Traumprinzen im Internet mithalten können. Bleiben Sie realistisch, und gehen Sie weiterhin mit Männern aus! Wenn Sie sich getreulich an unsere *Regeln* halten – und einem Mann nicht mehr schreiben, wenn er sich nach der vierten E-Mail nicht mit Ihnen verabredet hat –, müssen Sie sich auch nichts vormachen. Natürlich können Sie weiterhin träumen und sein Foto an Ihre Pinwand hängen, aber geben Sie wegen einer Phantasiebeziehung nicht andere Männer auf.

Regel Nummer 21

Hände weg von verheirateten Männern, auch im Internet

Es gibt Frauen, die im Internet verheiratete Männer kennenlernten, ohne es zu wissen. Es gibt Männer, die ihre Ehe für eine Affäre oder auch nur einen Flirt verheimlichen. Irgendwann findet die Frau heraus (wenn sie es wirklich will), daß der Mann verheiratet ist. Wenn sie klug ist, läßt sie ihn spätestens dann fallen.

Eine Ehe läßt sich nicht so einfach verheimlichen. Ein Mann kann nicht seine Privatnummer weitergeben oder jeden Samstag ausgehen, deswegen kommt ihm eine Frau, die sich an die *Regeln* hält, irgendwann auf die Schliche. Eine Frau, die sich nicht an die *Regeln* hält, braucht wahrscheinlich länger, weil sie spontan auch eine Verabredung unter der Woche annimmt. Wenn seine Frau einkaufen ist oder länger arbeiten muß, kann der Mann seine Geliebte anrufen, die auch kurzfristig zur Verfügung steht. Und weil sie ziemlich schnell mit ihm ins Bett ging, zögert sie, ihm den Laufpaß zu geben, selbst wenn sie herausfindet, daß er verheiratet ist.

Eine Frau, die sich an die *Regeln* hält, ist da ganz anders. Sie akzeptiert keine spontanen Einladungen zum Mittagessen und Verabredungen unter der Woche, vor allem nicht, wenn er sich nicht auch für Samstag mit ihr verabredet. Alles muß von langer Hand geplant werden, und damit macht sie einem verheirateten Mann zuviel Mühe.

Dieses Kapitel wendet sich an Frauen, die sich wissentlich mit einem Mann treffen, der nicht einmal getrennt, sondern immer noch mit seiner Frau unter einem Dach lebt. Wir reden hier von den Männern, die auf eine Annonce antworten oder in einem Chatroom erzählen: »Hallo, schönes Kind ... meine Ehe ist sehr unbefriedigend ... ich bin nicht glücklich ... wir schlafen getrennt ... Ich bin bereits auf Wohnungssuche ...« Wir sprechen von Frauen, die diesen Männern glauben und denken, sie könnten sie kriegen, selbst wenn die Männer wahrscheinlich lügen und immer noch mit ihrer Frau schlafen. Wenn Sie mit einem Mann ausgehen, der immer noch mit seiner Frau, seinen Kindern und seinem Hund zusammenlebt, sollten Sie sich schämen!

Das ist nicht nur falsch und riskant für Sie, weil solche Männer selten »die andere Frau« oder »ihre Affäre« oder »die Frau für den Übergang« heiraten. Sie machen sich auch seine Frau und seine Kinder zu Feinden. Und mit ihnen werden Sie weiterhin zu tun haben, wenn Sie es letztendlich doch schaffen, den Mann zu heiraten. Denken Sie also daran, der Schuß könnte nach hinten losgehen, denn eine Affäre verhindert auch, daß sie andere, ungebundene Männer kennenlernen. Wenn Sie nur noch den untreuen Gatten einer anderen im Kopf haben, bleiben Ihnen weniger Zeit und Energie für all die anderen allein oder getrennt lebenden, geschiedenen oder verwitweten Männer.

Wenn Sie es richtig machen (und sich am nächsten Morgen noch im Spiegel anschauen) wollen, sollten

Sie einem verheirateten Mann sagen: »Tut mir leid, kein Interesse. Du kannst mir eine E-Mail schicken, wenn Du Dich von Deiner Frau getrennt hast. Viel Glück!« (So eine Absage erhöht obendrein Ihre Chancen, daß er sich von seiner Frau trennt, wenn er wirklich Interesse an Ihnen hat.)

Dann warten Sie, bis er tatsächlich ausgezogen ist – und damit meinen wir nicht, daß er dreimal die Woche bei seinen Eltern unterkriecht, wenn er sich mit seiner Frau gestritten hat. Er soll sich nicht nur Wohnungen ansehen, sondern einen Mietvertrag unterschreiben, einen eigenen Telefonanschluß beantragen, seine eigenen Schlüssel haben und eine Zahnbürste kaufen. Und dann sollte er in dieser Wohnung ein paar Monate leben! Gehen Sie nicht mit einem Mann aus, der erst vor ein paar Tagen bei seiner Frau ausgezogen ist. Damit riskieren Sie nur, verletzt zu werden, denn er kann schnell wieder bei ihr einziehen, außerdem ist er wahrscheinlich noch gar nicht bereit für eine neue ernsthafte Beziehung. Vertrauen Sie uns – er beendet nicht seine Ehe und bindet sich dann gleich wieder. Und Vorsicht bei einem Mann, in dessen Ehe es heftig auf- und abgeht. Manchmal ist ein Mann gerade ausgezogen, wenn Sie ihn kennenlernen, und kehrt dann wieder zu seiner Frau zurück. Oder Sie finden heraus, daß er sich immer noch mit ihr trifft oder immer noch etwas für sie empfindet. Oder seine Kinder vermissen ihn, oder eines von ihnen muß operiert werden. Dann lautet die Regel: Sobald er wieder daheim einzieht oder sich wieder mit seiner Frau trifft, verlassen Sie ihn. Überlegen Sie einmal: Wollen oder brauchen Sie wirklich so einen Mann?

Versuchen Sie nicht zu mogeln. Denken Sie nicht:

»Wenn ich weiterhin mit ihm ausgehe, obwohl er sich mit seiner Frau trifft, für ihn koche, putze und einkaufe, vielleicht zieht er mich dann ihr vor.« Oder noch schlimmer: »Wenn es ihn nicht stört, weiterhin mit seiner Frau zusammenzuleben, obwohl er sich mit mir trifft, warum dann die Kinder beunruhigen?« oder »Warum sollte er unnötig Geld für eine eigene Wohnung ausgeben?« oder »Warum die Erbschaft seiner Schwiegermutter riskieren? Dann hat er schon mehr Geld, wenn er später auszieht und mit mir zusammenlebt!« Diese Strategien funktionieren selten, sie sind schäbig und falsch.

Heather (BuxomBeauty44) mußte das auch erfahren. Barry (HotLawyer49) antwortete auf ihre Anzeige, die aus mehreren Fotos im Playboystil und zahlreichen verheißungsvollen Anspielungen bestand (zum Beispiel schrieb sie bei ihren Hobbys: »Mit einem sexy Mann im Whirlpool sitzen«). Müssen wir noch mehr sagen? Heather hielt sich nicht an die *Regeln* (siehe Regel 3, 4 und 5). Sie dachte, sie könnte ihr Übergewicht überspielen, indem sie ihr Dekolleté zur Schau stellte.

In seiner ersten E-Mail, die Barry spät nachts tippte, als seine Frau schon im Bett war, schrieb er, bei ihren Fotos bleibe ihm die Spucke weg. Er rückte aber auch gleich damit heraus, daß er mit seiner Frau noch zusammenlebe, die Ehe aber nur noch auf dem Papier bestehe. Sie würden nicht mehr miteinander schlafen, und er werde bald ausziehen, derzeit sei das aber nicht möglich wegen der Finanzen und der drei Kinder. Er schrieb, er wisse, das sei für eine andere Frau nicht schön, aber sie solle ihm trotzdem eine Chance geben. »Wir können uns ein paar E-Mails oder Instant

Messages schicken und sehen, wohin das führt. Man kann nie wissen …«

Auf dem Foto sah er unglaublich gut aus. Heather fand seine großen blauen Augen unwiderstehlich. Anstatt sich an die *Regeln* zu halten und zu schreiben: »Nein danke. Schreib mir, wenn Du Dich von Deiner Frau getrennt hast, und noch viel Glück in Deiner Ehe«, schickte ihm Heather abends gegen 7 Uhr eine Instant Message: »Danke, daß Du so ehrlich bist. Tut mir leid mit Deiner Ehe. Wie lange seid Ihr schon verheiratet, und warum bist Du so unglücklich?« Normalerweise konnte Barry um diese Zeit nicht antworten, aber seine Frau arbeitete an dem Tag länger. Daher schrieb er sofort zurück:

HotLawyer49: *Bin seit 18 Jahren verheiratet. Wir gingen schon auf dem College miteinander. Ich fand sie nett, wir freundeten uns an, und dann dachte ich, ich würde sie lieben, weil sie immer für mich da war … Zwei Jahre nach dem College dachte ich mir, sie wäre bestimmt eine gute Frau, und machte ihr einen Heiratsantrag. Sie ist eine gute Ehefrau, aber ich langweile mich. Kein Sex, keine Leidenschaft, nur Arbeit und der Haushalt und die Geburtstagsfeste der Kinder, Fußballtraining und ab und zu samstags Kino mit einem anderen Ehepaar. Ich brauche ein bißchen mehr Abwechslung …*

BuxomBeauty44: *Weiß Deine Frau, wie Du darüber denkst?*

HotLawyer49: *Mehr oder weniger … Letztes Jahr hatte ich drei Monate lang eine Affäre mit einer Kollegin. Sie fand es heraus und war verzweifelt, hat mir aber verziehen, als ich mit der Kollegin*

Schluß machte ... Aber ich glaube, sie weiß, daß ich nicht glücklich bin ...

BuxomBeauty44: *Warum ziehst Du nicht aus?*

Hot Lawyer49: *Die Kinder. Geld. Ich habe kein Geld für eine eigene Wohnung, ich muß die Zahnspangen und Ferienlager der Kinder bezahlen ... das sind schon Geldsorgen genug ... Aber was ist mit Dir? Warum ist so eine schöne und sexy Frau wie Du allein?*

BuxomBeauty44: *Vielen Dank! Na ja, nach einer schlimmen Trennung habe ich 15 Kilo zugenommen. Ich war zweimal verlobt. Es ist schwer, einen guten Mann zu finden ... einer der treu ist und sich um mich kümmert.*

HotLawyer49: *Also ich finde, Du siehst unglaublich heiß aus, auch mit den 15 Kilo! Wenn ich mit Dir zusammen wäre, hätte ich bestimmt keinen Grund fremdzugehen ... Du könntest Model sein. Wie wäre es, wenn wir unser Gespräch bei einem Drink oder Mittagessen fortsetzen? Es wird spät, und ich habe morgen ganz früh eine Besprechung ...*

BuxomBeauty44: *Na ja, eigentlich mache ich so etwas nicht, aber Du scheinst es aufrichtig zu meinen ...*

HotLawyer49: *Wunderbar! Warum treffen wir uns nicht morgen in der Mittagspause? Wie erreiche ich Dich am besten?*

BuxomBeauty44: *Okay, ich denke, es ist in Ordnung, wenn wir uns einmal treffen. Meine Handynummer ist 555-5515. Ich lasse es die ganze Zeit an.*

Barry rief noch am gleichen Abend an. Am nächsten Tag trafen sich die beiden zum Mittagessen (wenn sich eine Frau mit einem verheirateten Mann verabredet, verstößt sie meist auch gegen die Regel, sich nicht in letzter Minute mit einem Mann zu verabreden). Sie zogen sich an einen Tisch in einer dunklen Nische des Restaurants zurück und tranken eine Flasche Wein.

Leicht beschwipst und schwer verliebt kehrte Heather ins Büro zurück. Sie schickte ihm gleich eine E-Mail: »Vielen Dank für das Mittagessen, es war köstlich!« und setzte ein Smiley darunter.

Die beiden schickten sich jeden Abend, wenn Barrys Frau schon im Bett war, E-Mails und Instant Messages. Für ihn war die Beziehung über das Internet perfekt: keine Anrufe, keine Beweise. Seine Frau dachte, er würde jeden Abend am Computer an einem Fall arbeiten. Mit der Zeit wurden die E-Mails immer anzüglicher. Barry leitete sie an seine Freunde weiter und prahlte mit seiner neuen blonden und vollbusigen Freundin.

Bei der vierten Verabredung zum Mittagessen schlug Barry vor, gar nicht erst ins Restaurant, sondern gleich in ein Hotel zu gehen. Dort hatten sie dreimal Sex und ließen sich etwas zu essen aufs Zimmer kommen. Heather war überzeugt, daß Barry sich in sie verliebt hatte, weil er sie jede Woche sehen wollte. Sie trafen sich entweder in einem Restaurant oder in einem Hotel. Er schickte ihr einfach so einen großen Strauß Rosen und unterschrieb mit »Küßchen, Barry«. Er war so wunderbar und gut im Bett, daß es ihr nichts ausmachte, wenn er nur über seine Probleme redete (Frau, Kinder, Geld, Arbeit). Er erkundigte sich nie danach, wie es ihr ging, und erwähnte auch nicht mehr, daß er bald ausziehen wolle. Sie war einfach zufrieden, mit ihm zusammenzusein. Heather ignorierte alle anderen E-Mails, die auf ihre Annonce hin kamen, und zog schließlich die Anzeige ganz zurück, weil sie nicht wollte, daß Barry eifersüchtig wurde. Außerdem war sie sicher, daß Barry seine Frau bald verlassen würde.

Nach drei Monaten begann Barry über die Kosten zu meckern, wenn sie sich in einem Hotel trafen und beim Roomservice dreigängige Mahlzeiten mit Champagner bestellten. Da sie doch ganz in der Nähe wohne, könnten sie sich doch auch in ihrer Wohnung treffen, schlug er vor. Sie könnte ein paar Sandwiches mit Thunfisch machen, dazu bitte Chips und Cola – aber kein Pepsi, er möge nur Cola.

Heather machte das nichts aus. Sie fühlte sich ein bißchen wie eine Ehefrau, wenn sie das Mittagessen für sie beide machte. Sie stellte sich vor, wie sie beide in ihrer Wohnung leben würden, wenn er erst einmal ausgezogen sei, dann könnte er viel Geld sparen. Heather dachte, sie könnte das System überlisten und einen verheirateten Mann bekommen.

Aber sechs Monate vergingen, und Barry sprach immer noch nicht davon auszuziehen. Heather wollte sich nicht mehr länger mit Sandwiches und Sex in der Mittagspause zufriedengeben und ließ in ihren E-Mails Andeutungen über eine gemeinsame Zukunft fallen. Als das nichts bewirkte, kam sie direkt darauf zu sprechen, beim Mittagessen und sogar beim Sex. Barry antwortete immer das gleiche: »Ich bin noch nicht soweit. Ich habe dir doch gleich am Anfang gesagt, daß es keine Garantie gibt ... zur Zeit kann ich dir einfach nicht mehr bieten.« Eines Tages sagte er schließlich: »Wenn du mehr willst, mußt du dir einen anderen suchen.«

Heather ignorierte diese Bemerkung und drängte ihn weiterhin, auszuziehen und häufiger mit ihr zusammenzusein. So bettelte sie, er solle zur Weihnachtsfeier bei ihr im Büro kommen (obwohl Barry anders als Heather strikte Regeln hatte und sich nur zum Mittagessen, aber nie abends mit ihr verabredete) oder mit ihr übers Wochenende wegfahren und sich für seine Frau irgendeine Ausrede überlegen. Barry lehnte immer ab. Schließlich hatte Heather genug und fragte ihn: »Du sagst, du liebst mich, aber hast du wirklich vor, deine Frau zu verlassen ... oder geht es dir nur um Sex?«

In die Enge getrieben gab Barry zu, daß er Heather nicht liebe und er seine Frau auch nicht verlassen würde, sie sei eine gute Frau und die Mutter seiner Kinder. Er könne nie etwas tun, was sie verletzen würde. »Wir können uns zum Mittagessen treffen, aber alles weitere läuft bei mir nicht«, erklärte er. Heather schrie ihn an, er habe sie hereingelegt. Barry beschloß, die Beziehung zu beenden, und sagte ihr, sie solle ihm nie wieder eine E-Mail schicken. Er änderte sogar seine E-Mail-Adresse!

Heather war untröstlich.

Zwei Monate später saß Barry zusammen mit seiner Frau in der Mittagspause in einem Restaurant. Heather kam zufällig mit einer Freundin herein. Barry ignorierte sie und sah nicht einmal in ihre Richtung. Er ging auch nicht zur Toilette, um auf dem Weg dorthin heimlich Heather zu grüßen. Er starrte nur die ganze Zeit auf seinen Teller und tat so, als würde er sie nicht sehen. Schließlich bezahlte er ganz überstürzt und verließ Arm in Arm mit seiner Frau das Restaurant.

Heather war am Boden zerstört. Sie brachte keinen Bissen herunter und weinte so heftig, daß ihr ganzes Make-up verschmierte. Sie konnte nicht zurück ins Büro und meldete sich sogar am nächsten Tag krank. Sie brauchte ein halbes Jahr, um über Barry hinwegzukommen.

Heather wandte sich ratsuchend an uns. Wir sagten ihr, daß so etwas nie funktioniert, sie solle sich lieber von verheirateten Männern fernhalten. Sie sollte ein bißchen abnehmen und wieder eine Kontaktanzeige im Internet aufgeben, ihren Nickname aber in »Blond-Beauty« ändern, ein hübsches Bild nehmen, auf dem sie lächelte, und die Fotos im Playboystil weglassen. Außerdem sollte sie sich Anspielungen wie »mit einem sexy Typ im Whirlpool sitzen« verkneifen und statt dessen ihre richtigen Hobbys nennen, nämlich »Tennis und Swingtanzen«.

Heather hielt sich an unsere Ratschläge und schwor, sie habe ihre Lektion gelernt und dabei nicht nur ihre Selbstachtung, sondern auch ein Jahr ihres Lebens verloren, ein Jahr, in dem sie vielleicht den Richtigen kennengelernt hätte.

Warum es sich so schwermachen? Nehmen Sie sich das Beispiel von Heather und zahllosen anderen Frauen zu Herzen, die sich mit verheirateten Männern einließen. Machen Sie nicht den gleichen Fehler! Finger weg von verheirateten Männern!

Regel Nummer 22

Ruinieren Sie Ihre Partnerschaft nicht wegen eines Online-Flirts

Früher gingen Partnerschaften und Ehen in die Brüche, weil ein Mann eine Affäre mit seiner vollbusigen Sekretärin oder einer freundlichen Stewardeß hatte oder sich eine Frau mit einem verständnisvollen Kollegen oder ihrem gutaussehenden Chef einließ. Heute kann auch ein Online-Flirt eine Beziehung zerstören. Wir haben von Männern und Frauen gehört, die unzufrieden in ihren Beziehungen waren oder sich langweilten und in Chatrooms nach ein bißchen Abwechslung suchten. Aus manchen E-Mail-Beziehungen wurde dann eine Affäre. Die Partner im wirklichen Leben kamen dahinter, und der Schaden war groß.

Also Vorsicht! Ein Online-Flirt ist nicht harmlos. Wenn Sie Ihre bestehende Beziehung nicht gefährden wollen, sollten Sie es sich gut überlegen, in Chatrooms zu flirten. Männer schicken Ihnen Instant Messages und unterhalten sich mit Ihnen, und Sie wissen nicht, wohin das führt. Vielleicht werden Sie gefragt, ob Sie »bei einem Kaffee oder gemeinsamen Essen weiterplaudern« wollen. Wenn Sie sich von Ihrem Partner vernachlässigt fühlen oder sich gerade mit ihm gestritten haben, klingt der Vorschlag vielleicht ganz verlokkend.

Hier zwei traurige Beispiele, wie ein Online-Flirt eine Partnerschaft zerstörte:

Jennifer, eine 29 Jahre alte Lehrerin, war fast ein Jahr lang mit Peter zusammen, einem 33jährigen Betriebswirt. Jennifer dachte, sie hätte mit dem gutaussehenden, netten und liebevollen Geschäftsmann den Mann fürs Leben gefunden. Sie hatten schon über Verlobung gesprochen und wollten die Ringe aussuchen, sobald Peter von einer Geschäftsreise aus London zurückkam. Peter bereitete dort gerade eine wichtige Fusion vor und machte Tag und Nacht Überstunden. Jennifer war glücklich, einen so fleißigen Partner zu haben, fühlte sich aber auch ein bißchen einsam. Sie war daran gewöhnt, jedes Wochenende mit Peter zu verbringen. Ihre drei besten Freundinnen waren damit beschäftigt, ständig neue Männer kennenzulernen, zwei besuchten regelmäßig Chatrooms für Singles. Ständig schickten sie ihr E-Mails mit Personenbeschreibungen. Offensichtlich amüsierten sie sich dabei prächtig!

Eines Abends rief Peter aus London an. Es gebe Probleme mit der Fusion, er müsse noch eine Woche länger bleiben. Jennifer war enttäuscht. Weil sie sich langweilte, ging sie ins Internet und meldete sich bei einer Kontaktbörse an. Sie wählte dafür den Nickname Schoolteacher2. Wenn ihr jemand eine Instant Message schicken würde, wollte sie sich »Beth« nennen. Sie loggte sich bei dem Chatroom für Singles ein, von dem ihre Freundinnen so viel erzählt hatten. Alle schienen sich zu kennen, und Jennifer wußte nicht, was sie sagen sollte. Sie wollte schon wieder gehen, als CoolGuy31 sie ansprach.

»Hallo, ich bin Oz. Das ist mein Codename. Mein

Lieblingsfilm ist *Der Zauberer von Oz.* Ich studiere Sonderpädagogik. Wer bist Du? Bist Du Lehrerin? Welche Fächer?«

Jennifer: »Hallo, ich heiße Beth. Ich bin Grundschullehrerin.«

Sie plauderten darüber, warum sie sich für den Beruf entschieden hatten (sie mochten beide Kinder und fanden die langen Ferien toll). Sie stellten fest, daß sie viel gemeinsam hatten, auch die Hobbys: Tennis und Wandern. Oz war witzig und erzählte lustige Geschichten über Bekanntschaften, die er im Internet gemacht hatte. Manchmal waren die Frauen so häßlich (mit Fotos, die mindestens zehn Jahre alt waren), daß er nicht einmal eine Tasse Kaffee mit ihnen durchstand. Er erzählte ihr sogar von seiner Abmachung mit einem Freund, der Oz bei einer Verabredung nach zehn Minuten anrief, damit Oz eine Ausrede hatte und gehen konnte, wenn ihm die Frau nicht gefiel.

Während des Gesprächs dachte Jennifer immer wieder an Peter. Er war ihr Traummann, aber in letzter Zeit war er wegen seiner Arbeit so ernst gewesen. Mit Oz dagegen amüsierte sie sich königlich. Das war viel besser als Fernsehen! Nach etwa einer Stunde fragte Oz, ob sie sich vielleicht einmal auf einen Kaffee treffen könnten.

»Nein, danke. Ich bin in einer festen Beziehung«, antwortete sie.

»Was machst Du dann in einem Chatroom für Singles?«

»Mein Freund ist auf Geschäftsreise, und meine Freundinnen haben mir so von Chatrooms vorgeschwärmt, daß ich es auch einmal probieren wollte«, antwortete sie.

Schon bald war Jennifer regelrecht süchtig. Immer wieder loggte sie sich bei dem Chatroom ein und plauderte mit Oz. Sobald sie da war, schickte Oz ihr eine Instant Message: »Schon wieder ein übles Date ... sie hatte etwa 20 Kilo Übergewicht und hörte nur auf zu reden, wenn sie den Mund gerade mit Essen voll hatte! Ich fragte nach der Rechnung und war weg. Manchmal wünschte ich, Du hättest keinen Freund, Du bist so nett und unkompliziert. Bist Du sicher, daß wir uns nicht einmal treffen können?« Beth (Jennifer) sagte immer: »Ich würde ja gerne, aber das geht wirklich nicht ...«

Drei Wochen später war Peter wieder auf Geschäftsreise. Sie hatten immer noch keine Ringe ausgesucht, weil er noch warten wollte, bis er seine Provision für die Fusion bekam. Jennifer fühlte sich wieder einmal einsam und chattete mit Oz.

Wieder wollte er sich mit ihr treffen.

Sie dachte: Warum nicht? Ist doch rein platonisch. Peter ist sowieso nicht da. Wir unterhalten uns eine Stunde, und dann gehe ich wieder.

Als sie das Café betrat, sah sie einen von Peters Basketballkumpels, den sie unausstehlich fand. »Hallo Mark, was machst du denn hier?«

»Ich treffe mich mit einer Frau, die ich in einem Chatroom kennengelernt habe. Sie muß toll sein. Und du?«

»Ich treffe mich mit einer Freundin«, log sie.

»Wo ist Peter?«

»Auf Geschäftsreise«, antwortete sie.

Sie starrten sich minutenlang an. Schließlich ging Mark ein Licht auf: »O Gott, du bist Beth! Sie schrieb, sie würde einen rosa Pullover tragen! Ich bin Oz.«

Jennifer war so verblüfft, daß sie nicht einmal lügen konnte. »Ich kann es nicht glauben! Hör zu, erzähl bitte Peter nichts davon ... Ich wollte eigentlich gar niemanden treffen. Meine Freundinnen sind dauernd in Chatrooms für Singles, und ich wollte es einfach auch einmal probieren. Wir wollen unsere Verlobungsringe aussuchen, sobald er aus Los Angeles zurück ist. Sag ihm bitte nichts! Das kann doch unser Geheimnis bleiben, ja?« bat sie ihn.

»Peter ist mein Freund, ich muß es ihm sagen. Du solltest dich nicht in Chatrooms für Singles herumtreiben. Das hat er nicht verdient. Woher soll ich wissen, daß ich der einzige bin? Vielleicht hast du noch andere Freunde im Netz, mit denen du dich triffst, wenn Peter nicht da ist ...«

»Du spinnst. Ich habe keine anderen Freunde, ich habe mir nichts zuschulden kommen lassen. Du bist gemein, wenn du ihm etwas sagst!« schrie Jennifer und stürmte hinaus.

Sobald Peter aus Los Angeles zurück war, erzählte Mark ihm alles. Peter rief Jennifer an und tobte: »Ich schufte Tag und Nacht wie ein Hund, und du surfst in Chatrooms und verabredest dich mit anderen Männern? Zum Glück habe ich noch keine Ringe gekauft. Mit uns ist es aus!« schrie er.

Jennifer versuchte zu erklären, daß alles ganz harmlos war, aber Peter sagte, er könne ihr nicht mehr vertrauen, und machte zwei Tage vor ihrem einjährigen Jubiläum Schluß. Jennifer war am Boden zerstört.

Wenn Sie in festen Händen sind und nicht wollen, daß es Ihnen so ergeht wie Jennifer, sollten Sie die Finger von Online-Flirts lassen. Bleiben Sie beim Thema, wenn Sie in einem Chatroom über Politik oder Skifahren plaudern, werden Sie nicht zu intim, und treffen Sie sich nicht mit einem Gesprächspartner. Sobald Sie den Schritt vom Online-Flirt zu einem richtigen Rendezvous getan haben, befinden Sie sich auf dem besten Weg, Ihren Partner zu betrügen.

Bei Sarah ging es noch um viel mehr als bei Jennifer. Sie setzte ihre seit drei Jahren bestehende Ehe mit Bob aufs Spiel. Sarah und Bob hatten sich bei einem Blind Date kennengelernt. Beide gingen gern tanzen, auswärts essen oder zu Veranstaltungen. Sie verstanden sich wunderbar. Das einzige, was Sarah störte, war Bobs Desinteresse an Politik. Als überzeugte Republikanerin arbeitete Sarah als Assistentin für einen politischen Berater, war süchtig nach Nachrichten und las jeden Tag drei Zeitungen. Bob war Zahnarzt und Sportfan und hatte keinerlei Interesse an Politik, er hatte bei den letzten Wahlen nicht einmal gewählt. Sarah hätte sich gern mit Bob über Politik unterhalten, aber nach drei Jahren gab sie auf. Als Bob übers Wochenende bei einem Zahnarztkongreß war, loggte sich Sarah bei einem Chatroom für Politik ein und fand es sehr interessant. Mehrere Männer schickten ihr sofort Instant Messages. Ihr gefielen die Kameradschaft und die anregende Unterhaltung.

Schon bald war Sarah regelrecht süchtig. Abends, wenn Bob eingeschlafen war, zog sie ihren Bademantel an und schlich auf Zehenspitzen zum Computer. So ging es wochenlang. Sie erzählte Bob nichts davon, weil meist nur Männer im Chatroom waren und er nicht denken sollte, sie würde etwas Unanständiges tun.

Eines Abends schickte Jim (HandsomeEngineer49)

Sarah eine Instant Message. Die beiden redeten zwei Stunden lang über Wahlen, den Bundeshaushalt, die Demokratische Partei und schließlich auch über ihr eigenes Leben. Jim war Ingenieur und hatte eine eigene Firma, außerdem war er überzeugter Republikaner, frisch geschieden und hatte zwei Töchter im Teenageralter. Abends konnte Sarah es kaum erwarten, bis Bob im Bett war und sie mit Jim plaudern konnte. Schließlich fragte Jim, ob er sie anrufen könne, und Sarah gab ihm ihre Geschäftsnummer.

Jim rief eines Tages an und sagte: »Ich bin ganz in der Nähe, gehen wir zusammen mittag essen?« Sarah fand das harmlos. Sie verabredeten sich und tranken Piña Coladas. Zwei Stunden später war Sarah wieder im Büro und immer noch ganz hingerissen von Jim. Er war so ein kluger und faszinierender Gesprächspartner.

Sie trafen sich immer häufiger zum Mittagessen, zuerst einmal, dann zweimal pro Woche. Jeden Tag telefonierten sie miteinander oder schickten sich E-Mails und Instant Messages. Je besser sie Jim kennenlernte, desto langweiliger wirkte Bob. Jim war aufregend, weltmännisch, witzig und vor allem Republikaner wie Sarah. Bob war solide und verläßlich, aber manchmal hatte sie das Gefühl, sie könne mit ihm nur über Zahnweiß und Baseball reden. Sarah hatte ein schlechtes Gewissen, fand aber nicht, daß sie Bob betrog, schließlich küßten sie und Jim sich nicht und hielten nicht einmal Händchen. Es war doch ganz normal, Bob interessierte sich nun einmal nicht für Politik und war auch kein eifersüchtiger Typ.

Eines Tages beim Mittagessen beugte sich Jim zu Sarah und sagte: »Du hast da etwas Tomatensauce an der Wange…«, und küßte sie auf die Wange. Sie hatten beide Wein getrunken, aber trotzdem wollte Sarah »bitte nicht« sagen, doch da küßte er sie schon auf den Mund. Das war der Anfang ihrer zweimonatigen Affäre. Sarah hatte das nie beabsichtigt, sie hatte nur mit jemandem über Politik diskutieren wollen, mußte aber zugeben, daß sie ganz hingerissen von Jim war.

Eines Nachts wachte Bob auf und ging in die Küche, um sich ein Glas Wasser zu holen. Dabei sah er Licht im Arbeitszimmer. Sarah war bei ihrem Online-Geturtel mit Jim kurz auf die Toilette gegangen und hatte den Computer angelassen.

Bob las die anzüglichen Instant Messages und sah, daß sich seine Frau mit dem HandsomeEngineer49 »morgen an unserem Tisch zur gewohnten Zeit« verabredet hatte. Er fiel aus allen Wolken und stellte Sarah zur Rede.

Sie stritt alles ab. Sie sagte, sie hätte nur im Chatroom mit ihm geplaudert, aber ihn noch nie getroffen. Da sei nichts. Aber Bob glaubte ihr nicht. Am nächsten Morgen fand er ihr Passwort heraus (es war das gleiche wie für die Bank) und las alle belastenden E-Mails. Er rief seinen besten Freund an, vereinbarte einen Termin beim Anwalt und beantragte die Scheidung. Abends packte er die Koffer und zog aus. Sarah versuchte, mit Bob zu reden, während er packte, aber er hörte nicht zu.

Sarah begriff, daß ihre Ehe ruiniert war. Sie überlegte: Vielleicht sollte es so sein, vielleicht bin ich für Jim bestimmt? Sie rief Jim an und erzählte ihm, was passiert war. Sie dachte, es würde ihn freuen, daß sie sich nicht mehr verstecken mußten und auch samstags zusammen ausgehen konnten. Sie sagte, sie könne es kaum erwarten, sich am nächsten Tag mit ihm zu treffen.

Aber Jim rief am nächsten Tag nicht an. Schließlich meldete sie sich bei ihm. Er sagte, er sei mitten in einer Besprechung und rufe zurück.

Wieder meldete er sich nicht. Sarah versuchte, ihn daheim zu erreichen. Nichts. Abends ging sie ins Internet, aber er war nicht im Chatroom. Sie rief ihn tags darauf im Büro an. Er sagte: »Schau, was passiert ist, tut mir leid. Ich wollte eure Ehe nicht kaputtmachen. Ich habe gerade erst eine Beziehung hinter mir und will nichts Festes. Ich finde dich hübsch, nett und klug, aber ich will nicht mehr als bisher – Mittagessen und ... du weißt schon. Ich muß jetzt aufhören, in fünf Minuten kommt ein Kunde ...«

»Du meinst, du willst dich dieses Wochenende gar nicht mit mir treffen? Ich dachte, wir könnten jetzt zusammensein. Wie ein richtiges Paar.«

»Ich will keine feste Bindung. Warum versucht du nicht, dich mit deinem Ehemann auszusöhnen? Ich fürchte, wir wollen nicht das gleiche ... aber ich muß jetzt aufhören, mein Kunde ist da. Wenn du mal mit mir Mittagessen willst, ruf an.«

Sarah konnte es nicht glauben. Es war wie ein böser Traum, ein richtiger Alptraum. Noch vor wenigen Wochen hatte sie einen Mann und eine ziemlich gute Ehe. Aber wegen eines dummen Online-Flirts hatte sie ihren Mann verloren, und einen Tag später stand sie auch noch ohne ihren Internet-Casanova da! Sie war ganz allein. Wie konnte das passieren? Wie konnte eine Online-Beziehung so verheerenden Schaden anrichten? Sarah fühlte sich, als ob ihr der Boden unter den Füßen weggezogen worden wäre. Nun mußte sie die Scherben ihres Lebens aufsammeln und neu zusammensetzen, wußte aber gar nicht, wo sie anfangen sollte…

Natürlich denken Sie, so etwas könnte Ihnen nicht passieren, aber es geschieht jeden Tag. Also Vorsicht. Auch wenn Sie schwer in Versuchung geraten, sollten Sie Ihre Beziehung nicht wegen eines Online-Flirts riskieren (nur weil Sie sich zufällig gerade langweilen). Aus einem Traum kann schnell ein Alptraum werden, und am Schluß stehen Sie voller Reue und Selbstverachtung ganz alleine da.

Wenn Sie aus einem guten (und harmlosen!) Grund einen Freund im Internet haben, machen Sie es wie Brittany. Sie loggte sich gern bei einem Chatroom für Backgammonspieler ein, wenn sie nicht mit Scott verabredet war, ihrem Freund, mit dem sie seit einem Jahr ging.

Manchmal rief Scott an und merkte, daß Brittany mit den Gedanken woanders war. »Was machst du?« fragte er. »Arbeiten«, log sie, weil sie nicht sicher war, wie er darauf reagieren würde, daß sie mit anderen Männern im Internet chattete.

Aber als Scott sie wieder einmal fragte, wollte Brittany ihn nicht länger belügen, außerdem waren ihre Chats völlig harmlos, warum sollte er also denken, sie würde ihn betrügen?

»Du weißt doch, daß ich ganz verrückt nach Backgammon bin? Also, ich logge mich mehrmals in der Woche bei einem Backgammon-Chatroom ein. Das macht wirklich Spaß«, erzählte sie.

»Ja, von Chatrooms habe ich schon gehört. Aber sind die nicht nur was für Männer, die Frauen aufreißen wollen?« fragte er.

»Nein, das ist kein Chatroom für Singles, es geht nur um Backgammon. Wirklich.«

»Na klar!« antwortete Scott.

»Es stimmt wirklich«, beharrte Brittany.

»Damit kenne ich mich nicht aus, ich hoffe nur, daß du nicht mit anderen Männern flirtest. Halt dich an die Frauen, okay?«

»Ich habe dort sowohl Männer als auch Frauen kennengelernt, aber die sind wirklich nett und witzig. Da gibt es einen, BackgammonKing34, der ist wahnsinnig komisch. Ein echtes Original, den würdest du auch mögen. Warum kommst du nicht vorbei und überzeugst dich selbst?« fragte sie.

Am nächsten Abend kam Scott vorbei und ging zusammen mit Brittany in den Chatroom.

Er schickte BackgammonKing34 folgende Instant Message: *Hallo, Backgammon King, ich weiß, daß du dich gar nicht für Backgammon interessierst, in Wirklichkeit willst du nur Frauen aufreißen. Aber Finger weg von meiner Freundin!*

BackgammonKing34: *Keine Sorge. Ich habe eine Freundin. Ich spiele seit dem College Backgammon.*

Scott: *Cool.*

Brittany und Scott lachten und chatteten weiter mit Brittanys Backgammonfreunden.

Brittany war froh, daß sie Scott von dem Chatroom erzählt hatte. Wenn er es zufällig herausgefunden hätte, wäre er bestimmt sauer gewesen und hätte ihr womöglich nicht mehr vertraut. Aber ihre Ehrlichkeit sprach für sie. Wenn Scott vorbeikam, chatteten sie oft gemeinsam. Der Backgammon-Chat wurde Teil ihres Sonntagabendrituals, genauso wie sie immer Sushi bestellten und sich zusammen *Sex and the City* ansahen.

Wenn Sie also im Netz mit Männern chatten, sollten Sie es bei virtuellen Begegnungen belassen. Treffen Sie sich nicht mit Online-Bekanntschaften. Erzählen Sie Ihrer besseren Hälfte von Ihren Ausflügen in Chatrooms. Sonst könnte es Ihnen wie Jennifer und Sarah ergehen, und Sie könnten Ihre richtige Beziehung ruinieren.

Regel Nummer 23

Seien Sie nicht auf Frauen eifersüchtig, die sich nicht an die Regeln *halten*

Fassen wir noch einmal kurz zusammen: Wenn Sie sich an die *Regeln* halten, antworten Sie nicht auf die Kontaktanzeigen von Männern. Sie schicken Ihnen keine Instant Messages. Sie antworten nicht gleich auf E-Mails. Ihre E-Mails sind sachlich, kurz und höflich, aber nicht romantisch oder gewagt. Typen, die Ihnen die Zeit stehlen, aufbrausende Männer und andere unerfreuliche Elemente werden aussortiert. Damit kommen als Kandidaten vielleicht nur 25 von 100 in Frage.

Möglicherweise haben Sie Freundinnen, die sich nicht an die *Regeln* halten. Sie antworten auf Kontaktanzeigen, gehen in Chatrooms, beantworten die E-Mail eines Mannes umgehend, sieben bei den Kandidaten nicht aus und erhalten deswegen auch mehr E-Mails. Sie sind viel beschäftigter als Sie, haben mehr Beziehungen im Internet, mehr Verabredungen und anscheinend auch mehr Spaß. Sie treffen sich ohne weiteres mit einem Mann auf einen Kaffee, holen fremde Männer am Flughafen ab oder fliegen durch die Gegend, um sich mit ihnen zu treffen. Sie dagegen haben weniger zu tun. Sie brauchen etwa eine Stunde pro Tag, um Ihre E-Mails zu lesen und zu beantworten, dann kehren Sie wieder zu Ihrem gewohnten Leben zurück. Das Leben Ihrer Freundinnen, die sich nicht an die *Regeln* halten, dreht sich dagegen nur noch ums Online-Dating. Sie kleben nur noch am Computer und leben in einer Internet-Seifenoper.

Wenn sie nicht gerade mit Männern chatten, halten sie Sie und fünf andere Freundinnen über den Stand ihrer Beziehungen auf dem laufenden. Das wirkt alles so aufregend, daß Sie zugegebenermaßen neidisch sind. Gegen die *Regeln* zu verstoßen wirkt viel spannender, als die Stunden zu zählen (24!), bis Sie einem Mann zurückschreiben dürfen. Sie denken vielleicht, Sie machen etwas falsch, oder Sie wissen, daß Sie es richtig machen, langweilen sich aber furchtbar dabei. Sie wollen auch ein bißchen Spaß! Womöglich stellen Sie sogar die *Regeln* in Frage. Warum müssen Sie sich eigentlich daran halten?

Wir wissen, wie es Ihnen geht. Viele Frauen empfinden gelegentlich so, vor allem auf Partys, wenn andere Frauen die besten Männer abschleppen. In so einer Situation haben Sie das Gefühl, eine Stunde lang vor dem angesagtesten Club in New York anzustehen und zusehen zu müssen, wie sich andere vor Ihnen reinmogeln. Das ist nicht fair!

Frauen, die in einer Online-Beziehung den ersten Schritt machen, versuchen zu mogeln oder die normale Vorgehensweise zu beschleunigen. Aber Männer lieben nun einmal die Herausforderung und wollen sich um eine Frau bemühen (auch wenn das einem Mann selbst nicht klar ist!). Eine Frau, die sich nicht an die *Regeln* hält und einen Mann zuerst anspricht oder anschreibt, vertraut nicht darauf, daß es irgendwo den Richtigen für sie gibt, der sich um sie bemühen wird. Sie glaubt es entweder nicht oder kann nicht warten. Sie muß es erzwingen. Das hat viel mit Ängsten und geringer Selbstachtung zu tun.

Aber die Kirschen in Nachbars Garten sind nicht immer besser. Langfristig funktionieren die *Regeln,* auch wenn sie kurzfristig betrachtet wenig Spaß machen. Halten Sie sich an die *Regeln,* denn irgendwann entscheidet sich ein Mann für Sie und will dann nur noch Sie! Sicher, es geht langsam, aber das ist wie bei der Geschichte vom Hasen und dem Igel. Am Ende sind Sie zuerst am Ziel.

Ihre Freundinnen, die sich nicht an die *Regeln* halten, haben zwar Quantität, aber keine Qualität. Vielleicht haben sie fünf wilde Internet-Affären, während Sie immer noch auf einen netten Mann warten, der Ihnen schreibt. Die anderen bekommen alles sehr schnell, aber diese Beziehungen lösen sich genauso schnell wieder in Luft auf, wie sie entstanden sind. Also nur kein Neid!

Julie (PrettyBlond29) hält sich strikt an die *Regeln.* Sie liest immer wieder unsere Bücher und streicht sogar bestimmte Stellen an. Sie unternimmt nichts, ohne sich vorher zu vergewissern, daß es den *Regeln* entspricht. Auf Ihre Kontaktanzeige erhielt sie 65 Zuschriften, siebte gründlich aus, bis nur noch 15 übrig waren, und traf sich mit 12 Männern über mehrere Wochen. Etwa eine Stunde am Tag verwendete sie auf E-Mails. Dabei wartete sie immer 24 Stunden mit der Antwort. Gelegentlich loggte sie sich bei einem Chatroom ein (etwa ThirtiesLove) und antwortete kurz und knapp, wenn Männer ihr Instant Messages schickten.

Auf diese Weise lernte sie einen Mann kennen. Er

hatte ihr eine Instant Message geschickt: »Hallo, was macht eine hübsche Blondine wie Du hier? LOL.« Er war sehr nett, deswegen erklärte sich Julie einverstanden, sich mit ihm zu treffen. Sie verabredeten sich nach der Arbeit auf einen Drink. Julie mochte ihn und ging zwei Monate lang mit ihm aus, beendete aber die Beziehung, bevor sie mit ihm schlief, weil sie erkannte, daß sie ihn nicht liebte. Danach ging Julie gelegentlich wieder in einen Chatroom für Singles. Wenn kein Mann sie ansprach, ging sie wieder. Wenn ein Mann nur »ASL« (Kürzel für Alter, Geschlecht, Wohnort) schrieb, ignorierte sie ihn.

Julies Freundin Rhonda (WildNFun32) hing dagegen den ganzen Tag am Computer, schickte Männern E-Mails und Instant Messages und lebte praktisch in einem Chatroom für Singles. Sie lernte 20 Männer kennen und schlief mit der Hälfte von ihnen. Keine Beziehung dauerte länger als ein paar Wochen, aber natürlich hatte sie mehr Abwechslung als Julie. Immer wieder packte sie ihre Koffer, flog nach Martha's Vineyard und besuchte einen wohlhabenden geschiedenen Mann übers Wochenende oder traf sich mit einem steinreichen Jetsetter aus Europa auf einen Drink. Ständig klingelte ihr Handy. Während Rhonda sich Spitzenunterwäsche kaufte, zählte Julie die Stunden, bis sie zwei Männern zurückschreiben konnte, oder zählte ihre E-Mails und sah nach, ob sie in der vierten Mail nach ihrer Telefonnummer gefragt hatten. Und das soll Spaß machen? dachte Julie. Das ist nicht fair!

Aber Julie hielt sich weiterhin an die *Regeln* und sah zu, wie sich Rhondas Beziehungen in Luft auflösten. Rhonda rief von Martha's Vineyard aus an und erzählte ihr, daß der reiche geschiedene Mann doch nicht so gutaussehend oder klug war, wie sie gedacht hatte. Am nächsten Tag beklagte sie sich, daß der Europäer nur von seiner Frau getrennt lebte, aber nicht geschieden war und immer noch gelegentlich mit ihr schlief. Das hielt sie allerdings nicht davon ab, ihn noch einmal zu treffen oder auch mit ihm ins Bett zu gehen. Sie dachte, er habe sich in sie verliebt, aber als sie ihm ein paar Tage später eine E-Mail schickte, kam diese wieder zurück. Er hatte seine Adresse geändert! Es war Rhonda sehr peinlich. Um darüber hinwegzukommen, sprach sie zehn Minuten später in einem Chatroom einen anderen Mann an.

Für Rhonda lief es also gar nicht so toll, aber anstatt aus ihren Erfahrungen zu lernen, brach sie weiterhin ständig die *Regeln.* Wahrscheinlich dachte sie: Dieses Mal ist alles anders. Julie (und hoffentlich Sie) ist dagegen schon viel weiter, selbst wenn sie nicht so viele Männer trifft und keine Abenteuer erlebt, die sie dann in der *Cosmopolitan* veröffentlichen kann.

Wenn Sie sich an die *Regeln* halten, lernen Sie darauf zu vertrauen, daß irgendwann der richtige Mann Ihre Annonce sieht und Ihnen begeistert eine E-Mail schickt. Und Ihre Beziehung wird länger halten als ein Wochenende!

Regel Nummer 24

Führen Sie Tagebuch über Ihre Online-Erfahrungen

Viele Frauen, die sich ratsuchend an uns wandten, litten bei Fragen zu ihren Verabredungen unter Gedächtnisschwund oder konnten sich nur noch vage erinnern. Deswegen gaben wir das *Rules Dating Journal* heraus, eine Art Tagebuch, das sie führen sollten, um sich zu erinnern, wie die Beziehung begann oder an welche *Regeln* sie sich hielten.

Wir stellten einfache Fragen, etwa: »Wer hat wen angesprochen?«, »Wer rief wen an?«, »Wie lange haben Sie miteinander telefoniert?«, »Wie oft haben Sie sich getroffen?« »Wer sprach zuerst aus, daß Sie jetzt ein Paar sind?« Ohne Tagebuch konnten viele Frauen keine genauen Angaben machen.

Diese Vergeßlichkeit, die auch auf dem Bedürfnis nach Selbstschutz basiert, erleben wir gerade auch bei Internet-Beziehungen. Warum? Weil man beim Online-Dating gern zu Träumereien und Phantasiebeziehungen neigt. Frauen erzählen uns immer wieder, daß sie jeden Tag am Computer sitzen und dabei völlig die Zeit vergessen. Für manche Frauen sind Online-Flirts eine Art Droge, eine surreale Welt, in der es keine Zeit und keine *Regeln* gibt.

Sandy zum Beispiel, eine hübsche, 33jährige Buchhalterin, die noch nie in ihrem Leben einen Scheck platzen ließ oder einen Geburtstag vergaß und ihr Auto immer pünktlich zur Inspektion brachte, konnte bei unserem Beratungsgespräch nicht einmal die einfachsten Fragen beantworten:

Keine Ahnung, ich weiß es wirklich nicht mehr… alles war irgendwie gegenseitig, wir trafen uns in einem Chatroom, der hieß ThirtiesLove… oder vielleicht auch FortiesLove, ich weiß nicht mehr genau, ich hatte vier Fenster gleichzeitig offen. Ich weiß nicht, ob er mir zuerst eine Instant Message geschickt hat, wir tauschten unsere Telefonnummern aus, er rief mich an und sprach auf meinen Anrufbeantworter, und ich rief ihn dann zurück. Beim erstenmal unterhielten wir uns etwa 20 Minuten, nein, es war eher eine Stunde, er hat sich mit mir auf einen Kaffee verabredet, und danach habe ich ihn gefragt, ob er mit zu einem Basketballspiel kommen würde, ich hatte zwei Karten. Danach haben wir uns nicht richtig verabredet, wir waren halt viel zusammen. Wir haben uns jeden Tag Instant Messages geschickt. Im April flogen wir für fünf Tage nach Europa, das war seine Idee, er mußte geschäftlich dorthin und nahm mich mit, aber dann mußte er früher zurück. Danach war es zwar wieder ziemlich ausgeglichen, er schickte mir Instant Messages oder E-Mails, und ich ihm. Richtig bemüht hat er sich nicht. Mehr weiß ich nicht mehr, das ist echt schwer.

Ob im Internet oder im richtigen Leben, diese Form der Beziehung ist ein schwerer Fehler.

Wenn Frauen wie Sandy fragen: »Wie soll ich mir

alles merken?«, antworten wir: »Schreiben Sie einfach jede *Regel* auf, die Sie brechen oder an die Sie sich halten.« Schon bald berichteten sie, sie würden nun besser verstehen, was in ihrer Beziehung ablief, und seltener gegen eine *Regel* verstoßen. So ein Tagebuch funktioniert wirklich!

Denken Sie jetzt aber nicht, Sie sollen darin die Namen von Männern notieren, Berufe, Hobbys, Lieblingsfarben, Lieblingsduft, Geburtstag, Namen der Kinder und so weiter, damit Sie gleich Gesprächsstoff zur Verfügung haben und Ihr Interesse bekunden können, wenn ein Mann sich meldet. Der einzige Zweck des Online-Tagebuchs ist, Ihr eigenes Verhalten zu erkennen und eventuell zu korrigieren.

Sie wissen, wie man eine Liste mit Dingen schreibt, die man noch erledigen muß, oder wie man seine Ausgaben festhält oder Kalorien aufschreibt, wenn man auf Diät ist? Ähnlich ist es auch beim Online-Dating. Wenn Sie Ihr Verhalten notieren, wird es Ihnen erst so richtig bewußt, und dann können Sie es ändern. Ein Online-Tagebuch verhindert, daß Sie nachlässig werden. Nehmen Sie sich jeden Tag (oder jede Woche, wenn Ihnen das lieber ist) ein paar Minuten Zeit für Ihr Tagebuch, dann verstoßen Sie seltener gegen die *Regeln.*

Wir haben 26 Fragen aufgestellt, die Sie für jede Online-Beziehung beantworten sollten. Dann sollten Sie darüber mit einer guten Freundin, Ihrem Therapeuten oder jemandem sprechen, der sich ebenfalls an die *Regeln* hält. Das heißt nicht, daß Sie gleich Ihre Autobiographie oder einen Schulaufsatz schreiben müssen. Notieren Sie einfach die Fakten, dann sehen Sie die Ergebnisse. Wenn Ihre Fehler schwarz auf weiß vor Ihnen stehen, können Sie nicht so leicht darüber hinwegsehen oder sich etwas vormachen. Die beste Zeit für Ihr Tagebuch ist natürlich dann, wenn Sie gegen eine *Regel* verstoßen wollen!

1. Wie haben Sie sich bei Internet-Bekanntschaften verhalten, bevor Sie unser Buch lasen? Hatten Sie eigene *Regeln?*

2. Welche Probleme mit Internet-Bekanntschaften haben Sie? Schreiben Ihnen Männer vielleicht viele E-Mails, verabreden sich aber nicht mit Ihnen?

3. Wo liegen Ihre persönlichen Schwächen (können Sie es vielleicht nicht lassen, auf die Annonce eines Mannes zu antworten, weil Sie nicht wissen, daß Sie einen Mann so im Prinzip auffordern, sich mit Ihnen zu verabreden)?

4. Haben Sie sich vorgenommen, sich heute oder diese Woche an bestimmte *Regeln* zu halten?

5. Wenn Sie gerade eine Internet-Beziehung haben:

Wer machte den ersten Schritt (schickte zuerst eine E-Mail oder eine Instant Message)?

Hat er auf Ihre Annonce reagiert, haben Sie auf seine Annonce reagiert, oder haben Sie sich in einem Chatroom kennengelernt?

Wer von Ihnen beiden schreibt häufiger, wer beendet einen Chat zuerst?

6. Falls Sie sich ursprünglich persönlich kennenlernten, jetzt aber zwischen Verabredungen telefonieren oder mailen, wer meldet sich zuerst?

7. Sind Ihre E-Mails kurz (drei Sätze) oder lang (eine Seite)?

8. Schicken Sie Smileys (;-) :-) :-( ), Blümchen, E-Cards oder Liedtexte ohne besonderen Anlaß, weil

Sie spontan an ihn dachten, oder wollen Sie ihn damit daran erinnern, daß es Sie auch noch gibt? (Schlecht)

9. Warten Sie 24 Stunden, bis Sie ihm zurückschreiben? (Gut)

10. Lassen Sie zu, daß er Ihnen den ganzen Tag Instant Messages schickt? (Nicht gut)

11. Achten Sie darauf, nicht Ihren richtigen Namen zu verwenden, den Empfang von Instant Messages zu blockieren oder seine Instant Messages einfach zu ignorieren? Sagen Sie ihm manchmal, daß Sie gerade keine Zeit zum Chatten haben? (Gut)

12. Wer verlagerte die Beziehung von E-Mails auf Telefongespräche?

13. Wer schlug vor, sich einmal zu treffen?

14. Hat er Sie nach der ersten Verabredung angerufen oder Ihnen eine E-Mail geschickt? (Gut) Oder schickt er Ihnen Instant Messages, weil er mit Ihnen chatten will? (Nicht gut)

15. Verabreden Sie sich regelmäßig und kommunizieren dazwischen per E-Mail oder Telefon? (Gut) Oder ist es im Grunde eine E-Mail-Beziehung, bei der Sie sich nur gelegentlich treffen, weil er immer eine Ausrede parat hat (zuviel Arbeit, auf Geschäftsreise, die Eltern sind krank, oder er hat jedes Wochenende die Kinder)? (Nicht gut)

16. Seit wann gehen Sie zusammen aus? Hat er Sie darum gebeten, Ihre Kontaktanzeige zurückzuziehen?

17. Hat er Ihnen gesagt, daß er sie liebt?

18. Wenn Sie sich schon länger als vier Monate kennen, haben Sie das Gefühl, eine Beziehung zu haben? Oder fragen Sie ständig Ihre Freundinnen, was sie darüber denken? Fühlen Sie sich unsicher und

wissen nicht so recht, was zwischen Ihnen und ihm läuft?

19. Ruft er rechtzeitig an oder schickt Ihnen eine E-Mail, wenn er sich mit Ihnen verabredet (spätestens Mittwoch, wenn sie sich am Samstag treffen)? (Gut) Oder schickt er Ihnen in letzter Minute eine Instant Message, weil er aus irgendeinem Grund nicht im voraus plant? (Nicht gut)

20. Ist seine Anzeige immer noch im Netz, obwohl er das Gegenteil behauptet? Sagt er, wenn Sie ihn danach fragen: »Ach, tatsächlich? Ich muß wohl vergessen haben, sie zurückzuziehen.« Ist die Anzeige dann immer noch da? Macht Sie das wahnsinnig? (Nicht gut)

21. Haben Sie ihn schon einmal in einem Chatroom für Singles erwischt oder seine Kontaktanzeige auch bei anderen Partnerbörsen gesehen?

22. Bezieht er Sie in sein Leben ein? Waren Sie schon mal zusammen mit seinen Freunden aus oder gemeinsam auf einer Party? Haben Sie seine Eltern schon kennengelernt? Beziehen Sie ihn in Ihr Leben ein, nehmen ihn mit auf Partys oder zu Ihren Freunden?

23. Falls Sie eine Fernbeziehung führen, hat er Sie schon besucht? Oder hat er Sie nur einmal besucht und erwartet, daß Sie dauernd zu ihm kommen, weil er angeblich nicht weg kann (Arbeit, Kinder und so weiter)?

24. Oder hat er noch gar nicht von Besuchen gesprochen, weil er zwar behauptet, er wolle eine Beziehung, in Wirklichkeit aber nur eine Brieffreundschaft will?

25. Was für eine Erfolgsquote haben Sie, wenn Sie

auf die Annonce eines Mannes antworten? Und welche Quote haben Sie, wenn Männer auf Ihre Annonce antworten?

26. Wenn Sie bei einer Internet-Beziehung, die gescheitert ist, noch einmal von vorn anfangen könnten, was würden Sie anders machen?

Einmal am Tag oder einmal pro Woche sollten Sie die folgenden zehn Fragen beantworten:

1. Halten Sie sich im Internet an die *Regeln*? Wenn ja, an welche?

2. Wenn nicht, gegen welche *Regeln* verstoßen Sie? Antworten Sie auf die Kontaktanzeigen von Männern? Lassen Sie zu, daß Männer nur Ihre Zeit mit endlosen Instant Messages vergeuden, anstatt mit Ihnen auszugehen?

3. Klingt Ihre Anzeige leicht und unbeschwert?

4. Fassen Sie sich bei Fragebögen oder Personenbeschreibungen so kurz wie möglich?

5. Haben Sie Ihre Antworten noch einmal gekürzt, seit Sie dieses Buch lesen?

6. Haben Sie alle Angaben zu früheren Beziehungen gelöscht? Haben Sie auch Ihre Angaben über Wünsche für eine zukünftige Beziehung gestrichen?

7. Haben Sie die Angabe zu Ihrem Einkommen gestrichen (geht niemanden etwas an)?

8. Ist Ihr Foto aktuell und schmeichelhaft? Lächeln Sie?

9. Klingt Ihre Annonce fröhlich? Wirken Ihre Antworten im Fragebogen auch nicht so, als ob Sie eher eine Therapie bräuchten?

10. Haben Sie mit dem Mann, den Sie im Internet kennengelernt haben, eine richtige Beziehung? (Gut)

Oder sind Sie nur seine Begleitung bei Hochzeiten und Reisen? (Nicht gut)

Seien Sie ehrlich! Erst mit Hilfe der Wahrheit kommen Sie zu einer glücklichen, ausgewogenen Beziehung.

Regel Nummer 25

Keine Regel*verstöße im Internet*

Wie wir Ihnen bereits gezeigt haben, kommt nichts Gutes dabei heraus, wenn Sie die *Regeln* brechen oder auch nur ein bißchen beugen. Jeder *Regel*verstoß rächt sich früher oder später.

Hier sind einige wahre Geschichten darüber, was bei *Regel*verstößen passieren kann:

Die 37jährige Joanne, eine Headhunterin bei einer großen Firma, konnte nicht warten, bis dieses Buch herauskam, und buchte daher ein Beratungsgespräch bei uns, um die *Regeln* fürs Internet kennenzulernen. Wir halfen ihr, eine Annonce zu verfassen (Exotic Beauty37) und ein gutes Foto von sich auszuwählen. Außerdem rieten wir ihr, nicht auf die Annonce eines Mannes zu antworten, sondern zu warten, bis ein Mann ihr schrieb. Sie erhielt über 200 Zuschriften und sortierte die Männer, die nicht ihr Typ oder zu jung waren, aus, bis nur noch 20 übrigblieben. Die meisten Männer machten ihr Komplimente, aber nur wenige wollten ihre Telefonnummer wissen oder sich mit ihr verabreden.

Verzweifelt wandte sie sich an uns und fragte, was sie tun solle. Wir erinnerten sie an unsere *Regel:* Wenn ein Mann nach vier E-Mails nicht um ihre Telefonnummer oder ein Treffen bat, sollte sie ihm nicht mehr schreiben. Joanne hielt unseren Rat für übertrieben streng, versprach aber, sich danach zu richten. Bei den Männern, an denen sie nicht interessiert war, war es einfach. Aber als InvestmentBanker45 auf ihre Annonce antwortete, warf sie alle *Regeln* über Bord!

In seiner ersten E-Mail schrieb er: »Hallo! Du bist wunderschön! Als ich heute morgen meinen Computer einschaltete, hat Dein Lächeln mich aufgeweckt! Du bist eine echte Schönheit! Ich bin geschieden und habe einen Sohn und einen Stiefsohn. Ich habe alles, was man sich wünschen kann – ein schönes Haus, ein tolles Auto und ein Boot –, aber mir fehlt noch die Frau fürs Leben ... Erzähl mir mehr von Dir!«

Joanne war entzückt, denn InvestmentBanker45 lebte in einer Stadt ganz in der Nähe. Sie wartete 24 Stunden und antwortete, weil sie sich an die *Regeln* halten wollte, kurz und sachlich: »Ich bin Headhunterin, frisch geschieden, keine Kinder. Ich tanze gern, fahre Ski und reise viel ...«

InvestmentBanker45 schrieb in seiner zweiten E-Mail: »Ich fahre auch gern Ski ... Suchst Du mit Deiner Annonce nur ein bißchen Abwechslung oder etwas Ernstes?«

O nein, dachte sie, das ist eine Fangfrage! Joanne zog uns zu Rate. Unsere Antwort hörte sie nicht gern: »Es ist nicht gut, wenn er Sie fragt, wie Sie sich eine Beziehung vorstellen, obwohl er sich noch nicht einmal mit Ihnen verabredet hat!«

Joanne antwortete ihm ausweichend: »Hm, darüber habe ich noch gar nicht nachgedacht.«

InvestmentBanker45 schrieb in seiner dritten Mail: »Was war mit Deiner Ehe? Was hast Du daraus gelernt? Ich habe viel aus meiner gescheiterten Ehe gelernt, zum Beispiel, daß Kommunikation ganz wichtig ist. Ich will den gleichen Fehler nicht noch einmal machen.«

O nein, schon wieder eine Fangfrage! Wir sagten Joanne, daß uns das nicht gefiel. Für einen Mann, den sie noch nie gesehen hatte und der keine Anstalten machte, sich mit ihr zu verabreden, waren das zu viele Fragen.

Joanne antwortete: »Wir haben uns auseinandergelebt. Es ist gut, wenn man aus früheren Beziehungen lernt. Ich habe auch viel gelernt.«

Joanne hoffte, er würde in seiner nächsten (vierten!) E-Mail nach ihrer Nummer fragen oder ein Treffen vorschlagen, damit alles nach den *Regeln* lief, aber in seiner vierten E-Mail fragte er nur: »Seit wann bist Du geschieden? Hast Du schon viele Männer im Internet kennengelernt?«

Joanne war enttäuscht. Aber anstatt uns zu fragen, sagte sie sich, wir hätten uns ganz willkürlich auf vier E-Mails festgelegt, eine E-Mail mehr oder weniger spiele keine Rolle. Vielleicht war er einfach ein bißchen zurückhaltender als andere, schließlich war er geschieden, vielleicht brauchte er deswegen ein bißchen länger. Außerdem sah er sehr gut aus, sie konnte ihn doch nicht einfach aufgeben! Vielleicht verabredet er sich ja in der nächsten E-Mail mit mir, und alles wird gut. Manchmal sind die *Regeln* einfach zu streng, sagte sie sich. Sie erzählte niemandem davon, schon gar nicht ihren Freundinnen, die sich an die *Regeln* hielten.

Sie wartete 48 Stunden mit der Antwort: »Ich bin seit einem Jahr geschieden. Habe gerade erst mit dem

Online-Dating angefangen und ein paar Männer kennengelernt. Es macht Spaß.«

Leider fragte er in seiner fünften E-Mail nur: »Was versprichst Du Dir von einer Beziehung?«

Joanne beschloß, die Sache selbst in die Hand zu nehmen. Vielleicht war er zu schüchtern oder noch neu beim Online-Dating: »Das weiß ich, wenn ich denjenigen sehe. Vielleicht können wir uns ja mal treffen. Hier ist meine Handynummer.«

Er rief gleich am nächsten Tag an.

Na bitte! dachte sich Joanne. Die *Regeln* sind nicht unumstößlich, vierte oder fünfte E-Mail, auf jeden Fall hatte er auf ihre Annonce geschrieben. Sie hatte ihm ihre Handynummer gegeben, ohne daß er darum gebeten hatte, aber was machte das schon? Sie hatte ein bißchen gemogelt, und es hatte funktioniert, nur das zählte! Joanne schwebte auf Wolke sieben.

Als er anrief, unterhielten sie sich ein paar Minuten, dann nahm er aber einen anderen Anruf an und sagte, er müsse auflegen, sein Bruder rufe gerade an, das sei ein Ferngespräch. Er würde sich wieder melden. Ein paar Tage später war er auf ihrer Mailbox: Er würde sich auf eine Verabredung mit ihr freuen, müsse jetzt aber auf Geschäftsreise; er werde sich wieder melden, wenn er zurück sei. Zwei Wochen vergingen, und Joanne hörte nichts von ihm. Er schickte auch keine E-Mail. Also schrieb sie ihm: »Hallo, habe Deine Nachricht erhalten. Ich hoffe, bei der Geschäftsreise lief alles gut.«

Zwei Tage später schrieb er ihr eine E-Mail. Sein Vater sei schwer krank, er habe Lungenentzündung, und seine Pflege nehme all seine Zeit in Anspruch. Sie schrieb zurück: »Das tut mir leid«, und hörte nie wieder etwas von ihm. Keine Reaktion. Er hatte sich einfach in Luft aufgelöst.

Ganz unglücklich rief Joanne uns an: »Wie konnte das passieren? Er war doch am Anfang so interessiert!«

Wir sagten ihr, wir seien überhaupt nicht überrascht. Seine Fragen waren viel zu tiefschürfend und aufdringlich. Ein wildfremder Mann stellt einer Frau nicht gleich solche Fragen, vor allem nicht, wenn er mit ihr ausgehen will. Solche Fragen stellt eher ein Brieffreund oder ein Therapeut. Außerdem hatte er sie nicht um ihre Telefonnummer gebeten, sie hatte sie ihm aufgedrängt, um ein Treffen zu erzwingen. Das funktioniert nie. Wenn eine Frau sich nicht an die *Regeln* hält, ersticken die Männer plötzlich unweigerlich in Arbeit, sind auf Geschäftsreise, haben kranke Eltern oder führen sonstige Ausreden an!

Wir haben uns nicht willkürlich auf vier E-Mails festgelegt, bis ein Mann sich mit einer Frau verabreden muß. Das beruht auf Erfahrung. Aus irgendeinem Grund haben wir festgestellt, daß ein Mann, der mehr als vier E-Mails benötigt, um sich zu verabreden, schon eine Freundin hat, verheiratet ist, eine Spielernatur ist oder einfach nicht genügend Interesse hat. Wenn sich ein Mann verabreden will, macht er das ziemlich schnell, manchmal schon in der ersten E-Mail. Vier sind das absolute Maximum. Wenn sich Joanne strikt an die *Regeln* gehalten hätte, hätte sie gar nicht erst mit ihm gesprochen, sich keine falschen Hoffnungen gemacht und keine Zeit mit ihm vergeudet. Vielleicht war er ein Spielertyp, vielleicht verheiratet. Wer weiß? Eine Frau, die sich an die *Regeln* hält, fragt nicht nach dem Wie oder Warum, sondern sagt einfach: »Der nächste bitte!«

Wie Joanne erging es auch anderen Frauen, die sich nicht an die *Regeln* hielten oder ein bißchen schummelten. Bei Nancy war es etwas anders, aber auch nicht besser. Der Mann, der auf ihre Annonce geantwortet hatte – und den sie unglaublich gutaussehend fand –, fragte in seiner dritten E-Mail, ob sie am Samstag schon etwas vorhabe. So weit, so gut.

Aber die E-Mail kam Freitag nachmittag. Nancy wußte, daß er sich eigentlich spätestens am Mittwoch für den Samstag mit ihr hätte verabreden müssen, aber es war ihr egal. Sie wollte ihm nicht absagen (»sehr gern, aber ich habe schon etwas vor«). Sie hatte sich erst vor kurzem von ihrem Freund getrennt und fühlte sich einsam. Eine Verabredung am Samstag war genau das richtige. Also mailte sie ihm drei Stunden später (wie gesagt, ein *Regel*verstoß zieht weitere nach sich!): »Samstag abend paßt wunderbar!« Er schrieb zurück: »Gut, gibst Du mir Deine Nummer? Ich rufe nachher an, dann können wir Pläne schmieden.«

Abends rief er auf ihrem Handy an. Sie einigten sich auf ein Restaurant bei ihr in der Nähe. Am Samstag mittag rief er wieder an und sagte ab, ihm sei etwas dazwischengekommen. Sie hörte nie wieder von ihm. Unserer Ansicht nach funktionierte es nicht, weil Nancy sich nicht an die *Regeln* hielt.

Auch Debbie verstieß gegen eine *Regel* und zog den kürzeren. Ein gutaussehender Mann schrieb auf ihre Anzeige: »Du bist eine schöne Frau. Ich bin Kinderarzt, habe jeden Tag Kinder um mich und hätte gern einmal selbst welche! Können wir mal miteinander chatten? Welche Zeit ist für Dich günstig?« Das war die beste von 75 Zuschriften, und Debbie war begeistert! Sie beriet sich mit uns und wollte sich an die *Re-*

geln halten, daher schrieb sie: »Vielen Dank, Du bist wirklich lieb. Hm, das kann ich nicht genau sagen. Jeder Tag sieht bei mir anders aus.«

Abends ging sie ins Internet und vergaß, den Empfang von Instant Messages zu blockieren. Der gutaussehende Kinderarzt schickte ihr sofort eine Instant Message. Sie wußte, daß sie keine Instant Messages annehmen sollte, weil sie zu spontan und beiläufig sind, deswegen ignorierte sie seine Nachricht. Sie hoffte, er würde ihr statt dessen eine E-Mail schicken. Aber er ließ zwei Tage lang nichts von sich hören. Vielleicht fand er es unhöflich, daß sie ihm nicht geantwortet hatte? Also schrieb sie ihm eine E-Mail: »Tut mir leid, daß ich mich nicht gemeldet habe, aber ich stehe beruflich gerade unter furchtbarem Termindruck.«

Der gutaussehende Arzt schien sich zu freuen, wieder von ihr zu hören. Fünf Minuten später mailte er schon zurück: »Ich habe mich schon gefragt, was los war. Bist Du heute abend im Internet?«

Debbie antwortete: »Klar!« (Ein *Regel*verstoß zieht weitere nach sich!) Sie überlegte, sie würde nur dieses eine Mal mit ihm chatten, um die Sache in Gang zu bringen, dann aber nicht mehr, damit er gezwungen war, ihr in Zukunft E-Mails zu schreiben oder vielleicht sogar nach ihrer Telefonnummer zu fragen.

Sobald sie ins Internet ging, erhielt sie auch schon eine Instant Message.

DreamyDR40: *Hallo! Du bist wunderschön!*
PetiteBlonde36: *Hi!*
DreamyDR40: *Was machst Du gerade?*
PetiteBlonde36: *Nichts Besonderes, ich habe lange gearbeitet.*

DreamyDR40: *Was machst Du beruflich?*
PetiteBlonde36: *Ich bin freie Reisejournalistin.*
DreamyDR40: *Zeitschrift? Zeitung?*
PetiteBlonde36: *Für das Bordmagazin einer Fluggesellschaft.*
DreamyDR40: *Reist Du viel?*
PetiteBlonde36: *Einmal im Monat fliege ich an die Westküste. Und Du?*
DreamyDR40: *Ich komme kaum aus dem Krankenhaus raus. War seit drei Jahren nicht mehr im Urlaub. Ich bin ein echter Workaholic.*
PetiteBlonde36: *Surfst Du deswegen im Internet? Keine Zeit für Bars und Kneipen?*
DreamyDR40: *Genau! Aber erzähl mir von Dir! Single? Geschieden?*
PetiteBlonde36: *Seit zwei Jahren geschieden, keine Kinder.*
DreamyDR40: *Woran lag's?*
PetiteBlonde36: *Wir haben uns auseinandergelebt.*
DreamyDR40: *Wo lebst Du? Ich weiß nicht mehr, was Du in Deiner Annonce geschrieben hast.*
PetiteBlonde36: *Washington. Und Du?*
DreamyDR40: *Boston. Mußt Du für Deine Zeitschrift nicht auch manchmal hierher fliegen? Du könntest mich doch mal besuchen.*
PetiteBlonde36: *Nein, ich fliege nur an die Westküste.*
DreamyDR40: *Es wird spät, ich verabschiede mich.*

Debbie war so verblüfft, daß sie nicht wußte, was sie antworten sollte. Sie hätte gern den ganzen Abend mit ihm gechattet oder zumindest so lange, bis er nach ihrer Telefonnummer gefragt hätte!

DreamyDR40: *Bist Du noch da, Süße? Träum was Schönes!*
PetiteBlonde36: *Gute Nacht!*

Debbie war verwirrt und wußte nicht, was sie davon halten sollte. Sie hatte doch nichts falsch gemacht? Vielleicht hatte er einen langen Tag im Krankenhaus hinter sich und wollte einfach nur ins Bett. Er würde ihr bestimmt morgen oder schon bald eine E-Mail schicken.

Sie wartete fünf Tage lang, aber er meldete sich nicht mehr. DreamyDR40 war wie vom Erdboden verschwunden!

Debbie wandte sich an uns. Wir sagten ihr, sie hätte ihm nach seiner Instant Message nie eine E-Mail schreiben dürfen. Wenn er wirklich an ihr interessiert gewesen wäre, hätte er ihr eine E-Mail geschickt und gefragt: »Hast Du meine Instant Message bekommen?« Und irgendwann hätte er sich mit ihr verabredet. Aber er machte sich nicht einmal die Mühe, nach seiner ersten Instant Message noch einmal nachzufragen. Als sie ihm eine E-Mail schickte, war sie keinerlei Herausforderung für ihn. Und als er merkte, daß sie nicht zu ihm fliegen würde, beendete er das Gespräch.

»Aber was ist mit seiner ersten E-Mail, in der er sagte, ich sei wunderschön? Hat das denn gar nichts zu bedeuten?« fragte Debbie.

Das sei nur so eine Redewendung, sagten wir ihr, eine typische Internet-Standardformulierung. Männer machen Frauen Komplimente, um sie für sich einzunehmen. Die Frauen verstoßen gegen die *Regeln* und stehen am Ende ohne Internet-Don Juan, aber mit gebrochenem Herzen da.

Denken Sie also daran: Je strenger Sie sich an die *Regeln* halten, desto besser. Wenn Sie dagegen verstoßen, sind Kummer und Leid vorprogrammiert. Wer die *Regeln* auch nur ein bißchen beugt, muß es irgendwann büßen. Wenn Sie kreativ und originell sein wollen, dann tun Sie das bei der Arbeit, oder backen Sie einen Kuchen, den noch nie jemand gebacken hat. Aber versuchen Sie nicht, die *Regeln* neu auszulegen. Für die bestmöglichen Ergebnisse müssen Sie sich ganz streng daran halten!

Die Regeln *für Internetbeziehungen auf Distanz*

»Vorsicht bei einem Mann, der weit weg lebt«, rät eine Frau, die große Erfahrung mit Internet-Bekanntschaften und den *Regeln* hat. »Man weiß nie, ob er nicht verheiratet ist oder nur will, daß Frauen ihn besuchen kommen (wie praktisch!), er selbst sich aber nie die Mühe machen würde, zu ihnen zu reisen. Er ist ein Wildfremder, der zufällig lesen und schreiben kann.«

Dennoch verlieben sich Frauen immer wieder in Männer, die auf der ganzen Welt verstreut leben. Falls Sie zu diesen Frauen gehören, wie verhalten Sie sich dann richtig?

Der größte Fehler, den eine Frau bei einer Fernbeziehung machen kann, ist sofort ins Flugzeug zu springen und einen Mann zu besuchen, den sie nur aus dem Internet kennt. Natürlich hat so eine Frau gute Gründe dafür:
- sie will einfach ein bißchen Abwechslung,
- sie besichtigt gern andere Städte,
- sie hat Bonusmeilen,
- sie arbeitet für eine Fluggesellschaft,
- sie hat Freunde oder Verwandte in der anderen Stadt oder muß geschäftlich dorthin,
- ihr Internet-Freund ruft oft an und schickt ihr un-

zählige E-Mails, deswegen denkt sie, er meine es ernst und es sei in Ordnung, ihn zuerst zu besuchen.

Aus welchem Grund auch immer Sie reisen, es verstößt gegen die *Regeln,* wenn Sie einen Mann zuerst besuchen, selbst wenn er für die Reisekosten aufkommt, denn das ist nur Geld, die Zeit und die Energie, die Sie dafür aufbringen, werden jedoch nicht berücksichtigt. Damit sind Sie diejenige, die sich bemüht, und er kann sich selbstgefällig zurücklehnen. Wenn er vorschlägt, daß Sie ihn besuchen, und anbietet, Ihnen die Stadt zu zeigen, lehnen Sie höflich ab: »Das klingt wunderbar, aber ich kann hier einfach nicht weg.« Schützen Sie persönliche oder berufliche Gründe vor.

Schlagen Sie nicht vor, daß er Sie besucht. Darauf muß er selbst kommen. Wenn er in seiner nächsten E-Mail nicht fragt, ob er Sie besuchen darf, heißt es: »Löschen, der nächste bitte!« Er ist nicht genügend interessiert. Er verbringt wegen Ihnen keine schlaflosen Nächte; er kann auch ohne Sie leben, und das genügt Ihnen nicht.

Eine Beziehung auf Distanz mit einem gutaussehenden Fremden kann sehr fesselnd sein, sie kann einem aber auch das Herz brechen. Das mußte auch Samantha feststellen, eine Graphikerin aus San Francisco (ArtistGirl29). Sie lernte Peter, den Besitzer einer Buchhandlung (Bookish35) aus London, in einem Chatroom kennen. Peter sprach sie an: »Hallo, ich heiße Peter. Wie heißt Du? Was für eine Künstlerin bist Du?« Nachdem sich die beiden etwa eine Stunde lang über ihre Berufe und Kunst unterhalten hatten, fragte Peter Samantha nach ihrer Telefonnummer und schlug vor, Fotos auszutauschen. Danach mailte er ihr fast täglich und rief in zwei Monaten etwa zwanzigmal an. Peter fand Samantha sehr hübsch und fragte, ob sie ihn nicht in London besuchen wolle. »Ich könnte Dir die ganzen Museen und Kunstgalerien zeigen. Du könntest in der Wohnung meiner Schwester übernachten, wenn Du nicht bei mir wohnen willst.« Samantha war noch nie in Europa gewesen. Ein gutaussehender Engländer würde ihr London zeigen! Samantha kam sich vor wie in einem Roman von Rosamunde Pilcher.

Sie wollte schon zusagen und ein Flugticket kaufen, beschloß dann aber, eine Freundin, die ihr vom Online-Dating und den *Regeln* erzählt hatte, um Rat zu fragen. »Es verläuft alles nach den *Regeln,* er hat mich zuerst angesprochen, er ruft immer an, ich habe ihn noch nie angerufen, außerdem würde ich unheimlich gern einmal nach London fliegen. Also, kann ich?« Samanthas Freundin wollte sie nur ungern enttäuschen, sagte ihr aber offen, was sie dachte: »Nein. Er muß dich dreimal besuchen, bevor du ihn besuchst. So lautet die *Regel* für Fernbeziehungen. Sonst machst du es ihm zu einfach. Die vielen Anrufe machen keine Mühe, vielleicht kosten sie ihn nicht einmal viel, weil er einen Billigtarif hat. Er muß zu dir fliegen, damit du weißt, daß er es ernst meint. Sag ihm einfach, dir sei mit der Arbeit etwas dazwischengekommen und du könntest nicht weg. Vielleicht schlägt er dann vor, dich zu besuchen. Aber fordere ihn nicht dazu auf! Wenn er nicht kommt, dann war es auch nichts!« (Mit »nichts« bezeichnen erfahrene Anwenderinnen der *Regeln* eine Beziehung, die nur in der Phantasie einer Frau existiert.)

Samantha wußte, daß ihre Freundin recht hatte. Als Peter abends anrief und mit ihr über die Reise sprechen wollte, sagte sie ihm, sie könne nicht kommen. Er war enttäuscht, schlug aber nicht vor, statt dessen selbst zu kommen. Er sagte nur: »Sag mir einfach Bescheid, wenn Du mal nach London kommst.« Damit legte er auf und meldete sich nie wieder. Und tschüs!

Wenn Samantha sich nicht mit ihrer Freundin beraten hätte und nach London geflogen wäre, hätte sie einen Präzedenzfall für eine einseitige Beziehung auf Distanz geschaffen, bei der er oft angerufen hätte, aber immer sie diejenige gewesen wäre, die die Koffer gepackt hätte und zu ihm gereist wäre. Samantha konnte zwar gute Gründe für eine Reise nach London anführen – London bot Kultur und viel Geschichte, sie war noch nie außerhalb der USA gewesen, sie hatte noch Urlaub, Peter dagegen mußte seine Buchhandlung schließen, wenn er verreisen wollte, er hätte das Flugticket zur Hälfte bezahlt und so weiter. Aber Peter hätte gewußt, daß sie ihn sehr mochte, und sie wahrscheinlich immer wieder überredet, zu ihm zu kommen. Er hätte wahrscheinlich nur sagen müssen: »Und nächstes Mal gehen wir nach Bristol oder nach Paris.«

Wenn eine Frau einen Mann zuerst besucht, ist das, wie wenn man von etwas Köstlichem nascht: Es bleibt nicht bei einem Mal. Meist besucht sie ihn drei- oder viermal, bis sie erkennt, daß er sie nur ausnutzt und die Beziehung nicht ausgeglichen ist. Für ihn ist es nur eine Affäre, für sie dagegen eine ernste Beziehung zu einem aufregenden Mann. Auch wenn eine Beziehung nach den *Regeln* beginnt, ist das noch lange keine Garantie dafür, daß alles weitere wie von selbst funktioniert.

Wenn ein Mann vorschlägt, Sie zu besuchen, ist das zwar schön, wir raten Ihnen aber, vorsichtig zu sein (wie immer bei einem Date Zero!). Sagen Sie ihm nicht sofort, wo Sie wohnen. Treffen Sie sich an einem belebten Ort, etwa in einem Café. Wenn er mit dem Flugzeug kommt, sollten Sie ihn nicht vom Flughafen abholen. Er soll ein Taxi nehmen, schließlich sind Sie nicht sein Chauffeur oder seine Freundin (zumindest noch nicht). Wenn er mehrere Tage bleibt, schlagen Sie ein Hotel vor. Selbst wenn er die halbe Welt umflogen hat, sollten Sie das erste Treffen auf fünf Stunden beschränken. Fühlen Sie sich nicht verpflichtet, ihm die Stadt zu zeigen oder ihn zu unterhalten. Sie sind keine Reiseleiterin. Nehmen Sie nicht frei, sonst weiß er, daß Sie ihn mögen. Treffen Sie sich einfach zum Essen. Weniger ist mehr.

Wenn alles gut läuft und er Sie noch einmal besucht, können Sie sich einen Tag lang sehen. Und bei seinem dritten Besuch verbringen Sie zwei Tage mit ihm.

Nach drei Besuchen können Sie zu ihm fahren, aber nur, wenn er es vorschlägt. Zu der Zeit sind Sie sich wahrscheinlich schon nähergekommen, und dann ist es gut, wenn Sie ihn in seiner gewohnten Umgebung sehen (und sich davon überzeugen, daß er auch der ist, der zu sein er vorgibt). Gegen einen Besuch Ihrerseits ist also nichts einzuwenden, aber lassen Sie die Besuche bei ihm trotzdem nicht zur Gewohnheit werden. Es ist immer besser, wenn er die Koffer packen und zu Ihnen fliegen oder fahren muß.

Mit dieser *Regel* werden alle Männer ausgesiebt, die es nicht ernst mit Ihnen meinen.

Regeln für Sonderfälle

Die Regeln *für Internetnutzer in reiferen Jahren*

Das Online-Dating ist eine wunderbare Möglichkeit, neue Männer kennenzulernen, vor allem für Frauen über dreißig, die geschieden sind oder es schwierig finden, Männer auf die »konventionelle Weise«, wie etwa auf einer Party, kennenzulernen. Wenn man 23 ist, kann man einfach in einen Club gehen oder zu einer Kollegin sagen: »Komm, wir gehen nach der Arbeit noch etwas trinken.« Aber wenn man 35, 40 oder 50 ist, hat die Kollegin normalerweise keine Zeit mehr. Sie eilt nach Feierabend nach Hause, um bei ihrer Familie zu sein.

Daher finden Kontaktbörsen im Internet gerade bei Frauen über dreißig regen Zuspruch. Das ist klug, denn damit lernen sie viele Männer kennen, die sie normalerweise nie treffen würden. Warum soll man allein sein, nur weil man zu beschäftigt oder zu müde ist, noch auf eine Party oder in einen Club zu gehen? Das Problem ist nur, daß die letzten Verabredungen bei manchen schon ein bißchen länger her sind. Geschiedene oder unverheiratete Frauen machen vielleicht den Fehler, Internet-Bekanntschaften dazu zu nutzen, um mit ihrer Einsamkeit fertigzuwerden, ihrem Ärger Luft zu machen, schmutzige

Wäsche zu waschen oder sich über ihren Exmann/Exfreund oder finanzielle Nöte oder andere Mißgeschicke auszuweinen, weil sie denken, damit könnten sie Sympathiepunkte bei Männern gewinnen, Probleme lösen oder Männer an sich binden. Das ist ein Denkfehler!

Online-Dating ist keine Therapie! Gehen Sie zu einem Therapeuten, in eine Selbsthilfegruppe, oder vertrauen Sie sich einer guten Freundin an. Drängen Sie einen Mann, mit dem Sie sich verabreden wollen, nicht in die Rolle des Retters, selbst wenn er Sie dazu ermuntert oder ihn Ihre Leidensgeschichten nicht zu stören scheinen. Am Anfang ist ein Mann vielleicht noch aufmerksam, hilfsbereit und mitfühlend, aber glauben Sie uns, er wird sich nicht mehr mit Ihnen verabreden, wenn Sie ihm dauernd Ihr Herz ausschütten, also lassen Sie es gar nicht so weit kommen!

Die 46jährige Monica hatte vor kurzem mit ihrem Freund Don Schluß gemacht. Die Beziehung hatte fünf Jahre gedauert, aber nirgendwohin geführt. Monica war von Dons Untreue – er betrog sie mit der 28jährigen Kassiererin in seiner Weinhandlung – so verletzt, daß sie ein Jahr lang überhaupt nicht mehr mit Männern ausging. Ihr Vertrauen in die Männer war zerstört.

Eine gute Freundin von Monica, die im Internet schon zahlreiche Männer kennengelernt hatte, schlug vor, Monica solle eine Kontaktanzeige mit Foto ins Internet stellen. »Du hast doch nichts zu verlieren! Du bist seit einem Jahr allein. Du kannst dich nicht dein Leben lang verstecken!« meinte sie. Monica zögerte, also schlug ihre Freundin vor: »Gib mir einfach ein gutes Foto, ich schreibe die Annonce für dich und stelle sie ins Netz. Du mußt dann nur noch die E-Mails beantworten.«

Monica war freudig überrascht, als sie 50 Zuschriften auf ihre Annonce SuddenlySingle46 erhielt. Der Name, so dachte sie, würde alle auf ihr Pech aufmerksam machen und außerdem als Anregung für Gespräche bei Verabredungen dienen. Einer der Interessenten, Mark (OneForYou48), war genau Monicas Typ. Sie schrieb ihm zurück, und schon bald schickten sie sich fast jeden Tag E-Mails.

Mit Mark schien für Monica ein Traum wahr geworden zu sein – er schien sich wirklich für sie zu interessieren und stellte viele Fragen. Sie erzählte ihm sofort von ihrem niederträchtigen Exfreund und schrieb:

SuddenlySingle46: *Er hat mich nicht nur wegen einer Frau verlassen, die halb so alt ist wie er, sondern sie auch noch mit Geschenken überschüttet, die er sich gar nicht leisten konnte – einem Pelzmantel, einer Kette mit Diamanten und so weiter. Dafür nahm er das Geld, das ich ihm für die Eröffnung seines Ladens geliehen hatte ... 30 000 Dollar ... Und ich habe nicht einmal Beweise dafür, weil er Verträge nicht leiden konnte und meinte, es sei besser, wenn es keine Unterlagen gebe. Ich bin pleite und habe neben meiner Arbeit noch einen Job angenommen, um den Kredit für das Haus abzuzahlen, das wir zusammen gekauft haben. Und das, nachdem wir fünf Jahre zusammen waren!*

OneForYou48: *Das ist wirklich übel. Was für ein Fiesling! Sei froh, daß Du ihn los bist. Bist Du seitdem überhaupt noch mit Männern ausgegangen?*

SuddenlySingle46: *Nein, ich habe mich ein Jahr lang zu Hause verkrochen und mich jede Nacht in den Schlaf geweint. Ich konnte den Männern einfach nicht mehr vertrauen. Ich habe einen Schutzwall um mich aufgebaut, den ich jetzt Stück für Stück abbaue, aber es ist schwer. Eine Freundin schlug vor, es mit Online-Dating zu versuchen, und da bin ich nun.*
OneForYou48: *Eine hübsche Frau wie Du sollte nicht allein sein. Warum gehen wir nicht einmal zusammen etwas trinken?*
SuddenlySingle46: *Gern.*

Monica und Mark trafen sich noch in der gleichen Woche. Es war Monicas erste Verabredung seit sechs Jahren. Monica riß sofort das Gespräch an sich und erzählte endlos davon, wie sehr sie es bereue, keine Kinder zu haben. Ihr Exfreund habe keine Kinder gewollt, jetzt wisse sie natürlich warum, er habe nie vorgehabt, sie zu heiraten. Außerdem erzählte sie Mark, daß sie sich das Kabelfernsehen nicht mehr leisten könne und auch ihre Mitgliedschaft im Fitneßclub kündigen müsse. Allerdings habe sie Aussicht auf eine Gehaltserhöhung in der Kanzlei, wo sie als Rechtsanwaltsgehilfin arbeite, dann könne sie ihre Kreditkartenschulden bezahlen. »Seit einem Jahr habe ich mir nichts gekauft – nichts zum Anziehen, nicht einmal einen Lippenstift, absolut nichts, so schlecht geht es mir«, erzählte sie.

Mark hörte höflich zu. Er fand Monica sehr hübsch, aber ihre Art, auf die Tränendrüsen zu drücken, ging ihm schnell auf die Nerven. Er hatte sie eigentlich zum Abendessen einladen wollen, überlegte es sich dann aber anders und beendete die Verabredung zuerst.

Monica schickte ihm am nächsten Tag eine E-Mail: »Danke für den Kaffee. Es war sehr nett mit Dir, Du bist wirklich ein guter Zuhörer (ganz anders als mein Ex). Ich wünsche Dir einen schönen Tag.«

Mark meldete sich eine Woche lang nicht, daher schickte ihm Monica erneut eine E-Mail: »Alles in Ordnung? Ich würde mich freuen, wieder von Dir zu hören.«

Mark beschloß, ein bißchen zu schwindeln, und schrieb am nächsten Tag: »Du bist wirklich sehr nett, aber ich habe vor kurzem jemanden kennengelernt und möchte mich daher nicht mehr mit anderen Frauen verabreden. Viel Glück!«

Monica war gekränkt und rief ihre Freundin an: »Siehst du, genau deswegen will ich mich nicht mit Männern verabreden. Ich dachte, er wäre anders, jemand Besonderes, aber er ist wie alle anderen Männer …«

»Aber er fand dich doch hübsch, was ist passiert? Du hast ihm doch nicht von deiner Trennung erzählt?« fragte ihre Freundin.

»Natürlich, über was soll ich denn sonst reden? Er hat mir viele Fragen gestellt. Er wollte es hören«, antwortete Monica.

»Hast du ein bißchen oder viel davon erzählt?«

»Viel, fast in jeder E-Mail. Und bei unserer Verabredung habe ich ihm von meinen Schulden erzählt. Hast du erwartet, daß ich über Belanglosigkeiten rede, wenn mein Leben in Scherben liegt?« fragte Monica und vergoß ein paar Tränchen.

Leider müssen wir Monicas Frage mit einem klaren

Ja beantworten. Das Ende einer langen Partnerschaft kann sehr schmerzlich sein, auch finanziell, aber es wäre verfrüht, in den ersten zwei Monaten einer neuen Bekanntschaft darüber zu reden. Weinen Sie, bevor Sie ins Internet gehen, weinen Sie danach, weinen Sie auf dem Weg zu einer Verabredung oder auf dem Heimweg, aber *in einer E-Mail oder bei einer Verabredung sollten Sie einem Mann nicht endlos von Ihrem furchtbaren Ex erzählen.* Egal wie schlimm alles ist, bei einer Verabredung sind Sie eine Prinzessin und keine Frau, die gerettet werden muß. Selbst wenn Sie beim Tippen frieren, weil Sie Ihre Rechnung nicht bezahlt haben und die Heizung abgestellt ist, selbst wenn der Gerichtsvollzieher schon vor der Tür steht, sollten Sie in Ihren E-Mails schreiben: »Also, ich fahre gern Ski, spiele Tennis und mag Filme mit Meg Ryan.« Natürlich müssen Sie dabei schauspielern, vor allem, wenn Sie von einem Mann sehr verletzt wurden, aber wenn Sie allen von Ihren Problemen erzählen, bleiben Sie bestimmt allein. Wenn man am Boden ist, kann man nicht warten, bis einem jemand hilft, man muß selbst wieder aufstehen!

Die 37jährige Katie war in einer ähnlichen Situation wie Monica, allerdings ging es ihr noch schlimmer. Sie hatte drei Kinder im Alter von acht bis dreizehn Jahren, und ihr Mann hatte sie wegen einer älteren reichen Frau verlassen, die er auf einer Geschäftsreise kennengelernt hatte. Katie war todunglücklich und machte sich Sorgen, wie sie mit den Kindern über die Runden kommen sollte. Außerdem fragte sie sich, wie ihre Kinder es verkraften würden, wenn sie sich mit anderen Männern verabredete, denn sie hingen sehr an ihrem Vater. Das alles ging Katie ständig durch den Kopf. Sie schüttete völlig fremden Menschen im Supermarkt oder bei Elternabenden ihr Herz aus und erzählte jedem, der es hören wollte, von ihren Sorgen und Ängsten.

Sechs Monate nach der Scheidung ging es ihr immer noch nicht besser, aber eine Nachbarin überredete sie, bei einer Kontaktbörse im Internet eine Annonce mit Foto aufzugeben. Sie nannte sich BeautifulLady37. Im ersten Monat erhielt sie 70 Zuschriften. In E-Mails oder Instant Messages fragten die Männer irgendwann: »Was ging in Deiner Ehe schief?«

Dann erzählte sie ihnen alles: Ihr Mann hatte ihre Sparbücher geplündert und das Geld in Aktien investiert, die Kurse waren in den Keller gerutscht, und er hatte sie wegen einer älteren, reicheren Frau verlassen. Er war ein guter Vater, aber ein lausiger Ehemann und so weiter. Katie erzählte auch, daß er die Unterhaltszahlungen gekürzt und auf ihre Beschwerde hin nur gebrüllt hatte: »Warum suchst du dir nicht einen Job, in dem du besser verdienst?« »Ich kann nicht glauben, wie gemein er ist!« schrieb sie ihren Internet-Bekannten.

Diese zeigten sich sehr mitfühlend und ließen dann nichts mehr von sich hören. Katie war ratlos und wandte sich an uns. Wir sagten ihr: »Sie dürfen nicht über Ihre Scheidung reden. Das schreckt die Männer nur ab. Seien Sie leicht und unbeschwert. Erzählen Sie ihnen mehr, wenn Sie sie fünf oder sechs Monate kennen.«

Katie wollte nicht den Rest ihres Lebens allein verbringen und hörte deswegen auf uns. Wenn sich ein Mann nach ihrer Scheidung erkundigte und sie am liebsten geschrieben hätte: »Mein Ex ist ein Schwein.

Er hat die Ratenzahlungen fürs Auto auf meinen Namen umgeschrieben, solange wir noch verheiratet waren«, antwortete sie nur: »Wir haben uns auseinandergelebt.«

Wenn sie eigentlich schreiben wollte, sie wisse nicht, wie sie die Schulden bezahlen solle, außerdem würden die Kinder ihren Vater vermissen, sagte sie nur: »In letzter Zeit ging es ein bißchen hektisch zu, tut mir leid, daß ich mich nicht früher gemeldet habe.« (Es war nicht wirklich hektisch, an manchen Tagen konnte sie sich kaum überwinden, die Pausenbrote für die Kinder zu machen, ohne in Tränen auszubrechen.) Selbst wenn ein Mann in seiner E-Mail von seiner Exfrau erzählte, sprach sie nicht von ihrem Mann, sondern gab sich weiter locker und unbeschwert.

Natürlich weinte Katie oft, aber im Internet riß sie sich zusammen. Nach einigen Monaten schrieb ihr Mike (HandsomePilot42). Katie fühlte sich sofort zu ihm hingezogen.

Nach drei E-Mails fragte er nach ihrer Telefonnummer. Am nächsten Tag rief er an und verabredete sich mit ihr für Freitag abend. Katie trug einen kurzen Rock und hohe Absätze. Eigentlich wäre sie beim Anziehen am liebsten in Tränen ausgebrochen, aber sie nahm sich zusammen, allein schon, um nicht die Wimperntusche zu verschmieren. Bei der Verabredung erwähnte sie ihre Scheidung oder ihre Finanzen mit keinem Wort, obwohl sie die ganze Zeit daran denken mußte. Am Ende der Verabredung fragte Mike, ob sie sich bald wieder treffen könnten. Katie mußte zugeben, daß unsere Strategie funktionierte.

Katie las in unserem ersten Buch speziell das Kapitel über Frauen mit Kindern noch einmal durch. Daher wußte sie, daß ihre Kinder immer an erster Stelle standen, egal, wie einsam sie sich ohne Mann fühlte. Wenn Mike anrief und die Kinder daheim waren, zwang sie sich zu sagen: »Ich würde gerne mit dir reden, aber die Kinder sind da... es ist gerade ungünstig.«

Sie vermied es auch, am Telefon mit ihm über Sex zu sprechen, wenn die Kinder in der Nähe waren (es soll Kinder geben, die bei solchen Gesprächen gern am anderen Apparat mithören). In den E-Mails verkniff sie sich ebenfalls zweideutige Anspielungen, falls die Kinder ihr Passwort herausfanden und nachlasen – oder einen Blick auf den Monitor warfen, wenn Sie aus dem Zimmer ging.

Genauso nahm Katie Rücksicht und rief Mike nicht an, wenn seine Kinder ihn besuchten. Sie hatte von Frauen gehört, die einen Mann überredeten, sie gleich mitsamt den Kindern bei sich aufzunehmen, wußte aber aus den *Regeln,* daß sie sich zurückhalten sollte. Auch wenn sie verliebt wie ein Teenager war, war sie klug genug, sich nicht so zu verhalten, denn sie wollte ihren Kindern ein Vorbild sein.

Mittlerweile geht Katie schon einige Monate mit Mike aus. Er schickt ihr fast jeden Tag eine E-Mail und bemüht sich, nicht anzurufen, wenn die Kinder daheim sind. Doch das beste ist, daß Katie kaum noch an ihren Exmann denkt. Es stimmt, das beste Mittel ist immer noch, es sich gutgehen zu lassen und sich neu zu verlieben!

Regeln für Sonderfälle

10 Tips für Teenager im Internet

Du bist Teenager, vielleicht hat deine Mutter oder deine ältere Schwester das Buch gekauft, oder du hast es zufällig in der Buchhandlung gesehen. Du blätterst darin und denkst: Das ist nichts für mich. Ich bin erst sechzehn. Ich soll nicht mit Fremden reden, nur mit Leuten, die ich aus der Schule oder vom Ferienlager her kenne. Meine Mutter würde einen Anfall kriegen, wenn ich in einen Chatroom für Singles gehen würde. Ich brauche keine Kontaktanzeige im Internet. Ich will nicht heiraten. Vielleicht interessiert mich das Buch, wenn ich erst mal 23 bin.

Aber dann blätterst du doch noch einmal und mußt zugeben, daß du dem süßen Typ in deiner Klasse eine E-Mail geschrieben hast und hoffst, er würde mit dir ins Kino gehen – du hast ihm sogar ein Foto von dir im Bikini geschickt. Gestern abend hast du stundenlang mit ihm im Internet gechattet (du hast ihm zuerst geschrieben) und deswegen die Hausaufgaben nicht gemacht. Eigentlich hängst du dauernd im Internet. Wenn du heimkommst, wirfst du deine Jacke auf den Boden und stürmst zum Computer. Du bist dann so vertieft, daß du nicht einmal deine Mutter hörst: »Essen ist fertig! Hast du deine Hausaufgaben gemacht?«

Nein, du gibst keine Kontaktanzeigen auf und willst auch nicht heiraten, aber du hättest vielleicht schon gern einen Freund oder würdest dich gern mit Jungs verabreden. Vielleicht willst du auch nur beliebt sein. Wir sagen dir: Das funktioniert nicht, wenn du einem Jungen zuerst eine E-Mail schreibst oder mit ihm den ganzen Abend chattest. Bei den *Regeln* geht es nicht nur darum, einen Ehemann zu finden, sondern auch, Liebeskummer zu vermeiden. Wenn du nicht aufpaßt, ziehst du sicher den kürzeren. Jungs verabreden sich nicht mit Mädchen, die ihnen eine SMS schicken oder den ganzen Abend mit ihnen chatten, sie wollen Mädchen, die beschäftigt sind.

Wenn du mit 16 die *Regeln* brichst, machst du das womöglich auch noch mit 23 oder 35, obwohl du dich dann wirklich mit Männern verabreden, beliebt und begehrt sein, ja vielleicht sogar heiraten willst. Warum also nicht jetzt schon ein bißchen üben, damit du später eine Expertin bist?

Hier sind unsere zehn Tips für Teenager:

1. Sei jemand Besonderes. Das ist reine Einstellungssache, ein Zustand. Du mußt nicht die Königin beim Abschlußball oder die Klügste in der Klasse sein, sei einfach du selbst. Sag dir, daß du hübsch bist und daß jeder Junge froh sein kann, wenn er in der Schule neben dir sitzen, mit dir ein Eis essen, Schlittschuh laufen oder ins Kino gehen darf. Natürlich hilft es auch, sich richtig zu verhalten: sich richtig ernähren, Sport treiben, Hausaufgaben machen, auf die Eltern hören, nicht rauchen, keine Drogen und kein Sex. Die Jungs müssen sich um dich bemühen, nicht umgekehrt.

2. Schreib E-Mails oder Instant Messages nur an Teenager, die du schon kennst – nicht an Bekannte von Bekannten oder an Wildfremde.

3. Schreib nicht zuerst an deinen Schwarm, und gib ihm auch nicht einfach so deine Telefonnummer. Er soll danach fragen.

4. Deine Freundin soll nicht den Freund deines Schwarms fragen, ob er dich mag. Seine Freunde sollen *deine* Freundinnen fragen, ob *du ihn* magst.

5. Wenn du der Versuchung nicht widerstehen kannst, deinem Schwarm Instant Messages zu schikken, streich ihn von deiner Buddy-Liste! Auch deine Freundinnen sollen dir nicht sagen, wenn er online ist. Was ich nicht weiß, macht mich nicht heiß!

6. Chatte mit deinem Schwarm nicht länger als 30 Minuten (allerhöchstens eine Stunde). Und du mußt den Chat zuerst beenden.

7. Vernachlässige nicht deine Hausaufgaben oder andere Aufgaben, weil du chattest.

8. Reagiere nicht, wenn ein Typ anfängt, über Sex zu reden.

9. Leite die E-Mails zwischen dir und deinem Schwarm nicht an deine besten Freundinnen weiter. Eine schickt sie sicher an andere weiter, und irgendwann weiß es die ganze Klasse oder sogar die ganze Schule. Deswegen solltest du auch nie etwas schreiben, von dem du nicht willst, daß es in der ganzen Schule herumposaunt wird, etwa, wen du magst oder nicht magst oder wen du unheimlich süß findest. Teenager sind nicht gerade bekannt dafür, Geheimnisse für sich zu behalten. Alles, was du schreibst, kann gespeichert und ausgedruckt werden, und dann kannst du es schlecht leugnen. Also, wer blamiert sich schon gern?

10. Gib dein Passwort nie einem Freund oder einer Freundin, denn wenn ihr euch streitet und du vergißt, es zu ändern, kann das ganz schön peinlich werden. Du kannst nie wissen, was jemand anderes mit deinem Passwort macht!

Diese Ratschläge geben wir Teenagern, die an uns schreiben. Vor kurzem erhielten wir zum Beispiel einen Brief von Brandy, einem 16jährigen Mädchen aus Wichita, das im Fernsehen von uns gehört hatte. Sie schrieb:

Liebe Ellen, liebe Sherrie,
ich heiße Brandy. Ich bin sechzehn Jahre alt und gehe in die zehnte Klasse. In einer Talkshow im Fernsehen ging es um Ihre Regeln, ich bin gleich los und habe mir das Buch gekauft. Ich dachte, Sie könnten mir vielleicht helfen.

Ich bin seit etwa einem Jahr in einen Jungen aus meiner Klasse verliebt. Er heißt Chat und ist echt süß, hat blonde Locken und ist sehr sportlich. Vor ein paar Wochen kam er zu mir und fragte, ob ich ihm bei einem Referat helfen könnte. Ich sagte klar. Er fragte nach meiner E-Mail-Adresse und sagte, er würde mir den Text schicken, den er bisher geschrieben hätte. Er schickte ihn am nächsten Tag, und ich habe ihm zurückgemailt und ein paar Verbesserungsvorschläge gemacht. Er mailte »Danke«. Seitdem hat er sich nicht mehr gemeldet.

Er hat mich zuerst angesprochen, könnte ich ihm deswegen nicht zum Beispiel schreiben: »Wie lief das Referat?« Ich habe ihn auf meine Buddy-Liste gesetzt und gesehen, daß er oft im Internet ist. Kann ich ihm eine Instant Message schicken, zum Beispiel fragen, ob er gern ins Kino geht, oder ihm sagen, daß ich ihn mag? Wie bringe ich ihn dazu, daß er mit mir ausgeht? Hilfe!

Brandy

Wir schrieben zurück:

Liebe Brandy,

tut uns leid, aber das geht nicht. Du darfst ihm keine E-Mail schicken. Er hat Dich zwar angesprochen, aber dabei ging es um die Schule und nicht darum, mit Dir auszugehen. Er wollte nur Deine Hilfe. Also heißt es: »Der nächste bitte!« Leider funktionieren Verabredungen nur, wenn der Junge das Mädchen fragt. Wenn er mit Dir ins Kino gehen wollte, hätte er Dich schon gefragt. Du mußt also leider warten, bis ein anderer Junge Dich bittet, mit ihm auszugehen.

P.S.: Sag einem Jungen nie im Internet, daß Du ihn magst, oder etwas anderes, was nicht die ganze Schule wissen soll. Er könnte Deine Nachricht an seine Freunde weiterleiten, und die erzählen es anderen weiter, und ehe Du dich versiehst, weiß die ganze Klasse Bescheid. Sei diskret!

Viel Glück

Ellen und Sherrie

Regeln für Sonderfälle

Online-Dating für Prominente

Ja, sogar Promis gehen im Internet auf Partnersuche. Wie alle anderen haben auch sie manchmal Probleme, Vertreter des anderen Geschlechts auf dem üblichen Weg kennenzulernen, und nutzen daher Online-Dating als praktische Alternative.

Wir interviewten drei prominente Frauen, die bei verschiedenen Kontaktbörsen eine Anzeige einstellten. Nur eine, die bekannteste, entschied sich, ohne Foto zu inserieren. Alle drei hätten eigentlich gute Gründe, nicht im Internet nach einem Partner zu suchen, weil sie sehr bekannt sind. Aber weil sie jemanden kennenlernen wollten, sprangen sie über ihren eigenen Schatten und versuchten es. Und sie entdeckten, daß es Spaß macht und – was noch viel wichtiger ist – man tatsächlich interessante Männer finden kann!

Eine Prominente, eine attraktive TV-Größe, versuchte es mit dem Online-Dating, nachdem ihre Ehe nach 18 Jahren in die Brüche gegangen war. Obwohl sie nicht nur im Internet Männer kennenlernt, ist sie begeistert. Sie erzählte uns:

Es war nicht mehr so einfach, jemanden kennenzulernen. In den sechziger und siebziger Jahren hatte ich tolle Erfahrungen mit Blind Dates gemacht. Für mich besteht kein großer Unterschied zwischen Kontaktbörsen im Internet und Blind Dates. Meinen Ehemann lernte ich kennen, weil er mir einen Fanbrief mit Foto schickte. Ich rief ihn bei der Arbeit an, wir verabredeten uns zum Essen, heirateten und bekamen ein Kind. Wo liegt der Unterschied zwischen Fanpost und Online-Dating? Wenn man jemanden trifft, weiß man meist nicht, was einen erwartet, man hat sich nie zuvor gesehen, es sei denn, man lernt sich bei einer Party kennen. Außerdem bin ich sehr abenteuerlustig und wollte mich nicht sang- und klanglos aufs Altenteil zurückziehen. Mir genügt es nicht, ein gutes Buch mit ins Bett zu nehmen, wie manchen meiner Freundinnen, die nie im Internet Leute kennenlernen wollten.

Frauen, die sich Sorgen machen, Online-Dating sei gefährlich, lacht sie aus. Sie fand heraus, daß es genau umgekehrt ist – Männer wollen nur E-Mails schreiben und brauchen ewig, bis sie nach ihrer Nummer fragen oder sich mit ihr verabreden. »Diese Typen sind weit entfernt von einem Casanova. Die meisten haben sogar Angst vor einem Treffen. Sie wollen jemanden kennenlernen, fürchten sich aber vor ihrem eigenen Alter ego.«

Freunden, die vor dem Internet zurückschrecken, sagt sie einfach: »Probiert es. Man kann auch schreckliche Erfahrungen mit jemandem machen, den man schon lange kennt.« Andererseits ist sie natürlich vorsichtig. Ihre Nummer steht nicht im Telefonbuch, sie gibt nur ihre Handynummer weiter und setzte auch kein Foto zu ihrer Annonce, obwohl sie wußte, daß sie deswegen weniger Antworten bekommen würde. Anderen Prominenten rät sie, es genauso zu halten.

Ich bin zwar nicht so berühmt wie Julia Roberts oder Meg Ryan, aber es gefällt mir, wenn die Männer meine wahre Identität nicht kennen. Ich will nicht, daß sie mich nur kennenlernen wollen, weil ich berühmt bin. Wenn sie wissen, wer ich bin, werde ich zur Trophäe. Oder es wird ihnen zuviel. Ich brauche einen Mann, der mit meinem Bekanntheitsgrad umgehen kann.

Meist erkennt ein Mann sie bei der ersten Verabredung und staunt: »Ich kann es nicht glauben, warum gehen Sie mit mir aus?«

Sie antwortet: »Fragen Sie nicht warum. Man findet selten jemanden, der die Liebe zur Kunst mit einem teilt.«

Sie will keinen Mann, der von ihren Leistungen überwältigt ist, sondern einfach einen Mann. »Ich bin eine Frau, ich bin Mutter, ich habe Bauchkrämpfe und Kopfschmerzen wie jede Frau«, erklärt sie.

In ihrer Kontaktanzeige heißt es einfach, sie sei eine »bekannte Frau«, deswegen gebe es auch kein Foto. Sie beschreibt sich als Künstlerin/Malerin/Musikerin, was viele Männer neugierig macht. Viele Zuschriften, die sie erhielt, stammten von Männern, die herausfinden wollten, wer sie ist. Aus der Korrespondenz wurde eine Art Ratespiel. Zu ihrer Personenbeschreibung gehört auch ein Quiz, weil sie nur Männer kennenlernen will, die ihre Begeisterung für Kunst und Kultur teilen. Dazu gehören Fragen wie: Nenne zwei Jazzmusiker. Nenne drei Regisseure. Wer ist Vermeer?

Etwa acht von zehn Männern erraten, wer sie ist. Nach etwa vier E-Mails gibt sie einem Mann ihre Handynummer und trifft sich mit ihm in einem belebten Lokal mitten in Manhattan.

Manche Männer schickten Bilder, andere nicht. »Ich bin nicht fair. Sie können mich erst bei der Verabredung sehen. Ich halte nichts davon, Ihnen ein Bild von mir zu schicken. Aber ich will sehr wohl wissen, wie ein Mann aussieht. Ich würde lügen, wenn ich sagen würde, das Aussehen sei nicht wichtig. Manche Männer sahen aus wie das Krümelmonster aus der Sesamstraße. Ich suche einen attraktiven, gepflegten Mann ... Ich lese sorgfältig die Beschreibung eines Mannes, um sicherzugehen, daß wir etwas gemeinsam haben, etwa das Interesse an Musik und Kunst.«

Sie traf sich auch mit einem Mann, den sie nicht so attraktiv fand. Er wurde ein guter Freund. »Ich glaube, es hat einen Grund, warum wir bestimmte Menschen kennenlernen, sowohl Freunde als auch potentielle Liebhaber.«

Den Richtigen hat sie im Internet noch nicht gefunden, allerdings gab es schon mehrere Flirts und romantische Affären. »Ich klammere mich nicht an den Mist von der Seelenverwandtschaft. Ich glaube, darum geht es gar nicht, sondern darum, wieder in Schwung zu kommen, jemanden kennenzulernen, Spaß zu haben.«

Noch eine andere Prominente teilte uns ihre Erfahrungen beim Online-Dating mit. Julie (Name geändert) moderiert dreimal in der Woche eine Radiosendung, in der sie den Hörern Ratschläge für die Vermögensverwaltung gibt. Man erkennt sie nicht sofort, aber in der Branche ist sie bekannt. Sie setzte eine

Anzeige mit Foto ins Netz und erhielt viele Zuschriften. Sie hatte keine Bedenken, einen Partner im Internet zu suchen. Schließlich war sie über vierzig und hatte zwei Kinder:

Wo soll ich Männer kennenlernen? Ich stecke in der gleichen Zwangslage wie viele andere. Sobald meine Sendung vorüber ist, steige ich ins Auto und rase nach Hause, damit ich bei meinen Kindern bin. In Bars und Kneipen trifft man nur Alkoholiker, sie wollen keine Frauen treffen, sondern einfach auf ihrem Barhocker sitzen und trinken!

Jetzt treffe ich viele Männer und amüsiere mich prächtig. Meine geschiedenen Freundinnen, die in der gleichen Lage sind wie ich, aber keinen Internetanschluß haben, hatten manchmal schon seit einem Jahr keine Verabredung mehr, ich dagegen lerne ständig interessante Männer kennen. Ich habe sogar einen speziellen Trick, um an noch mehr Verabredungen zu kommen: Wenn ich manchmal aus PR-Gründen nach New York oder Chicago muß, stelle ich meine Annonce bei einer Kontaktbörse vor Ort ein und bekomme dadurch E-Mails von Männern, die mit mir essen oder etwas trinken gehen wollen, wenn ich in der Stadt bin. Als ich neulich meine Schwester, ihren Mann und die Kinder in Washington besuchte, konnten sie es kaum glauben, daß ich schon eine Verabredung für Freitag abend hatte. Zwei Wochen vor meinem Besuch hatte ich dort meine Kontaktanzeige aufgegeben. Ich halte mich natürlich an die Regeln, *die Männer müssen sich um mich bemühen, und ich lerne so alle möglichen Leute kennen.*

Das Online-Dating hat mein Leben verändert. Ich

bin ein bißchen schüchtern – ich weiß, ich weiß, ich bin schließlich Radiomoderatorin, aber das ist die berufliche Seite. Privat bin ich sehr zurückhaltend, niemand erkennt mich. Bis ich einen Mann besser kenne, sage ich, ich sei im Finanzwesen tätig. Ich rate allen: Stellt ein Foto dazu. Wen kümmert es schon, wer man ist? Gebt eurem Herzen einen Ruck, Mädels, und amüsiert euch!

Man muß nicht berühmt sein, um sich Gedanken um seinen guten Ruf zu machen. Wir sprachen zum Beispiel auch mit der 38jährigen Elizabeth, einer Mutter von drei schulpflichtigen Kindern, die Mitglied im Elternbeirat der Schule ist. Elizabeth hat sich vor kurzem nach zehn Jahren Ehe von ihrem Mann getrennt und ist wegen ihrer Position als Elternvertreterin in der Stadt bekannt. War es ihr peinlich, im Internet nach einem Partner zu suchen? Sie gab zu, daß sie am Anfang Befürchtungen hatte, vor allem wegen des Fotos, aber nachdem sie auf eine Anzeige ohne Bild kaum Zuschriften erhalten hatte, beschloß sie, es mit Bild zu probieren. Elizabeth ist 1,58 Meter groß, eine muntere Frau mit blauen Augen. Sie weiß, daß Männer sich meist wegen ihres Aussehens zu ihr hingezogen fühlen. Sie konnte sich keine Gedanken darüber machen, was andere von ihr hielten, sondern mußte tun, was sie für richtig hielt.

Auf ihre Annonce mit Bild meldete sich ein alleinerziehender Vater, dessen Kinder auf die gleiche Schule wie ihre Kinder gingen. In seiner ersten E-Mail schrieb er: »Hallo, ich wußte nicht, daß Du Single bist … das muß mein Glückstag sein!« Er verabredete sich mit ihr zum Essen. Sie traf ihn im Restaurant und fühlte sich sofort wohl mit ihm, denn sie kannten sich vom Schulpicknick im Vorjahr. Damals hatten sie nur beide nicht gewußt, daß der andere geschieden war. Die erste Verabredung war wunderbar, aber weil Elizabeth sich erst vor kurzem von ihrem Mann getrennt hatte, zwang sie sich, auch mit anderen Männern auszugehen, die auf ihre Annonce geantwortet hatten, darunter ein Arzt, ein Klempner und ein Buchhalter. Alle waren geschieden, hatten Kinder und lebten in der gleichen Stadt. Schließlich entschied sie sich doch für den ersten, weil er ihr am besten gefiel. Und das beste war, daß niemand im Elternrat oder den sie sonst kannte ihre Annonce im Internet erwähnte.

Die drei Frauen aus unseren Beispielen haben das Online-Dating erfolgreich ausprobiert und raten Frauen in ihrer Lage: »Überwindet euren Stolz und versucht es!«

Antworten auf häufig gestellte Fragen

Wann beginnt man beim Online-Dating mit den Regeln? *Bei der ersten Verabredung oder der ersten E-Mail?*

ANTWORT: Bei der ersten E-Mail. Warten Sie mit den *Regeln* nicht bis zur ersten Verabredung. Wenn ein Mann auf Ihre Annonce reagiert, greifen die *Regeln* in dem Moment, in dem er Ihre Annonce bemerkt. Sie müssen 24 Stunden mit Ihrer Antwort warten, sich in Ihren E-Mails kurz fassen und sich auch sonst an jede *Regel* halten, die wir aufführen. In einem Chatroom halten Sie sich an die *Regeln,* sobald Sie den Chatroom betreten, also noch bevor jemand Sie anspricht. Sie platzen also nicht gleich mit der Frage heraus: »Gibt es hier Männer, die noch zu haben sind?« Entsprechend rufen Sie nicht gleich eifrig »Hier!«, wenn ein Mann in einem Chatroom die Frage stellt: »Fühlt sich hier jemand einsam?« Sie unterhalten sich über das vorgegebene Thema und warten, bis ein Mann Sie direkt anspricht. Nach zehn bis fünfzehn Minuten Chat sagen Sie, daß Sie jetzt gehen müßten. Wenn alles klappt, will er sich mit Ihnen verabreden und fragt nach Ihrer Telefonnummer, sonst müssen Sie warten, bis er Ihnen eine E-Mail schreibt.

Wenn ich nicht jede E-Mail beantworte, dann denkt ein Mann vielleicht, ich würde ihn nicht mögen, vor allem, wenn er mir Witze schickt?

ANTWORT: Nein, er denkt nur, daß Sie beschäftigt sind, daß Sie Ihr eigenes Leben führen und nicht panisch laufend Ihre E-Mails durchgehen. Er fragt sich wahrscheinlich, wo Sie sind, ob Sie vielleicht mit einem anderen Mann ausgehen und ob dieser Mann besser aussieht als er oder ein schnelleres Auto fährt und was er machen muß, um Sie auf sich aufmerksam zu machen, und ob Sie ihm je antworten werden. Oder er überlegt, ob er Ihnen noch eine E-Mail schreiben oder Sie vielleicht gleich anrufen soll!

Mein Freund und ich haben uns bei einer Internet-Kontaktbörse kennengelernt. Soll ich das sagen, wenn man uns fragt, wie wir uns kennengelernt haben? Mir ist das ein bißchen peinlich.

ANTWORT: Vor fünf Jahren hätten wir Ihnen noch geraten zu sagen, Sie hätten sich über »gemeinsame Bekannte« kennengelernt, aber heute ist das nicht mehr nötig. Ihnen muß nichts peinlich sein. Millionen Männer und Frauen lernen sich jeden Tag über das Internet kennen. Das ist auch nichts anderes als ein Lokal für Singles oder ein Blind Date. Wenn der oder die Fragende Single ist, tun Sie ihm oder ihr sogar einen Gefallen, denn schließlich hat es bei Ihnen geklappt!

Wie verhalte ich mich, wenn ich mich mit Männern in Chatrooms unterhalte und sie sexuelle Anspielungen machen? Gibt es eine Möglichkeit, solche Anspielungen zu umgehen?

ANTWORT: Ignorieren Sie solche Männer. Wenn ein

Mann nicht so schlau ist zu fragen: »Bin ich Dir zu nahe getreten?«, dann lohnt es sich auch nicht, mit ihm zu reden. Reagieren Sie nicht mehr, und warten Sie darauf, daß ein anderer Mann Sie anspricht oder Ihnen eine E-Mail schickt.

Wie soll ein Mann etwas über mich persönlich erfahren, wenn ich bei einer Kontaktbörse nicht ausführlich beschreiben darf, wie ich mir meinen Traummann vorstelle, und meine E-Mails nur kurz und nett sein sollen?

ANTWORT: Leider kann man seine Persönlichkeit nicht in eine Anzeige, ein Foto oder in ein paar E-Mails fassen. Ihre Annonce und E-Mails sind aber erst der Anfang und bieten nur einen ersten Eindruck von Ihnen. Das Internet bietet zwar die Möglichkeit, Männer kennenzulernen, ist aber kein Turbobeschleuniger, um größere Nähe zu schaffen. Ein Mann muß immer noch mit Ihnen ausgehen, um mehr über Sie zu erfahren. Außerdem schreiben Frauen alles mögliche, etwa »ich will einen Mann zwischen 40 und 50 Jahren, der finanziell erfolgreich ist und gerne tanzt«, und erhalten trotzdem Zuschriften von Männern Mitte Dreißig, die arbeitslos sind und zwei linke Füße beim Tanzen haben. Sie müssen sich unter den vielen Kandidaten immer den Richtigen aussuchen, so ist das nun einmal.

Was mache ich, wenn ein Mann mir mailt: »Deine Anzeige gefällt mir, wann können wir mal chatten?« Was schreibe ich ihm?

ANTWORT: Schreiben Sie nicht, »ich chatte nicht« oder »ich antworte nicht auf Instant Messages«, sondern sagen Sie einfach, Sie hätten furchtbar viel zu tun und könnten nicht sagen, wann Sie am Computer sitzen. Wenn er kapiert, daß er sich nicht im Internet mit Ihnen verabreden kann, wird er Ihnen eine E-Mail schicken und schließlich nach Ihrer Telefonnummer fragen. Wenn er nicht mailt, war er nicht richtig interessiert und wollte nur die Zeit totschlagen.

Wenn ein Mann auf meine Annonce reagiert und sagt, er würde sich gern mit mir unterhalten, und mir seine Nummer gibt, kann ich ihn dann anrufen?

ANTWORT: Nein, warten Sie 24 Stunden, und schreiben Sie ihm dann: »Gute Idee, hier ist meine Telefonnummer«, und geben Sie ihm Ihre Handynummer. Er muß Sie anrufen. Nur wenn er anruft, wissen Sie, daß er sich wirklich mit Ihnen unterhalten will. Oft geben Frauen einem Mann ungefragt ihre Nummer und wundern sich dann, warum er nicht anruft.

Einige Männer, die ich im Internet kennengelernt habe, schlugen vor, sich auf einen Kaffee zu treffen. Mir kam das ein bißchen billig vor. Kann ich sagen, daß ich mich lieber in einem richtigen Lokal treffen will?

ANTWORT: Der Vorschlag, sich in einem Café zu treffen, ist eigentlich eine gute Idee für eine erste Verabredung, denn dann dauert sie nicht länger als eine Stunde. Ein Café ist meist gut besucht, nicht schummrig und daher sicher, der perfekte Ort, um sich mit einem Fremden zu treffen. Er ist also kein Geizhals, sondern denkt praktisch. Wenn er allerdings beim zweiten Mal wieder nur Kaffee trinken gehen will, sollten Sie es sich überlegen!

Was macht man, wenn man sich auf einen Drink verabredet, und der Mann dann fragt, ob man nicht noch zusammen essen gehen könnte? Ist das in Ordnung?

ANTWORT: Nein. Sagen Sie, Sie würden sehr gern, aber Sie hätten noch etwas vor. Es ist ein gutes Zeichen, daß er das vorschlägt, aber noch besser ist es, wenn Sie ablehnen. Sie sind keine besondere Herausforderung für ihn, wenn Sie so schnell einwilligen. Wenn er mit Ihnen essen gehen will, muß er sich noch einmal mit Ihnen verabreden.

In seiner Personenbeschreibung gibt er an, er wisse nicht, ob er Kinder haben will. Darf ich das bei der ersten Verabredung ansprechen? Ich bin 34 und will unbedingt Kinder. Ich will meine Zeit nicht mit einem Mann vergeuden, der keine Kinder will!

ANTWORT: Auf keinen Fall! Schließlich haben Sie seine Personenbeschreibung nur überflogen, aber nicht auswendig gelernt. Eine Frau, die sich an die *Regeln* hält, kommt nie auf Themen wie Heirat, Kinder oder die Zukunft zu sprechen. Seien Sie einfach locker und unbeschwert, Sie werden schon herausfinden, wie er zu Kindern steht. Lernen Sie ihn erst ein bißchen besser kennen; wenn Sie bei der ersten Verabredung darüber reden, daß die biologische Uhr tickt, dann schlagen Sie ihn gleich in die Flucht!

Wenn ich 24 Stunden warte, bis ich meine E-Mails beantworte, wendet sich ein Mann dann nicht den 20 anderen Frauen zu, die gleich antworten?

ANTWORT: Nein, die Schnellste ist nicht automatisch die Siegerin. Wenn ein Mann Sie hübsch findet, wartet er auch einen Tag, bis er von Ihnen hört. Wahrscheinlich denkt er, Sie haben viel zu tun oder sind mit anderen Männern beschäftigt, was wiederum sein Interesse verstärkt. Machen Sie sich keine Gedanken, was andere Frauen tun. Wenn sie Männern voreilig antworten, sind sie wahrscheinlich auch in anderen Dingen voreilig, und dann hält die Beziehung nicht lange.

Ich habe einen Mann in einem Chatroom für Singles kennengelernt. Er hat mich zuerst angesprochen. Ich wohne in Denver, er lebt in San Francisco. Er ist 39, ich bin 35 und trenne mich gerade von meinem Mann. Seit Monaten schreiben wir uns E-Mails oder telefonieren. Er sagt, er liebt mich, hat aber Angst vor dem nächsten Schritt (daß wir uns treffen), weil er denkt, ich könnte es mir anders überlegen, sein Herz brechen und zurück zu meinem Mann gehen. Was soll ich tun?

ANTWORT: Schreiben Sie ihm nicht mehr. Wenn ein Mann Sie nach monatelangem E-Mail-Austausch nicht treffen will, heißt es Vorsicht, er ist entweder verheiratet, in einer festen Beziehung oder ist ganz anders, als er mit seinem Foto, seiner Annonce oder in seinen Mails vorgegeben hat, und will nicht, daß Sie das herausfinden. Außerdem dürfen Sie einen Mann, der sagt, er liebe Sie, ohne Sie gesehen zu haben, nicht ernst nehmen. Seine Unsicherheit ist womöglich so groß, daß er sie nie überwinden wird. Wenn sich jeder wegen solcher Ängste weigern würde, sich mit anderen zu treffen, wären Online-Bekanntschaften immer auf den Computer beschränkt. Menschen haben alle möglichen Ängste, treffen sich aber trotzdem. Wir raten daher zur Kontaktsperre, rufen Sie ihn nicht an, schicken Sie ihm keine E-Mail, und reagieren Sie nicht auf seine Anrufe oder Mails. Dann ist er gezwungen, sich mit Ihnen zu treffen, oder er läßt es ganz.

Wenn er über seine Ex spricht, kann ich dann über meinen Ex reden?

ANTWORT: Nein, auf keinen Fall bei den ersten sechs Verabredungen. Wenn Ihre Exbeziehungen zum Thema werden, wissen Sie nicht, ob er Sie als Therapeutin benutzt oder versucht, Informationen darüber zu sammeln, wie Frauen denken. Außerdem können viele Frauen nicht mehr aufhören, wenn sie erst einmal über ihren Ex reden, das ist wie eine Droge. Es ist daher besser für Sie, wenn Sie es lassen. In einer Annonce oder im Gespräch mit einem Mann sollten Sie sich unbedingt vier Wörter verkneifen: »Bindung«, »seelenverwandt« und »Exfreund« oder »Exmann«. Wenn er Sie wirklich mag und Feuer gefangen hat, möchte er nicht über seine Ex reden, sondern mehr über Sie erfahren.

Ich schreibe seit drei Monaten E-Mails an einen Mann, den ich in einem Chatroom kennenlernte. Er sprach mich zuerst an, und wir schickten uns Fotos. Ich finde, daß er sehr gut aussieht. Mittlerweile mailen wir uns fast jeden Tag. Bisher ist er damit zufrieden, daß wir Brieffreunde sind, er hat noch nie vorgeschlagen, daß wir uns treffen, obwohl wir nur eine halbe Autostunde voneinander entfernt leben. Eine Freundin schlug vor, ich solle ihm ein Foto von mir schicken, auf dem ich als Model für Badeanzüge zu sehen bin. Denken Sie, das würde helfen? Oder würde es unsere Freundschaft ruinieren?

ANTWORT: Das würde nichts ändern, also behalten Sie das Foto für sich. Wenn er bei Ihrem ersten Foto nicht so interessiert war, daß er mit Ihnen ausgehen will, dann ist er eben nicht an Ihnen interessiert, Punktum. Wenn Sie ihm noch ein Bild von sich schikken, weiß er, daß Sie ihn mögen und mehr wollen. Wenn das Foto sexy ist, bekommt er vielleicht einen falschen Eindruck und will sich mit Ihnen nur treffen, um Sex zu haben. Versuchen Sie zu akzeptieren, daß er nur mit Ihnen befreundet sein will. Sie können weiterhin mit ihm befreundet sein, ein guter Freund ist auch etwas wert. Geben Sie aber auch eine Annonce mit Foto auf und warten Sie, bis Männer Ihnen E-Mails schicken, die sich mit Ihnen verabreden und eine richtige Beziehung haben möchten, nicht nur eine Brieffreundschaft.

Ein wirklich süßer Mann antwortete auf meine Anzeige und wollte sich gleich mit mir treffen. Ich hatte bereits einen anderen Mann kennengelernt und schrieb, ich hätte keine Zeit. Etwa zwei Monate später war es zwischen mir und dem anderen aus. Ich schickte dem süßen Typ eine E-Mail und erzählte ihm, daß ich mit dem anderen Schluß gemacht hätte. Ich fragte ihn, ob wir uns treffen können. Er war einverstanden, aber jetzt soll ich ihn anrufen und zu ihm fahren. Er wohnt etwa vier Autostunden entfernt. Was soll ich machen?

ANTWORT: Es war keine gute Idee, ihm eine E-Mail zu schicken, ihm von der Trennung zu erzählen und ein Treffen vorzuschlagen. Sie haben zu viele Informationen preisgegeben und es ihm zu leicht gemacht. Jetzt sind Sie zwar wieder zu haben, aber eigentlich hätten Sie ihm auch nur schreiben können: »Hallo, wie ist es Dir ergangen? Ich weiß, daß Du im Norden wohnst, wie ist das Wetter dort?« Dann hätte er Ihnen geantwortet: »Sollen wir uns treffen?« So aber weiß er, daß Sie etwas von ihm wollen und auch zu ihm fahren würden. Unser Vorschlag: Rufen Sie ihn nicht an. Mailen Sie ihm, daß Sie nicht zu ihm fahren können, Sie hätten zuviel zu tun, Ihr Auto sei kaputt oder was auch immer. Schlagen Sie auch nicht vor, er könne zu Ihnen kommen. Das muß er vorschlagen. Vielleicht hat er inzwischen eine andere Frau kennengelernt. Wer weiß? Wenn er nicht vorschlägt, Sie zu besuchen, gehen Sie über zum nächsten!

Wir haben uns in einem Chatroom kennengelernt. Er sprach mich an, und wir haben uns Fotos geschickt. Er schlug ein Treffen vor. Jetzt gehen wir seit drei Monaten miteinander aus, allerdings sehe ich ihn nicht jedes Wochenende, weil er manchmal auf Geschäftsreise ist oder die Kinder hat. Er schickt mir jeden Tag Instant Messages und verabredet sich auch per Instant Message mit mir. Ist das in Ordnung?

ANTWORT: Na ja ... Für ihn ist es zu einfach. Vielleicht sollten Sie seine Instant Messages ignorieren. Es ist zu beiläufig, wenn er Sie nur im Internet anspricht, das ist, wie wenn er einfach bei Ihnen daheim oder im Büro vorbeischauen würde, ohne daß er warten muß. Er sollte sich mehr um Sie bemühen. Wenn Sie seine Instant Messages ignorieren, muß er Ihnen eine E-Mail schicken. Noch besser wäre es, wenn er Sie am Ende einer Verabredung um ein neues Treffen bittet. Versuchen Sie es einmal damit: Gehen Sie ein paar

Wochen lang nicht ins Internet, und sehen Sie nicht in Ihrer Mailbox nach. Ehrlich gesagt klingt dieser Mann nicht wie ein potentieller Ehemann. Wenn er sich nicht jedes Wochenende mit Ihnen verabredet, können Sie auch mit anderen Männern ausgehen.

Ich habe einen Mann im Internet kennengelernt, er hat auf meine Kontaktanzeige geantwortet und sich nach drei E-Mails mit mir verabredet. Wir trafen uns zum Abendessen, es knisterte nur so zwischen uns, und am Ende schliefen wir miteinander. Am nächsten Tag schickte er mir eine E-Mail: »Es war schön letzte Nacht, aber ich finde, wir sollten die Dinge langsam angehen lassen.« Eigentlich wollte ich ihm schreiben: »Du bist mein Traummann, die letzte Nacht war wunderbar, wann sehen wir uns wieder?« Ich bin sehr verletzt. War das ein One-Night-Stand? Was soll ich ihm zurückschreiben?

ANTWORT: Wenn Sie bei der ersten Verabredung mit einem Mann schlafen, bedeutet das in 99 Prozent der Fälle das Ende einer Beziehung, wir wünschen Ihnen daher viel Glück. Wenn ein Mann sagt, er brauche seine Freiheit, vor allem, wenn Sie kurz davor Sex hatten, ist das kein gutes Zeichen. Wir raten Ihnen, einen Schlußstrich zu ziehen! Aber falls Sie nicht von ihm lassen können, sollten Sie sich von nun an strikt an die *Regeln* halten. Antworten Sie nicht mehr auf seine E-Mails, es sei denn, er will sich mit Ihnen verabreden. Lassen Sie ihn dann aber trotzdem zweimal fragen, bevor Sie mit ihm ausgehen. Obwohl Sie mit ihm geschlafen haben, wird er Sie dann nicht für eine dieser Frauen halten, die denken: »Wir haben miteinander geschlafen, also haben wir jetzt eine Beziehung.« Nein, Sie sind das genaue Gegenteil, eine Frau, die bei der ersten Verabredung Sex hat (nur dieses eine Mal!), aber nicht unbedingt eine Beziehung will, wie ein Mann, genau wie er! Wenn die Beziehung weiterbesteht, reagieren Sie nur auf seine Anrufe oder E-Mails, wenn es um eine Verabredung geht, sagen Sie gelegentlich ab, und beenden Sie eine Verabredung immer zuerst.

Vor zwei Monaten sah ich seine Personenbeschreibung auf einer Kontakt-Website und schrieb ihm. Er bat mich um ein Foto. Er sagte, er finde mich hübsch. Er schreibt mir lange bewundernde E-Mails. Wir schreiben uns ständig Instant Messages oder rufen uns gegenseitig an und unterhalten uns wie gute Freunde über alles. Wir hatten auch schon Cybersex. Ich erzählte ihm, daß ich mich erst vor kurzem getrennt hätte, und er meinte, wir sollten nichts überstürzen. Ich schrieb, nein, das sei völlig in Ordnung, wir könnten uns doch bald einmal treffen. Er meinte, er schätze unsere Freundschaft zu sehr, er wolle kein Lückenbüßer sein. Was soll ich machen?

ANTWORT: Leider haben Sie gegen jede *Regel* verstoßen, als Sie auf seine Annonce antworteten, endlos mit ihm chatteten und vorschlugen, sich zu treffen. Wir wissen, Sie denken, das wäre eine ganz besondere Beziehung, eine innige Verbindung, der Zeit und Raum nichts anhaben können, aber dieser Mann ist leider nur an einer Online-Freundschaft und an Cybersex interessiert – und das ist gegen die *Regeln!* Wenn ein Mann Sie wirklich mag, möchte er Sie sehen, Ihre Hand halten und am Samstag abend mit Ihnen zusammen sein. Lassen Sie sich von seiner freundlichen Art nicht täuschen. Viele Männer wurden zur Höflichkeit erzogen und sagen einer Frau, wenn sie ihnen schreibt, sie sei schön. Und dann reden Sie davon, wie sehr sie diese Freundschaft schätzen... Glauben Sie ihm nicht, wenn er sich herausredet, er wolle Ihre Freundschaft nicht zerstören oder kein Lückenbüßer sein. Akzeptieren Sie die Beziehung als das, was sie ist (eine Brieffreundschaft), und verwenden Sie nicht Ihre ganze Energie darauf. Bleiben Sie Freunde (oder auch nicht), lassen Sie aber auf jeden Fall Ihre Annonce im Netz, und beantworten Sie die E-Mails von Männern, die sich wirklich mit Ihnen verabreden wollen!

Ich antwortete auf seine Annonce. Jetzt schreiben wir uns seit etwa einem Monat und wollten uns treffen – wir leben etwa drei Autostunden voneinander entfernt. Aber dann machte er einen Rückzieher und sagte, er sei noch nicht soweit. Ich war am Boden zerstört. Nach einer zweiwöchigen Kontaktsperre wurde ich weich und schrieb ihm, wir könnten uns doch einfach treffen und sehen, was passiert. Wir trafen uns in der Mitte und beschlossen dann, dort das Wochenende zu verbringen (kein Sex). Er schien völlig hingerissen. Er lud mich ein, ihn zu besuchen, sagte aber, er müsse zuerst mit einer anderen Frau Schluß machen. Ich weiß, daß ich die Regeln gebrochen habe. Ist es jetzt zu spät, daß er mich für unerreichbar hält?

ANTWORT: Ja, das ist es. Er ist nicht interessiert. Das Wochenende zusammen mit Ihnen hat ihm zwar gefallen, aber das war es dann auch. Weil Sie auf seine Annonce geantwortet, ein Treffen vorgeschlagen haben, ihm dann auf halber Strecke entgegengekommen sind und das Wochenende mit ihm verbracht haben (das sind allein vier *Regeln*, gegen die Sie verstießen!), wird aus dieser Beziehung auch nichts. Er ist nicht interessiert. Er hat sie schon zweimal verletzt, obwohl Sie ihn erst seit einem Monat kennen. Antworten Sie in Zukunft nicht mehr auf die Annonce eines Mannes. Geben Sie lieber selbst eine Kontaktanzeige auf, und warten Sie, bis ein Mann Ihnen schreibt und sich mit Ihnen verabredet. Kommen Sie einem Mann nicht auf halber Strecke entgegen. Er muß zu Ihnen kommen.

Wir geben dieser Beziehung keine Chance, aber Sie können folgendes ausprobieren und sehen, was passiert: Schreiben Sie dem Mann nicht mehr, und beantworten Sie nur noch jede dritte E-Mail, und zwar nur die, in denen er sich mit Ihnen verabreden will. Er muß vorschlagen, Sie zu besuchen, Sie dürfen auf keinen Fall zu ihm fahren oder ihn in der Mitte treffen. Sagen Sie, Sie hätten zuviel zu tun, könnten den Hund nicht allein lassen oder aus anderen Gründen gerade nicht weg. Wenn er nicht zu Ihnen kommt, ist die Beziehung vorbei. Weiter im Text!

Ich schrieb auf seine Anzeige und sagte, er solle sich doch meine Beschreibung ansehen und mir schreiben, wenn er interessiert sei. Er gab mir seine Telefonnummer und meinte, ich solle ihn anrufen. Wir unterhielten uns zwei Stunden lang und beschlossen, uns in einem Café zu treffen. Als ich ihn sah, dachte ich »Keine Chance«, weil er viel älter war und gar nicht so gut wie auf dem Foto aussah. Er war eindeutig von mir angetan und verabredete sich wieder mit mir. Ich sagte mir: Was habe ich schon zu verlieren? Aber bei der zweiten Verabredung schlief ich mit ihm, weil ich ihn irgendwie niedlich fand. Ich weiß, das war keine gute Idee! Das ist jetzt neun Monate her, und wir treffen uns dauernd. Ich würde ihn gern heiraten, aber er sagt, ich würde ihn bedrängen, er brauche mehr Freiheit. Er ist seit zwei Jahren geschieden. Kann ich mich noch an die Regeln halten?

ANTWORT: Sie haben auf seine Annonce geantwortet und ihn zuerst angerufen und gaben damit den Anstoß für Ihre Beziehung. Daher wird daraus wahrscheinlich nie etwas werden. Sie hatten nach der zweiten Verabredung schon Sex, sehen sich dauernd, und dann sagt er Ihnen, er fühle sich bedrängt – eine Frau, die sich an die *Regeln* hält, bekommt so etwas nicht zu hören. Wenn ein Mann sagt, er werde bedrängt, ist es höchste Zeit, ihn zu verlassen!

Wenn Sie uns nicht glauben, können Sie die Probe aufs Exempel machen. Halten Sie sich bei ihm ab jetzt an die *Regeln,* und warten Sie ab, was passiert. Lassen Sie ihn einfach in Ruhe, dann wissen Sie schon bald, was er für Sie empfindet. Keine Anrufe, keine E-Mails. Reagieren Sie nur, wenn er Sie um ein Treffen bittet. Geben Sie ihm den Freiraum, den er wünscht. Er soll sich um Sie bemühen. Treffen Sie sich nur einmal in der Woche mit ihm – am besten samstags, aber nur, wenn er sich vor Mittwoch mit Ihnen verabredet. Sagen Sie an jedem anderen Tag ab. Stellen Sie außerdem eine Annonce mit Foto ins Netz, und warten Sie, bis Männer Ihnen E-Mails schicken. Halten Sie sich an die *Regeln* fürs Online-Dating.

Was kann ich machen, damit mehr Männer auf meine Annonce antworten?

ANTWORT: Leider nichts. Das ist wie die Frage:

Was muß ich tun, damit mich auf einer Party mehr Männer ansprechen? Wenn Sie eine leichte, unbeschwerte Annonce verfaßt, Ihr bestes Foto genommen haben und trotzdem nicht viele Zuschriften bekommen, sagen Sie sich einfach, die Zeit war noch nicht reif. Manche Frauen nehmen vielleicht Fotos, auf denen viel Haut zu sehen ist, oder wählen einen verführerischen Text, um mehr Männer anzulocken, aber langfristig gesehen funktioniert das nicht.

Wenn man eine Beziehung hat, miteinander geschlafen hat und er sogar gesagt hat, daß er einen liebt, weiß man dann, daß es etwas Festes ist, obwohl er einem noch keinen Antrag gemacht hat? Kann man dann noch mit anderen Männern ausgehen?

ANTWORT: Man weiß es nicht. Gehen Sie einfach mit anderen Männern aus (oder lassen Sie es), bis er Sie bittet, nur noch seine Freundin zu sein. Schneiden Sie das Thema nicht an, lassen Sie auch keine Andeutungen fallen. Sagen Sie also nicht etwa: »Ich habe am Freitag eine Verabredung, ist das in Ordnung?« Wahrscheinlich sind Sie die einzige Frau in seinem Leben, aber es ist immer besser, wenn er Ihnen einen Antrag macht.

18 Extra-Tips

1. Legen Sie Ihre Netze möglichst weit aus. Wenn Sie in einer Kleinstadt leben, in der das Angebot an Männern begrenzt ist, oder wenn Sie mit den Zuschriften, die Sie aus der näheren Umgebung erhalten, nicht zufrieden sind, sollten Sie sich nicht auf ein zu kleines Feld beschränken. Sie können auch in größeren Städten oder landesweit inserieren. Manche Kontaktbörsen ordnen die Kandidaten nach Postleitzahlen oder bestimmten Gebieten, Sie können die Beschränkung aber auch aufheben oder ein Gebiet aussuchen, in dem Sie schon einmal gewohnt haben, wo Sie Freunde oder Verwandte haben oder wo Sie vielleicht eines Tages leben möchten. Wenn ein Mann Ihre Annonce oder Ihr Foto mag, gern von Ihnen E-Mails bekommt oder gern mit Ihnen telefoniert, nimmt er auch weitere Strecken in Kauf, um Sie zu treffen.

2. Erkundigen Sie sich, ob Sie Ihre Annonce aktualisieren können, damit Sie wieder als neue Annonce erscheint, denn manche Männer sehen nur die neuen Annoncen durch.

3. Ändern Sie nicht das Thema bei einer E-Mail, die er Ihnen geschickt hat, klicken Sie einfach auf das Feld

»Antworten«. Frauen machen sich zu viele Gedanken, was sie einem Mann schreiben sollen. Wenn also in der Zeile für das Thema »Frohe Ostern« steht und Sie erst zwei Tage später antworten, müssen Sie nicht das Thema ändern und »Guten Morgen« oder »Pläne fürs Wochenende« hineinschreiben. Wenn Sie jeder E-Mail an ihn einen neuen Titel geben, zeigt das, daß Sie sich zuviel Mühe machen und zu großes Interesse haben. Wenn ihn ein Titel stört, soll er ihn ändern.

4. Es besteht kein Anlaß, einem Mann nach einer Verabredung zu danken und ihm ein Smiley zu schikken (:-) , also Doppelpunkt und Klammer) oder etwas Ähnliches. Er soll Ihnen schreiben.

5. Unterschreiben Sie erst mit »Deine« oder sogar mit »In Liebe«, wenn er es tut. Man neigt dazu, weil eine E-Mail im Grunde ein Brief ist. Aber halten Sie sich zurück. Er muß das Wörtchen Liebe zuerst benutzen, auch im Internet.

6. Wir sind keine großen Freunde von Instant Messages. Wenn Sie trotzdem nicht widerstehen können, zählen Sie bis 20, bevor Sie eine Instant Message verschicken. Solche Pausen sind gut, denn Sie schaffen Distanz. Dadurch weiß der Mann nicht, wie interessiert Sie sind, und will länger mit Ihnen chatten. Jede andere Frau antwortet binnen Nanosekunden, aber Sie sind anders!

7. Ein anderer Trick bei Instant Messages ist, irgendwann gar nicht zu antworten, bis er Ihnen noch eine Instant Message schickt, etwa eine Frage wie »Bist Du noch da?«. Wenn er denkt, Sie seien beschäftigt oder mit den Gedanken woanders, um so besser.

8. Ein Mann, der nicht zur ersten Verabredung

kommt oder sie absagt, wird sofort von der Liste gestrichen!

9. Verzichten Sie auf eine besondere Schrift, auf Fettdruck, Farbe und so weiter. Jedes Extra wirkt bemüht!

10. Bei Nachrichten auf einem Message Board sollten Sie beim Thema bleiben und sich nie auf die Nachricht eines Mannes beziehen. Also nicht: »Ich stimme Stuart22 zu, wenn er sagt, Gore hätte gewinnen sollen.« Schreiben Sie einfach: »Gore hätte gewinnen sollen.« Stuart22 kann Ihnen dann eine E-Mail schicken: »Hey, wir sind der gleichen Meinung!«

11. Vertrauen Sie sich einer Freundin oder Verwandten an, der Sie von Ihren Abenteuern beim Online-Dating erzählen oder mailen können. Vielleicht finden Sie auch eine Selbsthilfegruppe, die sich an die *Regeln* hält. Sie müssen das nicht alleine durchstehen. Zwei Leuten fällt immer mehr ein als einem allein, außerdem steht man sich selbst oft im Weg.

12. Glauben Sie nicht alles, was Sie über die Partnersuche im Internet lesen. In einer Zeitschrift stand kürzlich, daß Frauen sofort die E-Mail eines Mannes beantworten sollten, weil Männer vielbeschäftigt sind und schnelle Antworten mögen. Aber Männer mögen auch Sex bei der ersten Verabredung, trotzdem ist das noch lange kein Grund, es zu tun!

13. Wenn Sie in einem Fragebogen angeben müssen, welcher Familienstand bei einem Mann Ihnen lieber ist, kreuzen Sie nicht Single, geschieden, getrennt lebend und Witwer an. Das wirkt übertrieben. Nehmen Sie einfach Ihren eigenen Familienstand, Männer richten sich ohnehin nicht danach.

14. Wenn ein Mann nach ein paar E-Mails zum er-

stenmal anruft, sollten Sie nicht länger als zehn Minuten mit ihm sprechen, allerhöchstens 20 Minuten. Beim ersten Anruf geht es nur darum, seine Stimme zu hören, Sie brauchen nicht seine oder Ihre drei letzten Beziehungen durchzukauen, geschweige denn seine Einstellung zur Ehe! Beim ersten Anruf wird eine Verabredung vereinbart, Datum, Uhrzeit und Treffpunkt, mehr nicht. Schließlich können Sie sich bei dem Treffen noch ausführlich unterhalten. Also sagen Sie nach zehn oder 20 Minuten, es sei jemand an der Tür oder Sie müßten weg. Es ist gegen die *Regeln*, zwei Stunden zu telefonieren, vor allem, wenn Sie den Mann noch nie getroffen haben. Die *Regeln* gelten bereits vor Date Zero!

15. Wenn Sie eine Freundin haben, die ebenfalls im Internet nach einem Partner sucht, benutzen Sie die gleiche Kontaktbörse, dann merken Sie, ob Ihnen die selben Männer E-Mails schicken und das gleiche schreiben. Wenn ja, wissen Sie, daß diese Männer es nicht so ernst meinen. Wahrscheinlich haben Sie die gleichen E-Mails noch an 20 andere Frauen geschickt!

16. Wenn Sie bereits eine Beziehung haben und die Wahl haben, anzurufen oder eine E-Mail zu schreiben, mailen Sie! Warum das Risiko eingehen und ihn zur Zielscheibe des Büroklatsches machen, vor allem, wenn Sie über die Zentrale oder Sekretärin anrufen müssen? Vielleicht hat er auch ein Büro mit anderen zusammen, die seine Telefongespräche mithören. Und glauben Sie nicht, die Kollegen würden geflissentlich darüber hinwegsehen (»Wow, Catherine ruft aber oft an. Ist das was Ernstes zwischen euch?«) Also lieber eine E-Mail, dann bleiben ihm die klugen

Kommentare erspart. Je seltener Sie ihn anrufen, desto besser!

17. Falls Sie nicht viel Geld haben und sich die Mitgliedschaft bei einer Kontaktbörse nicht leisten können, gibt es auch Anbieter mit kostenloser Probezeit. Bei manchen Kontaktbörsen kann man auch umsonst eine Anzeige mit Foto einstellen, solange man nicht an andere schreibt, sondern nur E-Mails empfängt. Das ist wie in manchen Diskotheken, wo Frauen bei der »Ladies Night« umsonst reinkommen. Also stellen Sie eine Annonce ein, und lehnen Sie sich entspannt zurück, bis die Männer Ihnen schreiben. Nach den *Regeln* sollten Sie ohnehin Männer nicht zuerst ansprechen, das Angebot ist daher ideal!

18. Wenn Sie schüchtern sind und nicht gern auf Partys oder in Kneipen gehen oder Komplexe wegen Ihres Aussehens haben (weil Sie zum Beispiel ein bißchen füllig sind), kann Online-Dating die ideale Lösung sein. Nehmen Sie aber kein Bild, das nicht Ihrem derzeitigen Aussehen entspricht. Ehrlichkeit ist immer noch die beste Strategie.

Plan B: Bis Sie die Regeln *hundertprozentig beherrschen*

Manchmal erhalten wir Anfragen von Frauen, die erklären, sie würden sich gern an die *Regeln* halten, könnten es aber nicht. Es fällt ihnen einfach zu schwer, daher wünschen sie sich weniger strenge Vorschriften. Wir sind zwar der Ansicht, je strenger, desto besser, verstehen aber, wie es ihnen geht, und wollen ihnen helfen. Es ist immer noch besser, die *Regeln* ein bißchen zu befolgen als gar nicht. Dachten Sie nicht auch anfangs beim Joggen, Sie würden nie auch nur zwei Kilometer weit kommen, und jetzt laufen Sie fünf? So ähnlich ist es mit Plan B. Er hilft Ihnen dabei, die *Regeln* irgendwann hundertprozentig zu befolgen. Und in der Zwischenzeit ist er besser als gar kein Plan!

Mit Plan B sind keine Ausreden mehr möglich. Sie können nicht mehr sagen: »Die *Regeln* sind mir zu streng, da folge ich doch lieber meinem Gefühl!« Das ist das schlimmste, was Sie machen können, denn dann haben Sie am Schluß viele Brieffreundschaften, die zu nichts führen, und chatten mit Männern bis in die frühen Morgenstunden. Die Männer gehen nicht mit Ihnen aus oder sagen, sie seien noch nicht reif für eine feste Beziehung – kurz gesagt, Sie verplempern nur Ihre Zeit.

Es gibt also keine Ausflüchte mehr, wenn Sie die *Regeln* nicht konsequent einhalten können. Probieren Sie es mit Plan B:

Die *Regeln* besagen, Sie dürfen nicht auf die Annonce eines Mannes antworten.

Wenn Sie sich trotzdem Ihre potentiellen Verehrer aussuchen möchten oder vielleicht schon auf die Annonce eines Mannes geantwortet haben, halten Sie sich an alle anderen *Regeln* – warten Sie 24 Stunden, bis Sie eine E-Mail beantworten; er muß sich mit Ihnen verabreden und Sie dreimal besuchen, bevor Sie zu ihm kommen und so weiter.

Die *Regeln* besagen, zu einer Annonce gehört immer auch ein Foto.

Wenn Sie aus irgendeinem Grund Ihr Foto nicht ins Internet stellen wollen, beschreiben Sie sich zumindest mit Ihrem Nickname oder in Ihrer Annonce. Vergleiche mit Schauspielerinnen (z.B. Catherine-Zeta-Jones-Double29 oder GwynethPaltrow-Typ30) wecken die Aufmerksamkeit eines Mannes, denn Männer gehen nach der Optik, und fast alle wissen, wie Schauspielerinnen aussehen. Sie können auch einen prägnanten, beschreibenden Nickname wählen, zum Beispiel Groß&Blond35 oder NiedlicheBrünette42.

Die *Regeln* besagen, Sie sollen in den ersten Monaten einer Beziehung 24 Stunden warten, bis Sie auf die E-Mail eines Mannes antworten.

Warten Sie wenigstens vier Stunden. Wir verstehen, daß 24 Stunden Ihnen wie eine halbe Ewigkeit vorkommen, aber warten Sie zumindest vier Stunden, damit Sie nicht übereifrig wirken. Beschäftigen Sie sich, räumen Sie Ihren Schreibtisch auf, erledigen Sie Anrufe, gehen Sie ins Fitneßstudio oder essen. Wenn Sie zurückkommen, schicken Sie ihm eine kurze E-Mail. Wichtig ist, daß Sie ihm nicht in Sekundenschnelle antworten.

Die *Regeln* besagen, akzeptieren Sie keine Instant Messages.

Laut Plan B können Sie Instant Messages annehmen, aber nicht zuerst schicken. Halten Sie sich dann an die übrigen *Regeln* beim Chatten – chatten Sie nicht zu lange, und hören Sie zuerst auf. Es gibt nichts Schlimmeres als einen Mann, der sich zuerst verabschiedet.

Die *Regeln* besagen: Beantworten Sie die E-Mails eines Mannes nie am Wochenende (Freitagabend bis Sonntagnachmittag) oder an Feiertagen.

Laut Plan B können Sie die E-Mails eines Mannes sonntags beantworten, aber bitte nicht an einem Samstag abend! Damit haben Sie mehr Spielraum, falls Sie sich sonntags langweilen. Gut, er weiß dann, daß Sie sonntags nichts vorhaben. Aber solange Sie nicht verraten, daß Sie auch samstags daheim hocken, kann er Sie immer noch für begehrt und aktiv halten.

Die *Regeln* besagen, Sie dürfen bei der ersten Verabredung nicht über Ihre Erfahrungen beim Online-Dating sprechen, weil er Sie vielleicht sonst nur als Informationsquelle benutzt, aber nicht wirklich an Ihnen interessiert ist.

Bei Plan B können Sie einige harmlose Bemerkungen machen. Wenn er fragt, können Sie zum Beispiel ein bißchen über die Männer plaudern, die Sie bereits kennengelernt haben.

Die *Regeln* besagen, daß er zu Ihnen reisen muß. Sie dürfen erst zu ihm fahren, wenn er Sie schon dreimal besucht hat.

Laut Plan B können Sie ihn schon besuchen, wenn er einmal zu Ihnen gekommen ist. Aber Sie dürfen nicht den ersten Besuch machen! An seiner Bereitschaft, zu Ihnen zu reisen, können Sie ablesen, was er für Sie empfindet und wie er Ihre Beziehung sieht. Es gibt auch noch andere Gründe, warum Sie einen Mann nicht so oft besuchen sollten. Ein Mann entwickelt zum Beispiel weniger Bindungsangst, wenn er Sie besucht. Wenn Sie zu oft zu ihm kommen, fühlt er sich schnell bedrängt.

Die *Regeln* besagen: Sie sollen leichte und unbeschwerte E-Mails über Ihre Arbeit oder aktuelle Ereignisse schreiben und nur beiläufige Fragen stellen, etwa: »Wie war Dein Tag?«

Laut Plan B dürfen Sie in den ersten E-Mails eine ernste Bemerkung über sich machen, etwa, daß Sie ursprünglich Juristin werden wollten, aber das Studium abbrachen, um in der Firma Ihres Onkels zu arbeiten, oder daß Ihre Eltern sich scheiden ließen, als Sie sieben waren.

Die *Regeln* besagen, daß Sie in den ersten drei Monaten nur seine E-Mails beantworten sollen.

Laut Plan B ist es in Ordnung, wenn Sie ihm gelegentlich eine kurze, witzige E-Mail schreiben (etwa eine andere Mail weiterleiten oder einen Witz schikken), vorausgesetzt, er schreibt Ihnen regelmäßig.

Zu guter Letzt: Abschließende Gedanken von einem Therapeuten

Ich bin ein erfahrener Psychotherapeut mit einer Praxis in Houston, Texas. Ich berate speziell Singles und helfe ihnen, ihre Vorstellungen von einer Beziehung umzusetzen. Außerdem bin ich seit der Veröffentlichung von Ellen Feins und Sherrie Schneiders erstem Buch ein begeisterter Anhänger der *Regeln.* Meine Frau Sandra, mit der ich seit vielen Jahren verheiratet bin, wandte selbst die *Regeln* erfolgreich an. Ich habe es ihr und den *Regeln* zu verdanken, daß wir verheiratet sind. Außerdem tragen die *Regeln* für Verheiratete in *Die Kunst, den Mann fürs Leben zu halten* viel zu einer glücklichen Ehe bei.

Ich bin begeistert, daß Ellen und Sherrie nun die *Regeln* auf Internetbeziehungen übertragen haben. Bei meiner Arbeit sehe ich viele unglückliche Frauen, die in ihren Beziehungen zu Männern nicht die *Regeln* anwenden – sowohl im richtigen Leben als auch im Internet. Internetbekanntschaften sind meiner Meinung nach eine gute Möglichkeit, den Mann fürs Leben zu finden, wenn man es richtig anstellt. Glücklicherweise erklären das Ellen und Sherrie in ihrem Buch.

Wie Ellen und Sherrie möchte ich betonen, daß Frauen:

- vermeiden sollten, für einen Mann immer per E-Mail erreichbar zu sein. Wie zu viele Telefonanrufe können auch E-Mails zur Last werden, wenn eine Frau einem Mann häufig E-Mails schickt und jede E-Mail von ihm beantwortet. Alle *Regeln* für Telefonate gelten auch für E-Mails,
- wissen, daß E-Mails kein Ersatz für den persönlichen Kontakt sind,
- Männer sorgfältig überprüfen, bevor sie sich mit ihnen treffen und mit ihnen allein sind, selbst an einem belebten Ort.

Noch einmal: Ich bin begeistert, daß Ellen und Sherrie dieses aktuelle und kluge Buch veröffentlicht haben. Bei all den Ratgebern zum Flirten und zur Partnersuche gibt es nichts Vergleichbares. *Die Regeln fürs Online-Dating* können jeder Frau eine große Hilfe sein – egal, ob sie einen Mann auf konventionelle Weise kennengelernt hat und nun per E-Mail mit ihm in Verbindung bleibt oder ob sie Chatrooms und Kontaktbörsen im Internet nutzt, um Männer kennenzulernen. Mit diesem Buch kann sich eine Frau unnötigen Liebeskummer ersparen.

Neill Scott
Website: www.ve.net/relationships/

Glossar

ASL Abkürzung für Age, Sex, Location – Alter, Geschlecht, Wohnort. Ein beliebtes Kürzel beim Chatten, das unserer Meinung nach keine Antwort verdient, weil der Fragende sich keine Mühe gab.

Blockieren Der Empfang von Instant Messages läßt sich blockieren. Dann weiß niemand, wann Sie im Internet sind. Bei manchen Anbietern kann man auch bestimmte Chatter ignorieren, wenn sie lästig werden.

Chatroom Ein Internetforum, in dem sich Menschen miteinander unterhalten, indem sie sich Nachrichten in Echtzeit zuschicken, das heißt, die Worte werden sofort weitergeleitet und können von jedem im Chatroom direkt beantwortet werden.

Das wahre Leben Im Gegensatz zum Cyberspace.

Date Zero Die erste Verabredung oder Begegnung mit einem Mann, den man im Internet kennengelernt hat. »Zero«, weil man einem Mann, den man (wenn überhaupt) nur von einem Foto kennt, zum erstenmal von Angesicht zu Angesicht gegenübersteht. Im normalen Leben hat man einen Mann schon einmal getroffen (auf einer Party, in einem Club), bevor man sich mit ihm verabredet. Ein

Date Zero ist ein Blind Date, allerdings hat man sich zuvor schon E-Mails geschrieben.

Fernbeziehung, Beziehung auf Distanz Er soll Sie besuchen!

Hummer Ein potentieller Verehrer beim Online-Flirt, der auf eine Annonce geantwortet hat und Anlaß zu Hoffnung gibt. Eine Klientin von uns sagte einmal, als sie ihre E-Mails nachsehen wollte, sie müsse noch »die Hummerfallen kontrollieren«, und der Ausdruck blieb hängen.

Instant Message Eine persönliche Nachricht (von manchen Anbietern auch »Telegramm« genannt), die in Echtzeit auf Ihrem Bildschirm auftaucht, wenn Sie im Internet sind. Sie können darauf antworten, und daraus entwickelt sich dann ein Dialog. Bei einer Instant Message weiß ein Mann, wann Sie online sind, und kann Sie in ein Gespräch verwickeln, wenn Sie darauf reagieren.

Kontaktbörse im Internet Websites – zum Beispiel match.com, date.de, real-kontakte.de, meetic.de, myflirt.de, friendscout24.de, neu.de – wo Männer und Frauen Kontaktanzeigen und Fotos einstellen, um zu flirten und andere Leute kennenzulernen. Normalerweise kann man seine Annonce umsonst einstellen und muß nur etwas bezahlen, wenn man andere anschreiben will.

Leicht und unbeschwert So sollten Ihre E-Mails und Sie selbst bei einer Verabredung sein.

Liebe nur jemanden, der dich auch liebt Dank der *Regeln* sind Sie nur an Männern interessiert, die sich auch für Sie interessieren. Männer, die Sie ignorieren, betrügen oder die ohne Sie zurechtkommen, werden ausgemustert. Es ist ein wunderbares Gefühl, geliebt zu werden. Sie haben kein Interesse daran, sich um jemanden zu bemühen, der Sie nicht einmal bemerkt. Das klingt doch logisch, oder? Sie wären überrascht zu erfahren, wie viele Frauen sich um Männer bemühen, die gar nichts von ihnen wollen.

Löschen, der nächste bitte! So sollten Sie mit Männern verfahren, an denen Sie nicht interessiert sind, etwa Typen, die Ihnen nur die Zeit stehlen, verheiratete Männer, Männer, die winks schicken, Männer, die kein Foto schicken, und Männer, die Ihnen nicht geheuer oder einfach nicht der Mühe wert sind. Drücken Sie einfach auf »Entfernen«, und wenden Sie sich dem nächsten Mann zu!

LOL (Laughing Out Loud) Abkürzung für Lachen, übertreiben Sie es aber nicht!

Lückenbüßerin Eine zu entgegenkommende Frau, die immer Zeit hat und fallengelassen wird, sobald eine interessante Frau auftaucht, die für den Mann eine größere Herausforderung darstellt.

Mondgesicht Ein Mann, der nur glotzt, aber nie einen Annäherungsversuch macht. Vielleicht ist er schüchtern, vielleicht ist er ein Psychopath oder einfach nicht sonderlich interessiert. Im Internet schickt ein solcher Mann E-Mails, verabredet sich aber nie mit einer Frau.

Nichts Damit bezeichnen *Regel*-Eingeweihte eine Beziehung, die nur in der Phantasie existiert. Manche Frauen denken, ein Mann habe sich in sie verliebt, weil er ihnen vorgefertigte E-Mails schickt oder gelegentlich anruft. Vielleicht ist er nur der Zahnarzt oder Hals-Nasen-Ohren-Arzt, der sich sehr um ihre Nase sorgt und sich erkundigt, ob das Nasenspray wirkt, das er ihr verschrieben hat. Das hat nichts zu bedeuten, wenn er sich nicht mit Ihnen verabredet!

Nickname Spitzname oder Pseudonym speziell fürs Internet.

Plopp Ein Mann, der sich aus dem Staub macht.

Profi-Single Überzeugter Junggeselle, stets im Internet und bei Single-Veranstaltungen zu finden, läßt sich aber nie auf eine Beziehung ein (siehe Nichts und Mondgesicht).

Rose wird mit den Zeichen **@–>–>** erzeugt.

Smiley Figur, die aus Tastaturzeichen erzeugt wird und einen Gemütszustand ausdrückt.
Beispiele: :-) Lachen, ;-) Zwinkern, :-(Traurig.

Typen, die Ihnen nur die Zeit stehlen Männer im Internet, die eigentlich ganz normal wirken, aber unzählige Fragen stellen, oft philosophisch angehaucht, etwa: »Was hast Du aus Deiner letzten Beziehung gelernt?« oder »Wo siehst Du Dich in fünf Jahren?«. Lassen sich aber nie auf eine Verabredung festnageln, fragen nie nach der Telefonnummer, und wenn sie sie schon haben, haben sie stets eine Ausrede parat, warum sie nicht anrufen oder sich mit einer Frau verabreden können.

Wink Eine unpersönliche, bereits gespeicherte Nachricht, die man mit nur einem Mausklick versenden kann. Bei einer Kontaktbörse im Netz reagieren Männer manchmal mit so einem Wink auf die Annonce einer Frau – damit machen sie es sich einfach, denn ein Wink erfordert keinerlei Anstrengung. Wir raten Frauen, darauf gar nicht erst zu reagieren, denn ein Mann mußte dafür nichts tun, nicht einmal eine persönliche Zeile schreiben. Vielleicht hat er noch Hunderte andere Annoncen angeklickt.

Dank

Wir möchten unseren Familien und Freunden danken. Ein besonderer Dank gilt auch unseren Agenten Stedman Mays und vor allem Mary Tahan bei der Agentur Clausen, Mays & Tahan, die an uns glaubten und uns bei diesem Buch unterstützten, sowie unserer Lektorin Mitchell Ivers bei Pocket Books/Simon & Schuster. Und ein großes Dankeschön allen Frauen, die sich an die *Regeln* hielten und uns ihre Erfahrungen, Tips und Erfolgsgeschichten mailten!

Falls Sie weitere Informationen wünschen, wenden Sie sich bitte an:

The Rules
FDR Station
P.O. Box 6047
New York, NY 10150
Tel. (001)212/388-7910
Fax: (001)973/422-0048

oder besuchen Sie unsere Website
www.therulesbook.com

PIPER

Ellen Fein und Sherrie Schneider

Die Kunst, den Mann fürs Leben zu finden

»The Rules«. Aus dem Amerikanischen von Renata Platt. 176 Seiten. Serie Piper

Männer sind Jäger und begehren nur stolzes Wild – davon gingen die beiden Autorinnen aus und landeten einen großen Hit! 34 Regeln und 12 Extratips legen sie allen heiratswilligen Frauen ans klopfende Herz. Klar, frau nimmt schon immer ihr Glück selbst in die Hand – aber bitte nicht stürmisch! Keinesfalls schon vorsorglich zwei Kinokarten kaufen und nach dem Mittwoch keine Einladung mehr für den Samstag annehmen! Denn eine der grundlegenden Regeln heißt: machen Sie sich rar! Auch sollten Sie ihm immer die Führung überlassen. Außerdem gilt, nicht zu schnell weich werden. Das alles hat Ihnen schon Ihre Großmutter gepredigt? Sie meinen, heute, im Angesicht von Emanzipation und Berufstätigkeit, sollte frau sich anders verhalten? Das Verblüffende an diesen Binsenweisheiten ist jedoch, daß sie immer noch wirken.

01/1325/01/L

PIPER

Ellen Fein und Sherrie Schneider

Die neue Kunst, den Mann fürs Leben zu finden

»The Rules II«. Aus dem Amerikanischen von Ursula Buntspecht. 233 Seiten. Serie Piper

Auf in die zweite Runde! Nach dem Sensationserfolg ihres Buches »Die Kunst, den Mann fürs Leben zu finden« bieten Ellen Fein und Sherrie Schneider einen neuen Katalog mit Tips und tieferen Einsichten, damit auch Sie ihn endlich bekommen: den Mann fürs Leben. Jede Menge Singles laufen heutzutage herum, es wäre doch gelacht, wenn da nicht einer für Sie dabei ist. Nur müssen Sie es richtig machen. Wie hole ich meinen langjährigen besten Freund vor den Traualtar? Wie bekomme ich meinen Ex zurück? Was mache ich aus der Büroaffäre? Was, wenn er geschieden ist und Kinder hat? Was, wenn er reich ist und mich zu einem luxuriösen Wochenende einlädt? Unverblümt und offen stehen Ellen Fein und Sherrie Schneider mit Rat und Tat zur Seite.

01/1326/01/R

KABEL

Ellen Fein/Sherrie Schneider

Die Kunst, den Mann fürs Leben zu halten

Aus dem Amerikanischen von Edith Winner.
244 Seiten. Gebunden

In diesem Buch geht es nicht darum, wie man sich den Mann fürs Leben angelt, sondern wie man ihn behält. Wie funktioniert die Beziehung mit dem Traummann auf Dauer, wenn der Alltag seinen Tribut fordert oder am siebten Himmel die ersten Gewitterwolken aufziehen? Anders gefragt: Was können Sie als Frau tun, um ihn und sich selbst glücklich zu machen? Das sind einerseits grundsätzliche Dinge, wie, ihm das Gefühl zu geben, daß er einem viel bedeutet, andererseits die vielen kleinen Extras im täglichen Leben. All das erfordert Disziplin – aber wer sich an diese Regeln hält, wird reich belohnt mit Liebe und privatem Glück. Und oft genug hilft es ja schon, einfach mal über den eigenen Schatten zu springen ...

In einem Band versammelt die wichtigsten Faustregeln, Tipps und Tabus für ein erfülltes, ausgeglichenes und stabiles Zusammenleben.

03/1008/01/L